Dr. Salomon SAMEN

HISTOIRE ET ANTHROPOLOGIE DES BAMILEKEs, BANGANGTEs ET BAHOUOCs DU CAMEROUN :

Le cas des Teihockbeumtangs

Préface de Sa Majesté Rodrigue KEUTCHA DJANDA
24ème Roi de la dynastie BAHOUOC Nfeuntcheumtchou
et contribution du Dr. FANKEM

Photo de couverture :

Tenue d'apparat de la Danse du Roi exclusivement menée par le Roi et les notables d'un royaume Bamiléké tous les 50 ans. Source : maisonakaba.com

La signification des différents motifs du Ndop des Bamilékés :

1- *Le cercle : représente le cycle de vie et la réincarnation*
2- *Les rayons du cercle : matérialisent la barrière, le passage de la vie sur terre à la vie de l'au-delà*
3- *les points à l'intérieur des secteurs de cercle : représentent les vivants sur terre*
4- *Les vides dans les secteurs de cercle : représentent les absents qui sont les ancêtres*
5- *Le losange : qui représente la femme, symbole de la procréation, de la fécondité, de la vie*
6- *Le fluide dans le losange : représente le fluide de la procréation, génératrice de vie*
7- *le losange est entouré des points : représentant la vie*
8- *Les traits sinueux :sur le tissu représentent les méandres et les incertitudes de la vie*
9- *le centre du cercle : représente l'être suprême " Nsi "*
10- *La couleur blanche du tissu : représente la pureté (le bleu= l'eau , le Nil, le Nun , symboles de vie sur terre) — avec Acsaa Ktp et Soxna Kâ Pulo.*

Source : Cédric Waguia, Facebook, 21 Mars 2021

Sommaire

DEDICACE

A

Ma mère Maria Noumba et mon père Jacques Mbetntang qui m'a adopté officiellement dès ma naissance en 1957

A

Mon épouse Caline Nemzou Samen

A

Mes enfants et petits-enfants (Gloria Noumba Samen, Christelle Samen Akinsiku, Ara Akinsiku, Ade Akinsiku, Neil Pettang Samen, Sade Ngozi Samen, Jumi Falusi Samen, Arlette Douffo Samen Sanchez, Joshua Sanchez, Isaïe Sanchez, Destiny Samen Sanchez, et Stéphane Sanchez)

A

Papa Pierre Njindam qui nous a appris à garder le sens de la famille quelque soient les circonstances.

A

Mes petits frères et sœurs, mes nièces et neveux, mes cousines et cousins vivant aux Etats-Unis depuis plusieurs années (Ghyslaine Tchinda et Ralph Hameni Bialeu, Sandrine Tchinda et Gaetan Tchakounte, Sandra Nkamgna et Milton Harris, Albert Kwimi et Angele Kwimi, Albertine Djeumi Cole, Didier et Isabelle Pettang, Jerry Idriss Njike, Carine Njindam et Crispy Ndjeng, Silas Yoya, Magni Justine Keutcha Ngueugna), tous réunis au sein de l'association de la famille Teihockbeumtang des Etats-Unis.

REMERCIEMENTS

Dans un contexte où les problèmes de recherche d'identité et des origines sont au cœur des préoccupations des millions de noirs américains et des nouvelles générations de la diaspora Africaine aux Etats-Unis d'Amérique et en Europe, l'idée d'écrire ce livre m'est venue de nombreuses questions sans réponses que mes enfants et jeunes générations de ma famille immédiate aux Etats-Unis me posaient régulièrement lors de nos nombreuses réunions de familles. Ce livre est une tentative d'apporter quelques réponses à ces nombreuses questions d'identité et de recherche des origines.

Mes remerciements vont tout d'abord à ma mère Marie Noumba qui, consciente des limites de la transmission orale Africaine de la mémoire historique traditionnelle, n'a, au fil de plusieurs années, ménagé aucun effort pour répondre à toutes les questions que j'avais sur ma grande famille. Ceci a au fil de plusieurs années pris de nombreuses heures d'entretiens vidéo enregistrées lors de sa dizaine d'années de séjour aux Etats-Unis et de nombreux échanges de clarification par téléphone Whatsapp depuis qu'elle est retournée pour sa retraite au Cameroun.

Mes remerciements vont ensuite aux personnes seniors de la grande famille Teihockbeumtang qui m'ont éclairé (Magni Justine Ketcha Ngueugna, Tagni Amos Nkamgna, Odette Tchouta Tchinda, et Joseph Kamen pour des éléments sur l'arbre généalogique) sur les nombreux aspects de notre grande famille Teihockbeumtang. Hubert Tchatchoua a écrit le paragraphe sur son père, et je l'en remercie. Brigitte Tcheutgnia du Cameroun a joué un rôle capital dans la collection des informations critiques sur le terrain dans ses interactions avec la chefferie/ Royaume Bahouoc. Le Dr. Fankem (*robertfankem@yahoo.fr*) Historien et Anthropologue de l'Université de Yaoundé a écrit l'essentiel de l'analyse Anthropologique de la deuxième partie de ce livre. Mon ami de plus de 40 ans, Célestin Nounkwa, Ancien Directeur Financier du

Chicago Public Guardian Cook County, ressortissant de la même aire géographique que moi au Cameroun, actuellement en retraite, a lu l'ouvrage de bout en bout, avec de nombreux commentaires. De même Lachance Ntonme, ancien fonctionnaire du Fonds Monétaire International (FMI) et mon grand frère Pierre Ngahane de notre grande famille de Nanga -Eboko, ont également procuré beaucoup d'encouragements. Je les remercie tous, très vivement.

Mes remerciements vont enfin à Sa Majesté Rodrigue KEUTCHA DJANDA, 24ème Roi de la dynastie Bahouoc Nfeuntchemtchou qui a fait montre d'une très grande disponibilité pour répondre à de nombreuses questions historiques tirant de sa puissante mémoire historique et des archives de son royaume. Qu'il trouve ici l'expression de toute notre reconnaissance.

Le Cabinet de Lecture Evouna (CLE) au Cameroun (*jacquesevouna@yahoo.fr*) a procédé à la relecture de ce livre.

Mon épouse Caline Nemzou Samen a supporté et payé le prix de mes nombreuses privations familiales pour écrire ce livre. Qu'elle trouve ici tous mes sincères remerciements.

PREFACE

Sa Majesté Rodrigue KEUTCHA DJANDA
24ème Roi de la dynastie Bahouoc Nfeuntcheumtchou

**Photo 1 : Sa Majesté Rodrigue KEUTCHA DJANDA
24ème Roi de la dynastie Bahouoc Nfeuntcheumtchou**

C'est avec beaucoup de plaisir que j'ai accepté de préfacer ce livre du Dr. Salomon SAMEN, digne fils Bahouoc de mon terroir résidant aux Etats-Unis d'Amérique.

Comme l'a si bien dit Otto Von Bismark, le premier Chancelier de l'empire Allemand et principal architecte de l'unification Allemande depuis 1871 (l'Allemagne étant aujourd'hui la première puissance Européenne), « **Celui qui ne sait pas d'où il vient, ne peut pas savoir où il va, car il ne sait pas où il est. En ce sens le passé est la rampe de lancement vers l'avenir** ».

La relecture de notre passé commun pour mieux préparer notre avenir s'est faite en trois phases dans ce livre.

En fouillant les sentiers et ramifications des routes et voies empruntées par nos ancêtres très lointains, avant leur aménagement définitif sur les terres actuelles où nous sommes installés paisiblement depuis environ 500 ans, la première partie de ce livre réaffirme la thèse de l'origine Egyptienne des Bamilékés. Cette partie du livre apporte également la lumière sur les nombreuses questions que se posent nos populations depuis plusieurs générations sur nos vraies origines. La conclusion de l'origine Egyptienne de nos ancêtres renforce les nombreuses thèses développées depuis plusieurs décennies sur l'origine de nos ancêtres Bamilékés. Pour ceux qui s'exclameraient encore sur l'inadéquation entre la couleur noire de notre peau et la couleur blanche des Egyptiens actuels comme élément explicatif de nos origines, le débat sur ces interrogations est clos depuis les thèses savantes des Professeurs Cheick Anta Diop (1967), Théophile Obenga (1973), et Moustapha Gadalla (1999) qui ont clairement démontré que l'Egypte ancienne (de l'an 5000 avant Jésus Christ à l'invasion par la Grèce d'Alexandre le Grand en 332 avant JC) était peuplée de populations noires. Ce n'est qu'à partir des invasions des Perses (Iran actuel) suivie de celle des Grecs, des Romains et plus tard par l'invasion brutale des Arabes que la population Egyptienne sera en majorité blanche arabe. Ces populations noires de l'Egypte antique, sous les pressions d'islamisation la plupart du temps violentes depuis l'invention de l'Islam au 7ème siècle, ont été progressivement et au fil des siècles repoussées vers le Sud de l'Egypte par les violentes conquêtes et jihad islamiques. Ainsi, partis d'Egypte vers le 9ème siècle, nos ancêtres ont marché pendant près de 200 années en passant par le Darfour Soudanais, l'empire Ouaddaï et le Lac Tchad pour s'établir au pays Tikar au 11ème siècle. Nos ancêtres ont ensuite vécu au pays Tikar pendant environ 200 années avant de se mouvoir à la suite de la mort de leur Roi, le Roi Ndeh, par diverses vagues successives d'immigrations disjonctives vers les montagnes de l'Ouest Cameroun actuel (au pays Bamoun et au pays Bamiléké actuel) vers la fin du 14ème siècle. Tandis que les populations qui ont accepté l'Islam se sont établies dans la région actuelle des Bamouns, celles qui ont refusé l'islam ont simplement traversé le fleuve Noun pour se soustraire des attaques islamiques diverses et notamment celles d'Ousmane dan Fodio ou des Bali Chamba, et s'établir sur les espaces actuels du pays Bamiléké. Par la suite, de nombreux royaumes vont s'éclater et se reconstituer/ regrouper par divers processus d'émigrations/ immigrations, la plupart du temps à la suite de querelles de successions, de velléités d'hégémonismes / conquêtes d'espaces territoriaux et d'autres querelles fraternelles.

En recherchant dans l' histoire de notre passé et l'histoire de notre violent contact avec la colonisation Européenne, la deuxième partie du livre nous rappelle qu'avant la colonisation nos chefferies étaient fortement structurées disposant : (a) des systèmes politiques cohérents (administration policière, administration de la justice, diplomatie, gestion de la guerre et conquêtes territoriales) ; (b) de systèmes d'organisation économique effectives (production économique, circuits de consommation) ; (c) de systèmes d'organisation sociale harmonieuses et stabilisatrices (respect de la vie et de la mort, adoration des cranes des ancêtres, etc…) ; et (d) fort pouvoirs encadrés par des institutions traditionnelles fortes et stables comme les conseils classiques des 9 notables, les conseils des 7, et les sociétés coutumières ainsi que les constitutions des royaumes (ensemble des rites, normes, interdits puissants constituant la base intangible de la gouvernance des royaumes).

Après avoir sapé et discrédité l'autorité et l'image psychologique des royaumes Africains dans la conscience collective des Africains, la colonisation Européenne a d'abord commencé par changer la dénomination de nos royaumes (remplacement du concept de royaume par celui de chefferie jugée psychologiquement inférieure et de moindre importance que les royaumes de l'Europe occidentale). Cette colonisation Européenne a d'une part, totalement désintégré et reconfiguré nos royaumes perçus par les Européens comme étant rivaux ou faisant directement ombrage aux nouvelles administrations occidentales en train d'être mises en place. La colonisation Européenne a d'autre part contribué à l'affaiblissement de nombreux royaumes classiques en manœuvrant pour renforcer juste les pouvoirs de quelques royaumes choisis généralement sur des bases floues et principalement pour leur serviabilité, pour mieux les contrôler et les subjuguer. Ainsi, l'affaiblissement délibéré et l'orchestration de la fragilisation de la plupart de royaumes Africains ont créé les conditions pour l'implantation des administrations Européennes. Ceci était combiné en même temps au renforcement et à la concentration de pouvoirs dans un nombre très réduit de royaumes Africains sélectionnés par le colonisateur en grande partie pour leur docilité pour mieux servir les intérêts du colonisateur. La logique d'une telle attitude étant que la dispersion de pouvoirs importants dans beaucoup de royaumes parsemés géographiquement rendait plus difficile leur contrôle et leur asservissement au regard des systèmes monarchiques tempérés en pays Bamiléké qui la plupart du temps obligent les monarques Bamilékés à consulter leurs notables avant de prendre des décisions importantes ; ce qui n'arrangeait pas les intérêts des colonisateurs.

En remontant l'histoire d'une famille spécifique de ma chefferie/ royaume sur une période de plus de 200 ans en commençant par le prince Teihockbeumtang (un des enfants du Roi Pettang I de la 19ème dynastie Bahouoc Nfeuntchemtchou), ce livre est un témoignage de la solidité des liens fraternels généalogiques d'une famille restée unie en dépit du passage du temps après 7 générations de dignes fils Bahouoc de ma chefferie/ Royaume Nfeuntchemtchou. En survolant la vie des enfants du Prince Teihockbeumtang, la troisième partie de ce livre esquisse les lourdes conséquences de la guerre de 1896 entre le Royaume Bahouoc dans son apogée et la coalition des royaumes Bangangté / Balengou, Bamena, et Bangoua. Cette guerre fratricide a conduit à la perte des très grands espaces de terres Bahouoc et à l'exode massif des enfants Bahouoc et notamment des enfants Teihockbeumatang vers de nouvelles terres. Ce survol de l'histoire d'une famille est ébauché avec l'examen de liens lignagers entre 7 générations des enfants de mon royaume depuis le Prince Teihockbeumtang. La transmission orale des mémoires collectives ayant montré ses limites, la description des liens lignagers permettra aux familles de se consolider pour une meilleure contribution au développement socio-économique de la chefferie/ Royaume Bahouoc Nfeuntchemtchou, et du peuple Bahouoc dans son ensemble.

Tout en souhaitant la lecture de cet ouvrage par le maximum de personnes au Cameroun et dans la diaspora, je félicite le Dr. Salomon SAMEN pour la réalisation de cette importante contribution à la connaissance de notre passé commun. Cette contribution, j'en suis sûr, éclairera les prochaines générations en quête de leurs identités/ racines/ origines. Pour terminer et comme l'a rappelé F. Hundertwasser dans un célèbre proverbe « **Celui qui n'honore pas le passé perd le futur. Si nous détruisons nos racines, nous ne pourrons pas croitre** ».

Sa Majesté Rodrigue KEUTCHA DJANDA
24ème Roi de la dynastie Bahouoc Nfeuntcheumtchou

PRÉLUDE

Ce livre est destiné en grande partie : (a) aux futures générations descendantes de populations Bamilékés (GrassFields people) originaires des régions des hauts plateaux et montagnes de l'Ouest, du Nord-Ouest, et d'une partie du Sud-Ouest du Cameroun de 2021, dispersées partout dans le monde ; (b) aux chercheurs de tous bords, ainsi qu' à toutes personnes intéressées à l'histoire et à l'anthropologie des Bamilékés, et (c) aux descendants sur plusieurs générations d' un Prince Bahouoc, le Prince Teihockbeumtang, fils du Roi Pettang I, 19ème roi de la dynastie Bahouoc Nfeuntchemtchou ; les Teihockbeumtang étant actuellement dispersés dans le monde entier (Cameroun, Afrique, Europe, Canada, États-Unis d'Amérique).

Dans une perspective de très long terme s'étalant sur une période d'environ 5000 ans, ce livre répond principalement à trois ensembles de questions:

1. D'où viennent les Bamilékés ? D'où viennent les Bangangtés D'où viennent les Bahouocs ? Qui étaient les arrières-ancêtres très lointains des Bamilékés il y a environ 5000 ans ?

2. Comment vivaient nos ancêtres les Bamilékés ainsi que leurs ancêtres très lointains ? Quelles étaient leurs traditions, leurs coutumes de vie, leurs cultures et leurs croyances ? Quelles étaient les configurations de la vie de nos ancêtres Bamilékés avant la période coloniale, durant la colonisation et après la colonisation/période postindépendance du Cameroun ?

3. Qui était le Prince Teihockbeumtang, ce fils du Roi Pettang I, 19ème roi de la dynastie Bahouoc Nfeuntchemtchou ? Quels sont les descendants du Prince Teihockbeumtang ?

1

Le livre s'appesantira sur l'histoire d'une très grande famille à partir d'un ancêtre commun, le prince Teihockbeumtang, fils du Roi Pettang I, 19ème roi de la dynastie Bahouoc Nfeuntcheumtchou, ayant vécu à Bahouoc au 19ème siècle (né vers 1800-1825). Les Teihockbeumtangs étant définis comme tous les descendants du Prince Teihockbeumtang (garçons et filles), l'ouvrage permettra aux descendants de Teihockbeumtang de mieux comprendre leurs origines ancestrales à partir de leur histoire commune, la vie en société de l'époque (anthropologie), et la généalogie de leur famille commune. L'ouvrage permettra également de mieux éclairer le contexte historique, la localisation géospatiale à partir des cartes historiques disponibles, et l'analyse de la vie des Bamilékés dans leur société de l'époque (anthropologie, vie, activités économiques, l'environnement socio-économique, croyances et pratiques culturelles et cultuelles en pays Bamiléké du 17ème au 19ème siècle en pays Bamiléké).

Extrapolé aux aires géographiques environnantes dans les autres départements de l'Ouest, du Nord-Ouest, et de quelques parties du Sud-Ouest Cameroun, ce livre permettra aux populations camerounaises originaires de ces régions Bamilékés/ Grass Fields de faire des parallèles avec la vie, l'histoire, et le socio-environnement de leurs ancêtres Bamilékés établis en pays Bamiléké (Grass Field) depuis le 14ème siècle. Les Bamilékés sont, selon plusieurs sources (Dieudonné Toukam (2016), Moustapha Gadalla (1999) et beaucoup d'autres, le dernier groupe des peuples Baladis d'Égypte partis des berges du Nil vers le 9ème siècle pour s'installer d'abord au Nord Cameroun – actuel Adamaoua dans la région de Rifum (pays Tikar/Banyo/Bankim) – vers la deuxième moitié du 11ème. La fin du séjour des Bamilékés en pays Tikar s'achève vers la deuxième moitié du 14ème siècle. À la suite de leur départ du pays Tikar, les Bamilékés seront ensuite repoussés et atomisés avec leur installation dans la région de Bafoussam/ Bamenda et dans le pays Bamoun, dans les montagnes de l'Ouest Cameroun aux environs du 14ème siècle sous la pression des

2

conquêtes islamiques (armées de cavaliers islamiques brutaux venus de la Haute Bénoué ou de l'actuel Nord du Nigeria). Les conquêtes islamiques particulièrement celles d'Ousmane Dan Fodio ou des Bali-Tchamba au 19ème siècle ont été des plus violentes.

En plus de l'analyse des migrations des populations Bamilékés, l'étude survolera les mouvements migratoires spécifique du peuple Bamiléké/Bahouoc et particulièrement les premières dispersions/ dislocations diasporiques des populations des anciens royaumes Bahoouc vers les autres régions du Cameroun et, notamment, vers les régions du Mungo pour servir dans les plantations coloniales et commerces européens, et vers les centres urbains notamment de Yaoundé, Douala, Nkongsamba. Ces mouvement migratoires / descente des peuples Bamilékés Bangangtés/ Bahouocs des montagnes de l'Ouest vers d'autres contrées du Cameroun (Yaoundé, Douala, Nkongsamba, Loum, Penja, Nanga-Eboko, Minta, Obala, Ebolowa, Ngoulémakong, Sangmélima, Abong Mbang, Akonolinga, Ngoulémakong) ont commencé depuis la fin de la deuxième guerre mondiale et les années 1950. L'ouvrage s'attardera en outre sur les mouvements d'une partie du peuple Bahouoc vers les régions Bali Nyonga du Nord-Ouest vers 1896 à la suite d'un conflit fratricide entre les Bahouocs et les Bangangtés.

La première partie de ce livre décrira la vie, les modes de vie, les coutumes, les traditions, et pratiques des ancêtres Bamilékés de l'Égypte antique (les Baladis/ Fellahin de l'Egypte antique), et décrira l'histoire du mouvement des Bamilékés des berges du Nil en Égypte jusqu'aux montagnes et hauts plateaux actuels de l'Ouest Cameroun ; en passant par leur séjour au pays Tikar après leur traversée de l'empire Ouaddaï, du Dar-Fur Soudanais et le contournement du Lac Tchad.

La deuxième partie de ce livre s'appesantira sur l'anthropologie du peuple Bamiléké dans l'ensemble en décrivant la culture, la vie économique et sociale des Bamilékés, l'organisation des États Bamilékés pendant, durant, et après la colonisation ; ainsi

3

que les traditions, les coutumes et modes de vie des Bamilékés en général.

La troisième partie de ce livre, pour les besoins de repères identitaires et généalogiques des futures générations et descendants d'une famille particulière du royaume Bahouoc Nfeuntchemtchou, les Teihockbeumtangs, ébauchera l'arbre généalogique des Teihockbeumtangs à partir de leur ancêtre commun, le Prince Teihockbeumtang, prince Bahouoc de la dynastie des Nfeuntchemtchou, fils du Roi Pettang I de la 19eme dynastie des Bahouoc Nfeuntchemtchou, ayant vécu sur les montagnes et hauts plateaux de l'Ouest Cameroun à Bahouoc (Bangangté, Ouest Cameroun) entre 1825 et 1900.

« Un peuple sans connaissance de son histoire passée, de ses origines, et de sa culture est comme un arbre sans racines »

Marcus Garvey »[1]

---

[1] Une déclaration similaire « Une race sans la connaissance de son histoire est comme un arbre sans racines » semble avoir été faite la première fois dans dans Charles Siefert's 1938 pamphlet, The Negro's or Ethiopian's Contribution to Art.

INTRODUCTION GÉNÉRALE ET SYNTHÈSE DU LIVRE

L'objectif principal de ce livre est de mettre à la disposition des enfants de ma très grande famille, et de tous les enfants Bamilékés du Cameroun et de la diaspora dispersée dans le monde entier les éléments historiques, anthropologiques, et généalogiques nécessaires pour une meilleure compréhension de leurs racines ancestrales. Le second objectif de ce livre est de permettre des connexions sur de très longues périodes entre les générations passées, les générations actuelles et les générations futures des Bamilékés, pour établir des relations avec le passé historique, les origines, la culture, et les traditions de leurs ancêtres des périodes les plus lointaines possibles. Le troisième objectif de ce livre est d'établir les rapports généalogiques entre les descendants d'un prince du royaume Bahouoc,, le Prince Teihockbeumtang, fils du Roi Petang I de la 19ème dynastie du royaume Bahouoc Nfeuntchemtchou .

L'histoire étant le récit des faits et évènements du passé, sa combinaison, avec l'anthropologie (étude les sociétés humaines sous plusieurs angles – culturel, linguistique, biologique, et archéologique) dans des périodes et espaces différents, permettra une compréhension approfondie du passé, une meilleure explication du présent, et une meilleure projection des populations étudiées dans le futur. Marius St. Arnault ne dit-il pas qu'« on doit chercher dans le passé ce qui brille pour donner au présent de l'éclat, si on ne veut pas obscurcir l'avenir » ?

Pour atteindre les objectifs ci-dessus visés, ce livre s'appesantit en général sur le cas de l'histoire et des origines des Bamilékés (Grassfields people). Le livre s'attarde en particulier sur l'histoire des Bangangtés et la dynastie des Nfeun Nga, ainsi que sur l'histoire des Bahouocs et de la dynastie Bahouoc des Nfeun Hac,

Nfeuntchieumtcho, et Nfeun Ngah Vah. Dans ce contexte, le livre donne une tentative d'explication de l'occupation géospatiale actuelle de la région de Bangangté. Le livre se referme sur une esquisse de l'arbre généalogique des descendants du Prince Teihockbeumtang, de la dynastie des Bahouoc Nfeuntcheumtchou, du royaume Bahouoc dans la région actuelle de Bangangté. Le prince Teihockbeumtang ayant été un prince de la dynastie Bahouoc Nfeuntchieumtchou, fils du Roi Pettang I de la 19ème dynastie Bahouoc Nfeuntchemtchou. Il est l'ancêtre connu le plus éloigné possible de la famille Teihockbeumtang. Originaire de Bahouoc, il y vécut dans la région de Bangangté sur les montagnes et hauts plateaux de l'Ouest Cameroun actuel au 19ème siècle entre 1825 et 1900.

Vivant aux États-Unis depuis plusieurs décennies, l'auteur du présent ouvrage est quasi-quotidiennement exposé à l'exaltante et effrénée envie des populations américaines et en particulier des noirs américains de se reconnecter à leur passé ancestral lointain et très lointain. Cet intense et passionné désir est malheureusement truffé de très nombreuses difficultés en raison de l'absence généralisée de marques pour retracer et retrouver leurs origines ancestrales africaines. Parce qu'« **un peuple sans connaissance de son histoire passée, de ses origines, et de sa culture est comme un arbre sans racines** » (Marcus Garvey), ce livre contribuera à jeter les bases de futures recherche des racines ancestrales de nos enfants Bamilékés dispersés dans le monde entier, et aidera les futures générations et leurs descendants à commencer la recherche de leurs origines et racines ancestrales sur des bases plus solides, et non plus rien qu'à partir des anecdotes ou de rien du tout ; les transmissions orales de notre histoire, ainsi que de nos us et coutumes ayant démontré toutes leurs limites.

    ⁕   L'intérêt essentiel de ce livre repose tout d'abord sur la nécessité de comprendre l'histoire et l'anthropologie passées

de nos ancêtres lointains, et d'en tirer les leçons utiles pour le présent et l'avenir.

En fait, la vie quotidienne de tout être humain, quel que soit l'environnement où il se trouve, est faite de défis journaliers pour son existence quotidienne, ainsi que des défis au jour le jour pour la maitrise de son environnement, l'amélioration de son bien-être personnel et celui de ceux qui lui sont proches. Dans cette perspective, toute existence humaine est faite au quotidien d'obstacles, d'angoisses, d'anxiétés, d'interrogations, de difficultés, conflits et contradictions de toutes sortes. Toutes ces angoisses et anxiétés ne finissent qu'avec la mort de chaque individu. Lorsque l'environnement écologique, du fait des intempéries et l'hostilité de la nature, impose des contraintes supplémentaires, les défis au quotidien sont plus élevés. Parce que la vie humaine date de plusieurs millénaires, dans ses efforts pour faire face aux difficultés de la vie quotidienne, tout être humain a une inclination naturelle à s'inspirer et à puiser du bagage des connaissances accumulées et léguées au fil de plusieurs siècles par ses parents et plusieurs générations précédentes. Ainsi, les descendants des pécheurs s'inspireront et apprendront leurs premières notions de pèche de leurs parents pécheurs, tout comme les fils des planteurs apprendront les rudiments de leurs techniques culturales et la maitrise des nuances et subtilités météorologiques de leurs parents planteurs pour mieux maitriser leur environnement naturel, sur la base des connaissances accumulées au fil de plusieurs siècles, et retransmises de générations en générations par plusieurs générations précédentes.

Mieux comprendre la vie et l'histoire de nos ancêtres nous permet de mieux comprendre les défis auxquels nos ancêtres ont été confrontés ainsi que les solutions ébauchées pour tirer le meilleur des situations complexes de leur environnement quotidien. Les solutions de l'histoire et de l'expérience du passé tirées du vécu quotidien et de l'expérience de nos ancêtres permettent d'éviter les erreurs du passé, et de faire des économies de réinvention de la roue à chaque génération. Une meilleure compréhension de la vie et de l'histoire de nos ancêtres, sans toutefois nous obliger à les adopter intégralement, nous permet de mieux comprendre leurs approches et possibles solutions des problèmes. Cela nous permet de mieux maitriser notre présent quotidien, et de mieux nous préparer ainsi que les générations futures à un meilleur avenir. La compréhension de la vie et de l'histoire de nos ancêtres nous permet d'identifier les pratiques ayant permis à nos ancêtres de surmonter leurs difficultés en face des situations complexes et difficiles ainsi que leurs échecs et limites.

L'étude de l'histoire, de l'anthropologie, des traditions, pratiques culturelles de nos ancêtres met en évidence la complexité de la vie humaine, faite à la fois de difficultés et d'espoirs, d'échecs et de malheurs, de bonheurs et de succès ; avec en toile de fond les fondements de la vie et des relations humaines et, notamment, des rivalités, des réflexes machiavéliques de domination humaine, des déceptions, des traitrises, des bonheurs et des satisfactions relatives, des trahisons, de la jalousie, de l'envie, des mensonges, des ruses, des intrigues fréquentes au sein des familles, des communautés ou regroupements de familles ; tandis que dans la société en général, les inégalités sociales tout comme les inégalités des doigts d'une même main, ainsi que les injustices permanentes sont de tous les temps et de tous les milieux sociaux ; avec en filigrane l'espoir soutenu de tout être humain qu'il est toujours possible de surmonter les échecs et les difficultés quotidiennes pour que, demain, triomphent le bonheur et l'amélioration du bien-être de la majorité dans un meilleur monde. Au-delà des implications de l'imaginaire subconscient des arbres généalogiques, l'histoire de nos ancêtres met en perspective et relativise les difficultés de notre propre vie quotidienne présente, tout en nous permettant de mieux comprendre notre propre identité et ce que nous sommes vraiment à partir de l'approfondissement de la connaissance de nos racines ancestrales (possibles ressemblances physiques de réincarnation, possibles similarités de caractères personnels) ; aux fins d'un meilleur futur et de lendemains meilleurs pour nous-mêmes et pour les futures générations.

L'intérêt de ce livre repose également sur la nécessité de s'appuyer sur l'histoire et l'anthropologie du passé de nos ancêtres pour consolider les fondations de notre propre existence humaine et de notre propre identité. Pour une existence humaine harmonieuse et sereine, tout être humain a un besoin naturel inné d'appartenir et d'être connecté, relié ou associé d'une façon ou d'une autre à une famille d'hommes ou d'idées, à une communauté d'hommes et de semblables contemporains ou des temps passés. Une meilleure connaissance de l'histoire et du passé de nos ancêtres nous rapproche des hommes et femmes du passé à qui nous devons notre souffle de vie et notre existence, et à qui nous devons ce que nous sommes aujourd'hui sur le plan phénétique (lié aux apparences) ou cladistique (lié aux caractères intérieurs). Une meilleure connaissance de notre background et héritage culturel ainsi que de nos traditions permet une meilleure appréciation de notre propre identité, et de ce que nous sommes vraiment.

Sur le plan individuel et personnel, chacun de nous est le produit de croisements de plusieurs familles impliquées et associées à un certain passé. En tant que tel, notre conscience individuelle et notre subconscient nous interpellent et nous rappellent de temps en temps qu'à titre individuel, nous sommes à notre naissance le dernier produit d'une chaine de plusieurs générations croisées d'hommes et de femmes qui nous ont précédés, nourris, entretenus. En tant qu'êtres humains, notre conscience individuelle nous rappelle que nous dérivons de plusieurs générations qui ont souhaité et voulu notre existence. L'analyse de notre passé nous permet de mieux nous comprendre individuellement et de comprendre les fondements de notre humanité. L'analyse de plusieurs configurations de l'histoire de nos ancêtres permet également à chaque génération de mieux comprendre ce qu'elle est, d'où elle vient, et comment elle peut mieux maitriser son présent et anticiper son futur, tout en évitant au mieux possible les erreurs du passé.

Les Bamilékés (Grassfields people) : localisation géographique (Grassland) et Organisation traditionnelle. Avec une population d'environ 9 millions d'individus[2] (8 millions au Cameroun et 1 million dans les diasporas africaines, européennes, américaines et canadiennes, le peuple Bamiléké (Grassfields people) est géographiquement localisé sur un territoire situé entre le 4ème et le 6ème degré de latitude nord ; et entre le 9ème et 10ème degré de longitude Est. Le peuple Bamiléké vit en majorité sur les montagnes et hauts plateaux de la région actuelle de l'Ouest Cameroun, et sur les régions actuelles du Nord-Ouest et une petite partie du Sud-Ouest du Cameroun (parties anglophones de ce jour). Les hauts plateaux de l'Ouest Cameroun s'étalent de part et d'autre de « l'échine dorsale » du Cameroun allant de la Guinée Equatoriale (ancienne île de Fernando Po) et du Mont Cameroun jusqu'aux Monts du Mandara au Nord Cameroun séparés des plateaux de l'Adamaoua par les hautes vallées du Mbam. Les hauts plateaux de l'Ouest/ Nord-Ouest/ et partie du Sud-Ouest anglophone du Cameroun actuel sont délimités à l'ouest par la frontière Nigeria-Cameroun et au Nord par le bassin de la Bénoué.

Le territoire géospatial actuel du peuple Bamiléké est un vaste quadrilatère d'une superficie d'environ 8200 Km2, limité à l'Est par la vallée du Noun, au Sud-Ouest par la plaine des Mbos, au Sud-Est par la dépression du Dibum, et au Sud par le cours de la Makombe. Les populations Bamilékés vivent à l'intérieur des terres (interlands) loin des côtes maritimes, sur des altitudes situées entre 1200 et 2100 mètres à environ 200 km du Mont Cameroun et des berges du Wouri à Douala (rivière des crevettes dérivé de « Rio dos camerones », nom donné au fleuve Wouri par les premiers explorateurs portugais en 1492 à la découverte du fleuve Wouri à environ 150

---

[2] https://joshuaproject.net/clusters/333 et https://www.ethnologue.com/language

km de Bangangté) ayant donné son nom au Cameroun actuel tout entier. Les températures moyennes annuelles, de 22 dégrées Celsius, sont généralement fraiches et très agréables à vivre avec en alternance une grande saison de pluie et une grande saison sèche régulant l'ensemble des activités économiques, sociales et culturelles.

Les récentes recherches et fouilles archéologiques de R.N. Asombang (1998) et J.P. Warnier et R.N. Asombang (1982) indiquent que la région Bamiléké (Grassland/ GrassFields region) a été habitée de façon ininterrompue et continue par des populations éparses de chasseurs depuis le Néolithique (période commençant environ 10.200 avant J.C.), et serait le foyer d'origine des peuples Bantous qui ont commencé leurs émigrations vers l'Afrique Centrale (Congo Brazzaville, Gabon) et République Démocratique du Congo) et l'Afrique Australe (Zimbabwe, Angola, Namibie) il y a environ 5000 ans.

Les populations Bamilékés des Grassfields land sont actuellement administrativement regroupées en 126 villages ou regroupements dans la région de l'Ouest, 123 villages ou regroupements dans la région anglophone du Nord-Ouest, et 5 villages ou regroupements dans la région anglophone du Sud-Ouest. Les 126 villages ou regroupements de la région de l'Ouest Cameroun sont administrativement repartis par le gouvernement central de la République du Cameroun actuel en 11 chefferies de 1er degré, 115 chefferies de 2ème degré, et en 1412 chefferies de 3ème degré (qui sont de facto dans la plupart des cas sans historique royale des simples quartiers). Selon l'annuaire des chefferies traditionnelles de 1er et 2ème degré publié par le MINAT (ministère de l'Administration Territoriale du Cameroun publie en 2012, les 11 chefferies traditionnelles de 1er degré de l'Ouest Cameroun sont les suivantes : 1/ Sultanat Bamoun, 2/ Bangangte, 3/Babajou, 4/Batcham, 5/ Bangang, 6/ Foto, 7/ Bafou, 8/ Bana, 9/ Banka, 10/ Bandjoun et 11/ Bamoungoum. En dépit d'une émigration massive ces 80 dernières années, les densités de population du pays

Bamiléké restent relativement très élevées (100 habitants au Km2) par rapport aux autres régions du Cameroun (52 habitants au Km2 en moyenne), tandis qu'une dizaine de regroupements ont des densités supérieures à 200 habitants au Km2 (200 au Nigeria voisin, 506 au Rwanda, et 436 au Burundi)

Dans le département du Ndé dont la capitale est Bangangté, le Chef Supérieur de Bangangté est le seul chef de 1er degré ; les villages Bangwa, Bamena, Bangoulap, Batchingou, Bangang-fokam, Bahouoc, Bazou, Balengou, Bandounga, et Bakong ont des chefs de 2ème degré. Les autres chefferies, érigées par de nombreux découpages au gré des administrations coloniales et post coloniales, sont de 3ème degré. Bien que reposant sur des considérations politico-administratives, les chefferies de 1er degré couvrent au moins deux chefferies de 2ème degré dont le territoire ne peut aller au-delà des limites d'un département. Les chefferies de 2ème degré quant à elles couvrent au moins deux chefferies de 3ème degré dont le territoire ne peut aller au-delà des limites de l'arrondissement. Les chefferies de 3ème degré couvrent des espaces territoriaux en milieu urbain, au village, en milieu rural ou quartiers. Tandis que certaines chefferies de 3ème degré reposent sur les contours géographiques des anciens royaumes existant depuis plusieurs siècles, de nombreuses chefferies de 3ème degré sont tout simplement de découpages politico-administratives ad hoc des administrateurs coloniaux ou post coloniaux.

Lorsque les Allemands entament leurs premières explorations de l'intérieur du Cameroun en 1889, ils ont à leur tête le premier administrateur/explorateur allemand Eugen Zingraft, envoyé en mission de conquête par le ministère des Affaires étrangères allemand en 1886 après la conférence de Berlin de 1884 qui consacrera le Cameroun à l'Allemagne. Ces premiers explorateurs Allemands découvrent, lors de leur remontée vers l'intérieur du pays au-delà du Wouri (rivière des crevettes) en direction du Nord Est du Cameroun, une vaste région dotée de larges savanes et des populations vivant sur les montagnes et hauts plateaux.

Photo 2 : Carte de la région des Grassfields

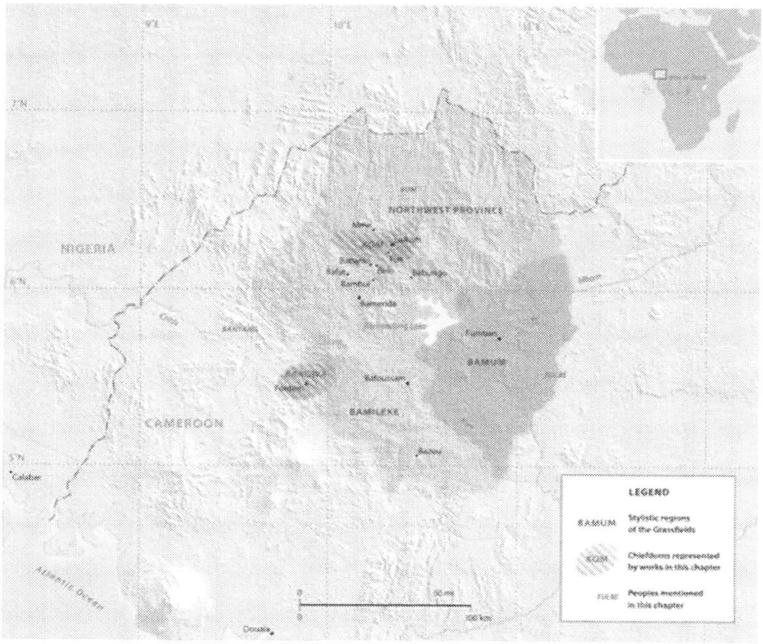

Source : Facebook Societe Bamileke - 4 Octobre 2021

En remontant les jungles et plateaux de Babessong ou de Bali Nyonga (région anglophone du Cameroun actuel) dès 1889, les Allemands baptisent cette vaste région « Kamerun Grassfields – région des savanes du Cameroun.

Pour cette région des savanes, au lieu d'utiliser un terme Allemand pour indiquer les savanes (wiese ?), les Allemands utiliseront le terme Anglais Grassfields tout simplement parce que lors de leur exploration de leurs nouvelles conquêtes coloniales, les Allemands pour leur sécurité et protection utilisaient de nombreuses troupes de soldats armés de nationalité libérienne recrutés au Liberia lors de leur stop au port de Monrovia (Liberia) sur la voie en route pour le Cameroun. Ceci explique également en grande partie pourquoi l'unité monétaire de comptage dans plusieurs langues Camerounaises est jusqu' au jourd'hui le dollar dans plusieurs contrées locales en raison de la présence de ces soldats libériens au Cameroun depuis la colonisation Allemande, les

14

Libériens utilisant le dollar Américain comme unité de compte dans les échanges ; le Liberia ayant acquis sa souveraineté près de 50 ans plutôt en 1847. Après la partition du traité de Versailles de 1919 qui divisera le Cameroun en deux parties (une partie orientale cédée à la France et une partie occidentale cédée à l'Angleterre) à la suite de la première guerre mondiale perdue par l'Allemagne, cette grande région des savanes sera appelée par les Anglais « Cameroon Grassfields », tandis que les Français dans la partie orientale l'appelleront pays Bamiléké (les gens des montagnes). Cette région dite des Grassfields ou pays Bamiléké s'étend sur les régions actuelles de l'Ouest, du Nord-Ouest et certaines parties du Sud-Ouest du Cameroun actuel. En faisant abstraction des Bamilékés réinstallés dans les autres régions du Cameroun et notamment ceux de la région du littoral Camerounais (Nkongsamba Mungo et Douala Wouri et alentours), du Centre (Yaoundé, Mbalmayo, Obala, Nanga-Eboko et alentours), Sud (Ebolowa- Sangmélima et alentours), de l'Est (Bertoua, Batouri, Abong Mbang et alentours) et partie septentrionale du Cameroun, ainsi que de la Diaspora dispersée en Europe, en Afrique, aux États-Unis et au Canada, les 3/5 de la population Bamiléké se trouvent en région Francophone et les 2/5 se trouvent en région anglophone.

Sur la base de nombreuses recherches et notamment celles de l'Égyptien Moustafa Gadalla (1999), ainsi que les travaux récents de Dieudonné Toukam (2016), du Dr. Maurice Nguepe (2020) d'Arnauld Nkam (2019), et de Jean-Pierre Warnier (2012), il apparait généralement accepté aujourd'hui que l'Égypte antique est la source originale des populations Bamilékés.

Partis des berges du Nil d'Égypte vers le 9ème siècle, les Bamilékés issus du groupe des Baladis / Fellahin de L'Égypte antique se sont déplacés sur une longue marche d'environ deux siècles vers le pays Tikar où ils se sont sédentarisés et ont vécu pendant environ deux cents autres années jusqu'au milieu du 14ème siècle. Lors de leur séjour en pays Tikar, les Bamilékés constituaient encore un peuple unique sous l'autorité d'un souverain unique parlant une seule langue. À la suite de la mort du dernier roi de la dynastie Bamiléké, le roi Ndéh, à Bankim en pays Tikar, le successeur désigné du dernier roi Ndeh, le prince Yen Ndeh, ayant renoncé à la succession, les Bamilékés s' atomiseront, se disloqueront et se fragmenteront progressivement et en plusieurs vagues successives et sous-groupes, descendront du pays Tikar/ Bankim pour s'installer en vagues successives dans les montages et hauts plateaux de l'Ouest Cameroun actuel où ils se sont réfugiés jusqu'à ce jour.

Après leur sédentarisation sur les hauts plateaux de l'Ouest du Cameroun, les Bamilékés continueront à se fragmenter et seront victimes de multiples divisions, atomisations, dislocations continues, disjonctions migratoires, et expansions/regroupements/ coalitions en face de menaces communes. Ces multiples divisions et fragmentations ont commencé durant la période précoloniale, à la suite multiples conflits internes entre membres de mêmes groupes. Ces multiples divisions de groupes de populations de même origine continueront à se segmenter et à s'atomiser durant la période coloniale et postcoloniale répondant aux préoccupations politico-administratives des administrations coloniales ou post coloniales imposant la plupart du temps des divisions administratives quelquefois incohérentes et illogiques fondées uniquement sur des préoccupations ad-hoc du colonisateur ou post colonisateur. Ces multiples groupements et fragmentations de populations, parlant des fois la même langue ou de multiples langues, ont au fil des ans acquis ou perdu plus ou moins de souveraineté.

Les Bamilékés (Grassfields people) : leurs origines et leur histoire. Selon Britatannica.com/Bamilékés[3], et les recherches mentionnées précédemment, les Bamilékés sont originaires de l'Égypte et descendants du peuple des Baladis /Fellahin de l'Égypte antique. Cette conclusion repose sur plusieurs évidences et considérations (examen comparé des parentés linguistiques,

---

[3] https://www.britannica.com/topic/Bamiléké

16

symbolisme cosmogonique de l'adoration des cranes, cérémonies funéraires de célébration de la vie ou de la mort, analyse comparée des ADN, analyse des philosophies et culture scientifique et technique). Les Bamilékés (Grassfield people) auraient donc été, au fil des siècles progressivement repoussés vers le Sud de l'Egypte en direction du golfe de Guinée sous les pressions des raids et jihads islamiques répandant la religion musulmane par la force des armes au cours de plusieurs siècles. Ces nombreuses émigrations (départs d'un point) et immigrations (arrivées et installations à un autre point) répétées au fil de plusieurs siècles se sont également faites sur la base de plusieurs migrations disjonctives[4] successives dans l'espace et sur le plan généalogique. Les migrations disjonctives sont définies par Horton, R (1971) comme le déplacement, le départ d'un groupe de familles parentés en abandonnant les leurs pour s'installer et vivre très loin au milieu d'autres groupes sans parenté, dans le but de préserver leur identité, leurs convictions ou leur culture à la suite de conflits dérivés de successions querellées, conflits sur le partage des biens et richesses, conflits sur de simples points d'honneur, de coutumes ou traditions, ou de profonds désaccords entre groupes parentés.

Les différentes chefferies/royaumes Bamilékés (environ 254 groupements en 2022 répartis en royaumes/chefferies/villages/ groupements plus ou moins grands dont 126 villages regroupements à l' Ouest, 123 villages/regroupements au Nord-Ouest Anglophone, et 5 villages/regroupements au Sud-Ouest Anglophone) sont donc nés, comme indiqué précédemment, des différentes agrégations/ fragmentations des peuples divers ou parentés, et de nombreuses migrations disjonctives successives nées la plupart du temps des conflits sur les héritages et successions, mécontentements liés au partage des biens et richesses (terres, bétail, esclaves, étoffes, ivoire, perles, sel, fusils, objets artistiques de valeur rare utilisés dans les cérémonies etc..), accusations de

---

[4] (Anger Bergson Lendja Ngnemzue (2016) et Robin Horton (1971) « Stateless Societies in the History of West Africa » in J.R. Ade Ajayi and M. Crowder (eds) « History of West Africa », Columbia University Press, New-York

sorcellerie, histoires d'adultère, voisinages belliqueux, expansionnisme des royaumes ou empires, désastres naturels et changements climatiques, conflits pour un meilleur contrôle des ressources ou produits du commerce régional ou lointain. À la suite de ces conflits intra-groupes, des familles entières, des maisonnées, ou hameaux entiers d'habitations ou de groupes affiliés mécontents se scindaient et se déplaçaient, en rupture avec le groupe initial pour s'éloigner et s'installer ailleurs (Anger Bergson Lendja Ngnemzue (2016)). D'autres regroupements/villages/chefferies seront expliqués par le fait des administratives coloniales ou post coloniales sur la base des considérations politico administratives. Dans l'ensemble et en fonction des circonstances, chaque royaume Bamiléké a souvent dans l'ensemble été constitué au départ d'environ 200 à 60.000 personnes vivant sur un même espace, parlant la même langue et partageant la même culture et tradition sous le leadership d'un roi ou chef à la tête d'un gouvernement traditionnel aux pouvoirs exécutifs significatifs.

Le long voyage de 200 ans des Bamilékés de l'Égypte vers la région de Tikar au Nord Cameroun/ Adamaoua actuel, en passant par Le Dar-Fur Soudanais, l'empire Ouaddaï, et en contournant le lac Tchad actuel. Les Bamilékés seraient partis des berges du Nil de l'Égypte vers le 9ème siècle, poussés progressivement et de loin en loin vers le Sud par des vagues successives et répétées de raids et razzia d'islamisations la plupart du temps violentes (Moustaffa Gadalla (1999), pour s'installer au 11ème siècle au pays Tikar au Nord Cameroun/ Adamaoua actuel (région Tikar/ Ngambe-Tikar/ Rifum/Banyo/ Bankim/ Magba ; en passant par Le Dar-Fur Soudanais, l'empire Ouaddaï, et en contournant le lac Tchad actuel. Ils vivront pacifiquement avec les Tikars pendant environ deux siècles sous l'autorité d'un souverain Bamiléké unique et en parlant une langue unique.

La mort du dernier roi Bamiléké (le Roi Ndeh), la Dislocation / fragmentation du royaume Bamiléké

jusqu'alors unique, et le dernier voyage et refuge des Bamilékés sur les montagnes et hauts plateaux de l'Ouest du Cameroun actuel. À la mort, vers 1360, du dernier souverain unique du peuple Bamiléké, le roi Ndéh, et sous les pressions de l'islamisation des peuls sous Ousmane dan Fodio et autres, son fils héritier, le prince Yen Ndeh, refusa d'hériter du royaume Bamiléké. Le royaume Bamiléké, jusque-là sous l'autorité d'un souverain unique et parlant une seule langue, se disloque en plusieurs royaumes et sous royaumes. Le prince Yen Ndeh qui refuse d'hériter du trône de son père s'installe à Bafoussam où il fonde son propre royaume : le royaume Bafoussam ; s'éloignant ainsi de l'espace Tikar et en s'extirpant des harcèlements répétés des conquêtes islamiques. Sa sœur s'installe dans la région de Banso dans le Nord-Ouest anglophone du Cameroun actuel et y fonde son royaume. Le frère cadet du prince Yen Ndeh, le roi Nchare, se plie à l'islamisation et fonde la dynastie Bamoun en 1394 vers la fin du 14ème siècle. Cette dynastie Bamoum acquise à l'islamisation, et ouverte aux influences extérieures notamment islamo-arabes devient le fer de lance des conquêtes islamiques des principautés environnantes. Cette dynastie Bamoun appuyée par de violentes forces d'islamisation sous formes de califats ou sultanats centralisés (armées de cavaliers islamiques brutaux venus d'un point central de la Haute Bénoué ou l'actuel Nord du Nigeria), forcera plusieurs communautés Bamilékés dans un souci de préservation de leurs cultures et traditions à se soustraire de ces violentes attaques en traversant le fleuve Noun pour se réfugier dans les montagnes et hauts plateaux de l'Ouest du Cameroun actuel.

Ainsi, tout au cours de leur long voyage d'environ 400 longues années, des berges du Nil en Égypte aux montagnes et hauts plateaux de l'actuel Ouest et Nord-Ouest/ parties du Sud-Ouest du Cameroun actuel, après une escale de 200 années en pays Tikar, et sous les menaces de nombreuses vagues successives de pressions d'islamisation, les Bamilékés, progressivement repoussés vers le Sud en direction du golfe de Guinée, se réfugient vers le milieu du 14ème siècle dans les montagnes et hauts plateaux de l'Ouest et du Nord-Ouest anglophone du Cameroun actuel.

Les Bamilékés auraient donc passé une longue escale d'environ deux siècles en pays Tikar/Nord Cameroun/ Banyo/Bankim/Tibati avant de s'installer dans les montagnes et hauts plateaux de l'Ouest. À la suite de son départ du pays Tikar, le royaume Bamiléké qui était encore sous l'autorité d'un souverain unique et parlant une seule langue se désintègre en plusieurs royaumes et sous-royaumes en raison des dissensions internes à la suite de la mort du dernier Roi Bamiléké, le roi Ndéh. La longue sédentarisation des Bamilékés dans les montagnes et hauts plateaux de l'Ouest/ Nord-Ouest et Sud-Ouest anglophone du Cameroun actuel ne sera perturbée que par le grand choc de l'esclavage (initialement portugais et ensuite suivi des autres pays Européens) à partir de la fin du 15ème siècle. Fuyant l'islam venu du Nord et s'étant soustraits des harcèlements d'islamisation de l'Egypte depuis le 7ème et 9ème siècle, les Bamilékés seront coincés au Sud sur les côtes Africaines dans le golfe de Guinée à partir du 15ème siècle par les nouvelles conquêtes Européennes aussi violentes mais plus subtiles imposant de nouvelles religions chrétiennes importées.

Les Bangangtés, leurs origines et leur histoire. Étymologiquement, Bangangté vient de Ba- Hah- Theuk ; Ba = ceux, Hah = refuse Theuk = esclavage ; Bangangté voudrait donc dire littéralement ceux qui refusent l'esclavage, la servitude, la soumission, la domination et la subordination. Les Bangangtés tout comme leurs frères les Bahouocs sont également descendants du pays Bamoun, bien qu'arrivés à des périodes différentes, dans des circonstances diverses (perdus dans des parties de chasse ou dans l'exploration des frontières et d'horizons nouveaux offrant de meilleures opportunités agricoles ou d'élevage).

Fils d'un Prince Bamoun (le Roi Ngapna de la 8ème dynastie de Banka), le Prince Ngami est né en 1635 à Banka, du roi Ngapna de Banka, descendant de la dynastie ayant fondé le royaume Banka, dans le présent département actuel du Haut Nkam. À l'âge de 25 ans, lors d'une aventure/campagne de chasse en 1660 avec son frère jumeau Kameni (qui fondera au même moment le royaume voisin de Bagang Fogang), le Prince Ngami se perd et arrive à Bangangté. Il s'y installe définitivement. Au regard de ses grands talents et prouesses de chasseur, sa ruse et sa très grande agilité dans les techniques de chasse des grands éléphants, ainsi que sa très grande générosité distribuant les produits de ses conquêtes et campagnes de chasse (éléphants et autres) à tous les habitants de la région de Bangangté, le Prince Ngami s'attire la sympathie de toutes les populations locales et est porté à l'unanimité populaire en 1665 à la tête du royaume Bangangté après seulement 5 ans de résidence à Bangangté.

À son arrivée à Bangangté en 1660, le Prince Ngami trouve sur place des souverains, rois, et roitelets paisibles, vivant d'agriculture et d'élevage, sans grande notion de chasse mais relativement plus concentrés sur l'artisanat hérité de leurs parentés ascendantes Bamouns avoisinantes qui y régnaient depuis la moitié du 16ème siècle sous l'autorité des rois ou sous-rois Njah Ndzwe, Njah Lang, Njah Mbia, et Njah Nguettom, ainsi que la dynastie des rois Bahouoc. Le roi Ngami s'impose au fil des ans sur ces différents royaumes/sous-royaumes/ roitelets/ dynasties. Il renforce son royaume avec de nombreuses épopées guerrières, sa très grande générosité distribuant régulièrement à toutes les populations les produits de ses chasses, et la conquête des royaumes/sous-royaumes/ roitelets environnants. Il protège son royaume de nombreuses attaques venues d'ailleurs et notamment des attaques et tentatives d'expansion du royaume Bamoun. Les excellents travaux récents de Thomas Tchatchoua (2009) et l'ouvrage anthologique de F. Clement C. Egerton (1939) illustrés par de nombreuses photos du début des années 1930 apportent de nombreux éclaircissements sur le royaume Bangangté et les royaumes environnants. Bien que la subdivision/ ville de Bangangté n'ait été créée par le colonisateur français qu'en 1930 par un arrêté du Haut-Commissaire de la France d'Outre-Mer, avant de devenir département du Ndé par le décret No. 61-8 du 3 février 1961, le royaume de Bangangté de la dynastie des Nfeun Nga a été fondé depuis 1665 par le roi Ngami, 1er roi du royaume Bangangté de la dynastie des Nfeun Nga régnant sans partage dans la région de Bangangté depuis 1665.

Les Bahouocs, leurs origines et leur histoire. Descendants des Bamouns en fuite des harcèlements et frasques de l'islamisation, les Bahouocs sont arrivés dans la région de Bangangté au 16ème siècle et bien avant vers la fin du 14ème siècle. Ils sont à certains égards considérés comme les « autochtones » des terres actuelles de la région reconnue de nos jours comme la région/ville/commune de Bangangté. Selon de nombreuses sources, les trois royaumes Bahouoc seraient issus d'un postage géospatial et stratégique sur de larges espaces de terres de trois frères (Nfeun Hag, Nfeuntcheumtchou, Nfeun Nga Vah) issus d'un même père. Au regard de leur relativement très grand nombre, les trois frères seront postés sur de larges espaces contigus et juxtaposées dans la perspective d'un plus grand contrôle de vastes espaces de terres. Ces trois frères règneront pacifiquement et sans partage sur ces grands espaces de terres pendant plusieurs siècles. Ce long règne des trois frères Bahouoc ne sera perturbé qu'après la fusillade publiquement du Roi Bahouoc en 1889 lors des premiers contacts des premiers colons allemands, le Roi Bahouoc s'étant opposé à la pénétration coloniale, contrairement au Roi Bangangté qui a coopéré avec les nouveaux venus. Par cette fusillade publique, la décadence du rayonnement du royaume Bahouoc sur les royaumes environnants commencera. Le Roi de Bamena sera fusillé dans les mêmes conditions.

Dans l'ensemble, les Bahouocs relativement très nombreux, en toile de fonds d'un rayonnement artistique apprécié dans les contrées environnantes et occupant de très larges espaces de terres ont dans leur apogée été pendant plusieurs siècles sous les règnes de plusieurs dynasties, la dynastie des Nfeun Hac, Nfeuntcheumtcho, et Nfeun Ngah Va, et plusieurs rois/ roitelets/

notables Nja Tat, Nja Ngettom. Le déclin des Bahouocs commencera depuis la fusillade de leur Roi en 1889, et s'accélérera à partir de 1896 avec la guerre fratricide avec la coalition des royaumes de Bangangté-Balengou-Bamena-Bangoua.

Ainsi, en 1660, les Bahouocs et autres résidents de la région de Bahouoc/Bangangté, accueillent l'alors jeune prince Banka, venu de Banka, le prince Ngami, futur roi des Bangangté, en 1660. Les descendants de la dynastie des Bahouoc mèneront ensemble, au fil des siècles, une coexistence pacifique avec leurs frères du royaume Bangangté jusqu'au conflit de 1896 qui entrainera l'exil de l'un des rois Bahouoc, le roi Nfeun Ngah Vah, vers le royaume Bali Nyongah, dans le Nord-Ouest Anglophone du Cameroun actuel, et la quasi-vassalisation des rois Nja Tat et Nja Ngettom à la dynastie des Nfeun Nga de Bangangté.

Le Prince Teihockbeumtang, Prince Bahouoc Nfeuntcheumtchou, fils du Roi Pettang I, 19ème Roi de la dynastie Bahouoc Nfeuntcheumtchou, dynastie installée dans les montagnes et hauts plateaux de la région actuelle de Bangangté depuis le 16ème siècle, le Prince Teihockbeumtang a vécu au royaume Bahouoc aux environs de 1825 à 1900. Il est l'ancêtre le plus lointain connu des Teihockbeumtangs (environ 200 années de la période actuelle). Le Prince Teihockbeumtang aura quatre garçons (Tei Pettang, Bahka Tchapga, Mbeu Mbeu Kuibo Nzotta, Mbeu Nyambei et une fille (Ngontcho Ngontcho Philomène Teukam). L'un de ses fils, Nzotta Job, sera élevé à la distinction honorifique de Mbeu Kwibo Nzotta (adjoint au Roi) du roi Albert Tchoueka, 22ème Roi de la dynastie Nfeuntcheumtcho après son retour de Lagos (Nigeria) où il avait acquis une excellente formation de médecine traditionnelle, plusieurs années après la guerre Bangangté-Bahouoc de 1896.

Origine et Histoire des Teihockbeumtangs, Descendants du Prince Teihockbeumtang, fils du Roi Pettang I, 19ème Roi de la dynastie BAHOUOC Nfeuntcheumtchou ayant régné entre 1846 et 1881 les Teihockbeumtangs tracent leurs origines ancestrales des berges de la vallée du Nil de la Haute Égypte d'où leurs ancêtres et ancêtres de leurs ancêtres (Les Baladis / Fellahin de l'Egypte antique) sont partis depuis le 9ème siècle. Les Teihockbeumtangs sont donc définis comme tous les enfants et descendants du Prince Teihockbeumtang. Décomposé, le nom Teihockbeumtang vient de **Tei= diminutif de Tagni= père des jumeaux, Hock=diminutif de Hocktcho, Mbeum Tang=signifie roi toujours drapé de parures étincelantes rares et nom du premier roi Bahouoc de la dynastie des Bahouocs Nfeun Hag.** Les fils et filles de Teihockbeumtang, tous ses grands fils et grandes filles, arrières petits fils et arrières petites filles ainsi que tous leurs descendants sont donc des Teihockbeumtangs.

Pour ceux qui s'interrogeraient encore sur la couleur de peau noire des descendants des Baladis d'Égypte, ancêtres lointains des Bamilékés, il faut se rappeler que l'Égypte ancienne était habitée des populations noires, comme l'ont démontré les célèbres travaux de l'historien, anthropologue, et physicien sénégalais Cheik Anta Diop (1954)[5] et Théophile Obenga (1973) Comme l'ont également démontré les travaux fort riches de l'égyptologue Moustafa Gadalla (1999)[6], lui-même Égyptien vivant aux États-Unis depuis plusieurs décennies, les populations africaines actuelles sont toutes des populations exilées de l'Égypte d'où elles ont été chassées à la suite de plusieurs vagues d'islamisations jihadistes brutales et forcées depuis l'invention de l'islam par Mohammed au 7ème siècle.

Ainsi, sous la pression des islamisations forcées de Mohammed depuis le 7ème siècle, les ancêtres des Teihockbeumtangs ont été poussés de l'Égypte à partir du 9ème siècle pour s'installer dans la région des Tikar/ Bankim/ Banyo Nord Cameroun/ Adamaoua actuel vers le 12ème siècle après avoir traversé le Dar-Fur Soudanais, l'empire Ouaddaï et contourné le Lac Tchad actuel. Par la suite, les Bamilékés ont traversé le Nord Cameroun actuel. Un petit village au Sud-Est de Bangangté dans le

---

[5] Diop, Cheick Anta (1954) : « De l'antiquité nègre égyptienne aux problèmes culturels de l'Afrique noire d'aujourd'hui, Nations nègres et culture », Présence Africaine, 1954, Paris
[6] Gadalla, Moustafa (1999) : « Exiled Egyptians : The Heart of Africa » Tehuti Research Foundation, 1999, Greensboro, NC 27438-9406 USA

département du Ndé s'appelle d'ailleurs Babitchoua qui descend littéralement en réalité de Ba = les gens, de Bitchoua = Pitoa ville près de Garoua au Nord Cameroun actuel. Sous les pressions des jihads vers le 14ème siècle, ces ancêtres Bamilékés partiront de la région Tikar/ Bankim/ Banyo/Magba vers le milieu du 14ème siècle pour s'installer dans la région des montagnes et hauts plateaux de l'Ouest Cameroun actuel avec leurs cousins du royaume Bamoun. Les Bamilékés se désagrègeront et fragmenteront en plusieurs royaumes et sous-royaumes actuels sous la force de nombreuses dissensions et disjonctions migratoires internes ; tandis que leurs cousins les Bamouns resteront sous l'autorité d'un souverain unique fortement modelé sur les lamidos ou califats islamiques.

Dans une perspective de très long terme s'étalant sur une période allant d'environ 200 années à plus de 5000 ans en arrière, ce livre répond à trois ensembles de questions :

1. D'où viennent les Bamilékés ? D'où viennent les Bangangtés ? D'où viennent les Bahouocs ? Qui étaient les arrières-ancêtres très lointains des Bamilékés il y a environ 5000 ans ? Quel a été le parcours migratoire des ancêtres des Bamilékés avant leur installation dans les montagnes et hauts plateaux de l'Ouest Cameroun actuel ?

2. Comment vivaient les ancêtres des Bamilékés et les ancêtres de leurs ancêtres ? Quelles étaient leurs traditions, leurs cultures et leurs croyances ? Quelles étaient les configurations de la vie des Bamilékés avant la période coloniale, durant la colonisation, après la colonisation et la période postindépendance du Cameroun ?

3. Qui étaient le Prince Teihockbeumtang, ce fils du Roi Petang I de la 19ème la dynastie des Bahouocs Nfeuntcheumtchou ? Quels étaient les enfants du Prince Teihockbeumtang ? Qui étaient leurs enfants et les enfants de leurs enfants ? Comment pouvons-nous déterminer notre identité personnelle, nos relations lignagères et

position généalogique dans l'arbre généalogique de la grande famille Teihockbeumtang ?

La première partie de ce livre décrira la vie, les modes et coutumes de vie, les traditions, et pratiques des ancêtres Bamilékés de l'Égypte (les Baladis/ Fellahin de l'Égypte antique), et brossera la longue histoire du très long mouvement migratoire des Bamilékés, de l'Egypte jusqu'aux montagnes et hauts plateaux actuels de l'Ouest Cameroun, en passant par leur séjour en pays Tikar après leur traversée de l'empire Ouaddaï, le Dar-Fur Soudanais et le contournement du Lac Tchad.

Dans sa deuxième partie, le livre s'appesantira sur l'anthropologie du peuple Bamiléké dans l'ensemble en décrivant sa culture, sa vie économique et sociale Bamiléké, les traditions, les coutumes et modes de vie des Bamilékés en général et les spécificités des Bangangtés/ Bahouocs en particulier, ainsi que l'organisation des États Bamilékés pendant, durant, et après la colonisation Bamiléké.

La troisième partie du livre ébauchera, pour des besoins de repérage généalogique des futures générations des Teihockbeumtangs, l'arbre généalogique des Teihockbeumtangs à partir de leur ancêtre commun, le Prince Teihockbeumtang, prince Bahouoc de la dynastie des Nfeuntcheumtchou ayant vécu dans les montagnes et hauts plateaux de l'Ouest Cameroun à Bahouoc (Bangangté, Ouest Cameroun) entre 1825 et 1900. À titre de rappel, les Teihockbeumtangs se définissent comme tous les enfants, petits-enfants et arrières petits-enfants et descendants du Prince Teihockbeumtang.

PREMIÈRE PARTIE

ORIGINE, PARCOURS MIGRATOIRE ET VIE DES BAMILÉKÉS : DE L'ÉGYPTE AUX MONTAGNES ET HAUTS PLATEAUX DE L'OUEST CAMEROUN DANS LE GOLFE DE GUINÉE

L'Égypte est le berceau de l'humanité. Tout comme la plupart d'autres peuples Africains de l'Ouest et de l'Est, les Bamilékés sont originellement venus d'Égypte ; comme l'attestent grandement les travaux de nombreux auteurs et notamment ceux de Cheick Anta Diop (1954), Théophile Obenga (1973) et Moustapha Gadalla (1999). À la suite des invasions brutales de l'Egypte par les arabes en 641 et 646 de notre ère après l'invention de l'islam par Mohammed, les Baladis / Fellahin sont reconnus comme les ancêtres antiques très lointains des Bamilékés qui ont progressivement abandonné l'Égypte au fil de plusieurs siècles pour leur sécurité et la préservation de leurs cultures et traditions. Ces arrières-ancêtres Baladis se sont, au fil de plusieurs siècles de longues marches et déplacements migratoires, dirigés vers le Sud où ils se sédentariseront dans les montagnes et hauts plateaux de l'Ouest Cameroun actuel dans le Golfe de Guinée depuis la moitié du 14ème siècle. Leur sédentarisation dans les montagnes et hauts plateaux du pays Bamilékés actuel ne sera perturbée plus tard, en fin du 15ème siècle, que par les brutales captures esclavagistes des Portugais qui ont fortement puisé dans les réserves de populations Bamilékés pour le commerce esclavagiste d'abord avec l'Europe (à partir de 1444, achat de premières cargaisons d'esclaves par les

Portugais avec destination l' Europe), et par la suite dans le commerce triangulaire avec les Amériques (à partir de 1526 avec l'achat par les Espagnols de premières cargaisons d' esclaves à destination des Amériques).

Ce fort impact de la traite des esclaves est illustré par la présence, encore très forte dans les mémoires, de l'image de nombreux marchés d'esclaves en pays Bamilékés. Bien que l'esclavage arabe ait commencé depuis le 7ème siècle, il a été relativement moins intense plus au Sud et est resté surtout concentré dans les zones sahéliennes avec des relais dans les régions mitoyennes au Sahel (région Bamoun et pays Bamiléké). L'introduction, la plupart du temps brutale, de l'islam sous forme de plusieurs jihad islamiques se succédant les uns aux autres au fil de près de 1000 années explique en grande partie les multiples disjonctions et fragmentations des peuples et les grandes migrations du Nord de l'Afrique vers l'équateur plus au Sud.

Le premier chapitre de la première partie de ce livre décrit la longue marche des Bamilékés des berges du Nil de l'"Egypte vers le Golfe de Guinée en passant par le Darb el-Arbeeh, Darfour soudanais, l'empire Ouaddaï, le lac Tchad, le Nord Cameroun, et le pays Tikar. Le deuxième chapitre esquisse les éléments de preuve attestant des liens entre les Baladis / Fellahin (ancêtres très lointains des Bamilékés), et les Bamilékés actuels.

CHAPITRE PREMIER

ORIGINE ET LONGUE MARCHE DES BAMILÉKÉS DE L'ÉGYPTE VERS LE GOLFE DE GUINÉE, LES MONTAGNES ET HAUTS PLATEAUX DE L'OUEST CAMEROUN

L'objectif de ce chapitre est de refaire à vol d'oiseau le parcours, les traces et la longue marche des ancêtres Bamilékés (les Baladis / Fellahin et Issacs) de leur point de départ des berges du Nil en Égypte actuelle vers les montagnes et hauts plateaux de l'Ouest Cameroun dans le Golfe de Guinée. Grosso modo, il s'agit d'un regard sur 400 années de voyage migratoire incluant un arrêt de près de 200 années au pays Tikar, la traversée du Dar-Fur Soudanais, l'empire Ouaddaï, et le contournement du lac Tchad.

Selon de nombreuses recherches et notamment celles de Cheik Anta Diop (1954) et Moustafa Gaddala (1999), les populations vivant en Égypte avant l'invasion des arabes au 7ème siècle après JC étaient noires. L'origine noire des peuples de l'Égypte antique a été démontrée par de nombreuses études et notamment celles de Jean François Champollion (1814)[7], Constantin Francois de Chasseboeuf alias Compte de Volney[8] (reposant sur l'analyse du taux de mélanine sur les momies égyptiennes[9], l'analyse comparée des ADN des royautés

---

[7] a/ L' Egypte sous les pharaons ou recherche sur la géographie, la religion, la langue, les écritures et l' histoire de l' Egypte avant l' invasion de cambyse. Tome premier : Description géographique. Introduction, Paris : De Bure. 1814. OCLC 716645794
b/Lettres écrites d' Egypte et de Nubie. 10764. Project Guttenberg. 1828-1829. OCLC979571496
[8] a/Recherches Nouvelles sur l' histoire ancienne, Tome 1 & 2
b/Voyages en Egypte et en Syrie au cours des années 1783, 1784 & 1785, Tome 1 & 2
[9]Marc Armand Ruffer : " Historical Studies on Egyptian mommies" Le caire, Diemer, 1911

égyptiennes (Svante Paabo[10], Scott Woodward) ; les peintures et sculptures des habitants de l'Égypte antique, et les témoignages des savants grecs européens qui ont visité l'Égypte antique[11] ou qui y ont vécu (Aristote, Pythagore, Hérodote Strabon, Volney).

Les Bamilékés, comme d'ailleurs beaucoup d'autres populations d'Afrique de l'Ouest et d'Afrique de l'Est, trouvent leurs origines sur les berges du Nil d'où leurs ancêtres sont partis depuis le 9ème siècle. L'analyse des modes de vie, rites et traditions de leurs ancêtres, les Baladis / Fellahin, et de nombreux autres indices retrouvés chez les Bamilékés actuels indiquent les liens entre les Baladis de l'Égypte antique et les Bamilékés actuels. Ces Baladis à la couleur de peau foncée sont encore retrouvés de nos jours en haute Égypte ainsi que dans les banlieues d'Alexandrie, au Caire ou sur les rives du Nil. Ils sont considérés comme les premiers occupants de l'Égypte avec les Afrangis. Les Baladis de l'Égypte actuelle sont des autochtones ayant résisté férocement à toutes les invasions culturelles perses, grecques/ptolémaïques, romaines et arabes. Les Égyptiens autochtones Afrangis ont cependant accepté d'abandonner leurs cultures égyptiennes au profit de la culture arabe venue d'ailleurs. La minorité plus vocale des autochtones égyptiens (les Afrangis) ayant capitulé et abandonné leurs cultures, en échange des faveurs sociales au profit des cultures arabes venues d'ailleurs, est présente dans toutes les hautes sphères des pouvoirs. Les Afrangis se sont assimilés à la population arabe venue d'ailleurs tandis que la majorité silencieuse des populations autochtones (les Baladis) a été reléguée au second plan dans toutes les sphères de la société au profit des Afrangis qui se sont assimilées aux populations arabes venues d'ailleurs.

La première section de ce chapitre décrira sommairement la vie en Égypte avant la conquête et l'invasion des arabes au 7ème siècle de notre ère. Cette section met en exergue les modes de vie et les

---

https://www.worldcat.org/title/histological-studies-on-egyptian-mummies/oclc/18979429
[10] Reconstructing Prehistoric African Population Structure, 2017 Elsevier, PMCID : PMC5679310
[11] Youtube : Les vérités sur les Egyptiens de l'antiquité (royaume de kemet),
Youtube : Portraits de Cheick Anta Diop

rites des Baladis / Fellahin conservés par leurs descendants, les Bamilékés. La deuxième section de ce chapitre décrira le voyage et les parcours empruntés par les Bamilékés de l'Égypte en pays Tikar en passant par Le Dar-Fur soudanais et l'empire Ouaddaï, et après le contournement du lac Tchad. Ce chapitre expliquera que, durant près de deux siècles de vie au pays Tikar, tous les Bamilékés étaient sous l'autorité d'un souverain unique, et que le royaume Bamiléké se disloquera à la mort du dernier souverain unique du peuple Bamiléké, le roi Ndéh. La troisième section de ce chapitre décrira le départ du pays Tikar vers les montagnes et hauts plateaux de l'Ouest du Cameroun actuel où ils se sédentariseront et se disloqueront en plusieurs royaumes et sous-royaumes différents, sous l'effet de nombreuses migrations disjonctives. La longue sédentarisation des Bamilékés dans les montagnes et hauts plateaux de l'Ouest du Cameroun actuel ne sera perturbée qu'au 15ème siècle avec le contact violent avec le commerce Européen des esclaves qui extirpera brutalement des centaines de milliers voir des millions de Bamilékés vers l'Europe et ensuite vers les Amériques.

Section A : La vie, l'histoire, les croyances et la mythologie des Baladis aussi connus sous le nom de Fellahin (ancêtres des Bamilekes) dans l'Egypte antique avant l'invasion des Arabes au 7ème siècle.

Selon l'historien et anthropologue Américain Eric Brown (2018) et beaucoup d'autres auteurs, l'histoire de l'Égypte avant la conquête et le début de l'invasion des arabes au 7ème siècle (641 et 645 de notre ère) peut sommairement être divisée en 11 périodes distinctes, allant de la période prédynastique [5000 à 3100 avant JC] à la période romaine [30 avant JC à 600 après JC]. Chaque grande période était repérée par des événements historiques marquants où des monarques s'étaient distingués positivement ou négativement. Durant ces 11 grandes périodes, trois périodes dites intermédiaires ont été caractérisées par le chaos et le déclin sur plusieurs plans.

De ces 11 grandes périodes, la plus importante a été celle de **l'Égypte antique généralement définie comme étant la période allant de 3100 à l'année 332 avant JC**[12] lorsque, pour la libérer de l'invasion Perse, Alexandre le grand, roi de la Macédoine grecque, envahira l'Égypte. Alexandre le grand va par la suite conquérir la Perse et mettra l'Égypte et la Perse sous son propre contrôle total à partir de 332 avant JC.

La période de l'Égypte antique est généralement considérée comme la période pendant laquelle l'Égypte entière était sous l'autorité d'un roi unique. Avant 3100, l'Égypte était sous le règne de plusieurs roitelets sans autorité centrale et non unifiée sous l'autorité d'un souverain unique. Le premier pharaon de l'Égypte antique à partir de la première dynastie des pharaons égyptiens en 3100 avant JC était le pharaon Menés (encore connu sous le nom de Roi Narmer). Le dernier pharaon égyptien autochtone de l'Égypte ancienne était le pharaon Nectanebo II, 9ème roi de la 30ème dynastie des pharaons autochtones de l'Égypte antique qui régna sur l'Egypte de 359 à 342 avant JC, avant que l'Egypte ne tombât sous le contrôle discontinu de la Perse de 343 à 332 avant JC. Les perses seront chassés de l'Égypte par Alexandre le grand qui prendra le contrôle de l'Egypte pour son propre compte à partir de 332 avant JC.

La première période [5000 à 3100 avant JC] est la période prédynastique de l'Égypte pré-pharaonique où il y a une très forte croyance des Égyptiens antiques aux nombreuses mythologies qui régulaient la vie quotidienne des Égyptiens antiques. La vie à cette période était extrêmement difficile et régulée par les marées hausses et basses du Nil, obligeant les habitants à coopérer dans la gestion des risques collectifs et risques de dévastations des eaux des vallées du Nil. L'Égypte antique était alors gouvernée par une multitude de rois et roitelets sans aucune puissance particulière et dispersées sur l'étendue de l'Égypte

---

[12] https://www.cemml.colostate.edu/cultural/09476/egypt02-01enl.html

actuelle. En dehors de la riche mythologie égyptienne, très peu de faits sont connus de la période pré-pharaonique. Il était alors généralement admis que les Egyptiens antiques croyaient qu'avant le règne du premier pharaon d'Égypte, le pharaon Menés, la vie sur terre était gouvernée par les Dieux et demi-Dieux ; avec une très forte croyance au règne du **Dieu Soleil**, Amun-Ra, et ses héritiers. Osiris était l'un des Dieux sur terre les plus connus et admirés. Osiris dans la mythologie des religions de l'Egypte antique était le Dieu de la fertilité, de l'agriculture, de la vie après la vie, des décédés, de la vie, et de la végétation.

La deuxième période [3100 à 2686 avant JC] est la **période archaïque**. Cette période est la période pendant laquelle le premier pharaon d'Égypte le pharaon Menés, imposera sa domination sur l'Égypte entière après s'être imposé sur de nombreux roitelets épars et établis de longue date sur des vastes espaces. Le pharaon Menés et ses descendants commenceront et développeront la plupart des traditions et cultures sociales de l'Égypte. Le pharaon Menés contribuera à l'unification de l'Égypte qui se retrouvera, les siècles suivants, sous l'autorité d'un souverain unique.

La vie dans l'Egypte antique était très difficile, car fortement influencée par les variations saisonnières et les fréquentes inondations sortant le fleuve du Nil de son lit habituel avec les conséquences sur les dévastations humaines. Les populations vivant autour du Nil étaient à la merci de l'atrocité des conditions naturelles et des variations erratiques du climat. Ces conditions difficiles obligeaient les populations à la solidarité pour vivre et survivre. Cela forçait également l'ingéniosité des esprits à une meilleure maitrise de la nature environnante hostile. Pour survivre, il fallait braver la nature, cultiver et préserver les graines et récoltes pour éloigner les famines en temps de disette. Pour vivre en paix, il fallait prévenir et se protéger contre les attaques d'envahisseurs potentiels, d'où le développement des techniques de guerre et de défense.

Dans les mythologies de l'Égypte antique, il était entendu qu'à la mort d'un être vivant, son corps et son esprit se séparent. Pour que la personne survive après la mort, il était nécessaire de nourrir le corps par un apport continu et régulier de nourriture, de boissons, de vêtements et d'encens dans le but de soutenir la vie après mort. D'où le développement des techniques de momification pour que les morts vivent éternellement.

Ainsi, au début de la période archaïque, les Égyptiens antiques commenceront à préserver les corps des morts dans des cases dites « éternelles » faites de la boue du Nil pour la préservation éternelle de leurs morts. Au regard de l'inefficacité des boues du Nil à préserver les corps des morts des animaux et voleurs de tombes, les techniques de momifications seront développées pour préserver le corps des morts et assurer leur éternité près des vivants. Dans l'Égypte antique, le rituel de préservation du corps des morts pour l'éternité était très fort et bien maitrisé. Ce rituel sera préservé par les Bamilékés après plusieurs siècles. Ainsi, dans l'Égypte antique, il était généralement accepté qu'à la mort, le corps se sépare de l'esprit. Pour prolonger la vie au-delà de la vie, pour qu'ils vivent éternellement, le corps des morts était momifié.

La troisième période [2686 à 2181 avant JC] est <u>celle de l'ancien Royaume</u> qui sera marquées par de grandes avancées dans plusieurs domaines : littérature, architecture, médecine, maçonnerie, etc. Pendant cette période, la population paysanne à plus de 80% vivait essentiellement d'agriculture pour se nourrir et soutenir la construction des pyramides et tombes des royautés. Ces populations vivaient dans des conditions de précarité et des opportunités extrêmement limitées. Durant cette période, les pharaons qui étaient perçus comme divins ou descendants de Dieu exerçaient un pouvoir absolu sur l'Égypte. Ces pharaons étaient, entourés de grandes cours royales, de nombreux serviteurs et des centaines de femmes à l'origine de disputes substantielles autour de l'héritage pour la succession du pharaon. Au cours de cette période, les pharaons commencèrent à dévouer une bonne partie des ressources du pays à la construction de très grandes pyramides pour pérenniser l'idolâtrie de leurs puissants rois. Ceci contribuera, au fil des ans, à affaiblir significativement l'ancien royaume d'Egypte.

La quatrième période [2181 à 1991 avant JC] est la Première période intermédiaire. Cette période faite de chaos, de décadence généralisée et de déclin/ arrêt dans la construction des pyramides connut plusieurs monarques éphémères sur de très courts règnes fragilisés par de nombreuses guerres, rivalités intestines et luttes fratricides. Cinq monarques (dynasties) éphémères se succèderont au cours de cette période entre la septième et la onzième dynastie des pharaons. Cela aboutira à un chaos sans précédent et à la décadence du royaume égyptien en raison de nombreux facteurs religieux, économiques, et politiques (dissolution du gouvernement central et nombreuses guerres civiles accompagnées d'épidémies et famines à répétition). La fin de cette période sombre verra l'émergence d'un nouveau pharaon fort, mettant ainsi fin à de multiples règnes successifs de plusieurs rois régnant pendant de périodes très courtes depuis la sixième dynastie.

La cinquième période [1991 à 1786 avant JC] est celle du royaume moyen au cours de laquelle l'Égypte ancienne connut une relative prospérité similaire à la prospérité connue dans l'ancien royaume avec de grandes avancées dans plusieurs domaines. Durant cette période, l'accroissement des privilèges du roi et de la noblesse provoquera le déclin du royaume. Cela obligea le souverain Senusret III à réduire les privilèges de la noblesse pour sauver le royaume. Par cet acte courageux contre la noblesse, cette dernière fut remplacée par une nouvelle classe moyenne reposant sur les paysans, les artisans, et les commerçants.

La **sixième période [1786 à 1567 avant JC]**, <u>deuxième période intermédiaire</u> faite de chaos et de décadence. Elle sera caractérisée par de nombreux conflits et rivalités entre plusieurs princes, des conflits entre envahisseurs étrangers infiltrés en Égypte (Hyksos) et les Égyptiens autochtones (Les Thebans). Cette période sera également caractérisée par l'incapacité des gouvernements à assurer une gouvernance au service de la majorité.

La **septième période [1567 à 1085 avant JC]** consacre **le Nouveau Royaume.** Après avoir défait les étrangers (Hykos), les autochtones « Thebans » fondèrent leur dynastie de pharaons en attribuant leur victoire sur les Hyksos à « Amum », le Dieu des airs, et l'associèrent aux Dieux du soleil « Ra ». Les pharaons successifs de plusieurs dynasties conquirent plusieurs pays et établirent un très grand empire s'étendant jusqu'à la Nubie au Sud de l'Égypte et en partie au Soudan actuel ainsi que vers les berges du fleuve Euphrates vers le Nord (Iraq actuel). Les Arabes appelaient Nubie la partie Sud de l'Égypte. La plupart des conquêtes, surtout celle de la 18ème dynastie de pharaons (conquête de la Syrie et de la Palestine), se firent par la diplomatie pacifique faite de cadeaux et mariages arrangés avec les forces ennemies.

La **huitième période [1085 à 525 avant JC]** ou <u>troisième période intermédiaire</u> est également faite de chaos et de décadence lente survenant après le nouveau royaume. Ce troisième déclin sera expérimenté entre la 21ème et la 25ème dynastie des pharaons. Bien que les pharaons régnants aient reconquis le contrôle de tout le territoire, les pharaons continuent la poursuite des constructions de monuments grandioses et des enterrements pharaoniques gigantesques. De cette gouvernance mal pensée, le territoire connaitra une période de déclin soutenu.

La **neuvième période [525 à 332 avant JC]** est celle des derniers pharaons d'Égypte, <u>c'est la fin de l'ère pharaonique</u>

marquée par plusieurs changements de leadership à la tête de l'Égypte ; après avoir en subi les attaques en 525 avant JC, l'Égypte se retrouvera, pendant plusieurs années, sous la domination et la colonisation de l'empire Perse vers la fin de l'ère pharaonique.

Cette domination de l'empire perse ne sera interrompue que lorsque l'Égypte sera libérée de la subordination aux Perses par Alexandre le Grand qui, par la suite, placera lui-même l'Égypte récemment libérée de l'emprise perse sous sa domination personnelle. En libérant l'Egypte des griffes et de la domination des Perses (Iran actuel), et en mettant l'Egypte sous sa domination personnelle, Alexandre le Grand consacrait, de fait, la perte de l'autonomie et de la souveraineté de l'Égypte. Cette perte de souveraineté de l'Egypte durera environ 975 ans.

La dixième période [332 à 305 et 305 à 30 avant JC] est la période de l'Égypte sous la colonisation de l'empire grec (Alexandre le Grand et Ptolémée)

La sous-période de l'Égypte sous Alexandre le Grand 332 à 305. À la suite de l'assassinat du Roi Phillip II en 336 avant JC, son fils, Alexandre le Grand, devint Roi de Macédoine. Il engagera la conquête de plusieurs empires et nouveaux territoires environnants et, notamment, l'empire perse en 334 avant JC et l'empire Indien en 326 avant JC. Pour aider l'Égypte à se départir de l'emprise de l'empire perse, Alexandre le Grand va, par la suite, conquérir l'Égypte et se proclamera Pharaon grec d'Égypte. Il se lancera dans une série de campagnes et conquêtes militaires qui dureront dix ans. Il construira une vingtaine de villes dans plusieurs pays et, notamment, la ville d'Alexandrie en Égypte qu'il imposera comme capitale d'Égypte. Il imposera la culture grecque (Européenne) et une nouvelle civilisation helléniste encore présente dans l'empire Byzantin au milieu du 15ème siècle.

La sous-période de l'Égypte sous Ptolémée 305 à 30. À la mort d'Alexandre le Grand à Babylone en 323 avant JC, son empire sera divisé entre plusieurs généraux en conflit. L'un de ses généraux,

Ptolémée, dominera plus tard l'Égypte et s'imposera comme Roi d'Égypte. Il règnera sur l'Égypte et y renforcera la présence grecque pendant environ 30 années, faisant d'elle une colonie macédonienne grecque. Ptolémée promouvra la culture, l'ingénierie, les arts grecs, et construira la grande librairie grecque d'Alexandrie. Durant la période dynastique ptolémaïque grecque, la dynastie de Ptolémée accumulera beaucoup de richesses qui profiteront surtout et avant tout aux populations grecques immigrées en Égypte pour y grossir la présence grecque. Pendant que la population grecque étrangère en Egypte s'enrichissait, la population égyptienne locale croupissait dans la misère généralisée. Ces inégalités croissantes entre les populations locales égyptiennes et les populations grecques venues de la Macédoine grecque entraineront de nombreuses frictions entre populations et seront à l'origine de nombreuses révoltes et soulèvements. Ce modèle de colonisation se répliquera plus tard avec les modèles de colonisation après la renaissance européenne et, notamment, l'importation des populations française et espagnole en Algérie française pour y grossir la population européenne.

Après près de trois siècles de domination grecque en Égypte, la dernière dynastie des pharaons grecs d'Égypte s'acheva avec Cléopâtre VII, la dernière reine/ pharaon grecque macédonienne qui aura dominé l'Égypte pendant une très longue période avec l'appui de ses frères et le soutien du dictateur Romain Jules César.

La onzième période [30 avant JC à 600 après JC] est celle de l'Égypte sous la <u>colonisation/ domination de l'Empire romain (Empire de Byzance)</u>. Cette période est caractérisée par la perte de l'indépendance et de l'autonomie de l'Égypte qui devint partie intégrante de l'Empire romain. Après la bataille de Corinth en 146 avant JC, l'empire romain monté en puissance avec l'avènement du Roi Auguste à sa tête vaincra l'empire grec et dont il fera une province de Rome en lui imposant. Sous le règne de l'empereur Auguste qui vainquit ses ennemis grecs à la bataille de Corinth, l'empire romain vassalisera la Grèce et s'imposera, soumettant l'Égypte par la force. Les Romains augmenteront la population égyptienne pour l'exploitation de l'Égypte au profit des souverains romains. Les Grecs tomberont sous le joug de l'empire Romain pendant plusieurs siècles jusqu'en 330 après JC lorsque l'empire Romain adoptera la ville de Byzantine comme la nouvelle capitale de l'empire Romain.

Bien que les Romains aient remplacé le système d'administration ptolémaïque grecque, ils privilégieront le système grec et, notamment, l'utilisation de la langue grecque dans le gouvernement au lieu du latin romain, cela au grand mépris et au détriment des autochtones égyptiens. Les Romains utiliseront un vaste système de taxation et d'extorsion des Égyptiens autochtones sous forme de taxes en cash et en nature sur les terres des autochtones égyptiens, ainsi que des taxes de douane, et la marginalisation des Égyptiens locaux au profit des juifs.

L'Égypte chrétienne (de 33 après JC au 4eme siècle). En 312 après JC, à la suite de la défaite de Maxentius à la bataille du pont de Melvian, Constantine sortira victorieux de la bataille et s'imposera à la tête de l'empire Romain (Empire byzantin à l'Est et empire romain à l'Ouest). Croyant fermement que sa victoire à la bataille du pont de Melvian était due à sa croyance en Jésus Christ, Constantine imposera le christianisme comme unique religion dans tout l'empire romain qui comprenait désormais la Grèce et l'Égypte, avec interdiction de toutes autres pratiques religieuses. Constantine présidera au premier concile de Nicée en 325 après JC et où les règles de la foi chrétienne seront définies et élaborées et le manuscrit de la Bible préparé. Sous le règne de l'empereur Constantine, l'empire romain sera stabilisé et l'armée reformée. L'empereur Constantin fondera la nouvelle ville de Rome sur l'ancienne ville de Byzantine qui deviendra plus tard Constantinople (aujourd'hui Istanbul en Turquie). L'empire romain était alors divisé en deux parties : l'empire romain sur la partie Ouest, et l'empire romain sur la parte Est (Empire Byzantin incluant L'Égypte) sous le règne de l'empereur Constantine. Sous le Christianisme, les églises deviendront extrêmement riches et puissantes. À la mort de l'empereur Constantine, trois fils lui succéderont simultanément : Constan, Constantius II et Constantine II. Ces trois fils diviseront l'empire en trois et entreront immédiatement en conflit les uns contre les autres pour le contrôle des parties utiles du territoire. Ces conflits auront pour conséquence d'affaiblir significativement l'empire romain. Certains successeurs ultérieurs comme Julian, le cousin de Constan qui a succédé à Constantine, interdiront même la pratique du christianisme sur leur territoire en accusant le christianisme de Constantine d'être la source et principale cause de la décadence de l'empire romain. L'Égypte sera, à la fois, un grand centre de haute importance pour l'empire romain auquel il fournit des produits agricoles et manufacturiers, et un grand centre intellectuel et de culture dans la méditerranée.

L'Égypte sous l'empire byzantin [partie orientale de l'empire romain]. Entre 376 et 382 après JC, l'empire romain affaibli par ses divisions internes sera impliqué dans une série de batailles contre les Goths. Lors de la bataille d'Andrianople le 9 août 378 de notre ère, l'empereur romain Valens sera battu.

La bataille capitale d'Adrianapole de laquelle l'empereur romain Valens sortira vaincu déclenchera le début de la décadence et de la fin de l'empire romain. Ce déclin de l'empire romain commencera d'abord par la division de l'empire romain en **empire romain de l'Ouest** et **empire romain de l'Est** (Empire Byzantin). La défaite lors de la bataille d'Adrianopole sera imputée à la très grande corruption du gouvernement romain, aux difficultés de contrôle de très larges espaces de terres, et à la montée en puissance des tribus germaniques.

La chute de l'empire romain de l'Ouest au 5ème siècle isolera les Égyptiens romains et accélérera la croissance de la christianité au détriment du paganisme égyptien et des traditions pharaoniques. L'empire romain se transformera progressivement en une véritable citadelle chrétienne et sera définitivement enterrée le 4 septembre

476 après JC, à la suite de la mort de l'empereur romain Romulus Augustus, tué par le roi allemand Odoacer.

L'empire romain de l'Est survivra sous la forme de l'empire byzantin jusqu'en 1453 après JC avec la chute de Constantinople et la vassalisation de l'empire byzantin par l'empire turc Ottoman. Avant la chute de Constantinople, l'empire byzantin accélérera et renforcera sa christianité. L'empire romain de l'Ouest sera réinventé plus tard sous la forme de saint empire romain, mais ne sera plus jamais ce qu'il aura été durant sa période de gloire dans le passé.

Déclin de l'empire byzantin. [Partie orientale de l'empire romain]. En toile de fond des multiples conflits à l'origine des nombreux mécontentements à l'intérieur de l'empire byzantin (fréquents antagonismes entre juifs et chrétiens insatisfaits dans l'empire iranien (empire sassanien) et des rivalités entre juifs et monophysites insatisfaits en Syrie), les conquêtes perses et islamiques trouvèrent un terrain facile pour conquérir l'Égypte et la vassaliser.

Les attaques contre l'Égypte s'amplifièrent dès le 7ème siècle en 618-619 après JC avec de nombreuses incursions de l'empire sassanien perse (Iran actuel), suivies en 639-646 après JC par de nombreuses attaques et conquêtes arabes qui furent plus violentes.

Au 7ème siècle, avec l'ascension de l'islam et la consolidation des pouvoirs du prophète Mohammed Ali dès 627, et dans une Égypte déjà fragilisée par les nombreuses attaques perses, Mohammed Ali enverra de nombreux émissaires et lettres de demande d'abdication aux rois et empereurs environnants, et notamment au roi Georges gouverneur d'Alexandrie, au roi des perses, et à Heraclius, empereur des Romains. Ces émissaires réclamaient allégeance et conversion à l'Islam et soumission à l'autorité du prophète arabe comme autorité religieuse suprême. Ces actions combinées jetteront les bases et fondements de l'occupation brutale et involontaire de l'Égypte par les Arabes. Cela fera de l'Égypte plus tard un pays arabe. Mohammed Ali établira une entité politique unique sous l'autorité d'un souverain unique

41

dans la péninsule Arabique. Cette entité unique sous la coupole d'un souverain unique sous forme de califat islamique servira de base de lancement de multiples campagnes d'expansion islamiques qui s'étendront sur près de 100 ans aux frontières de la Chine, aux confins du sous-continent indien, du Moyen Orient, de l'Afrique du Nord, de l'Asie centrale, du Caucase, d'une partie de l'Europe (Sicile et péninsule ibérique et Pyrénées).

L'Égypte, colonie arabe depuis 646 de notre ère. À la mort de Mohammed Ali, son successeur, le calife Umar, lancera en décembre 639 un gigantesque jihad islamique de plus 4000 arabes sur l'Égypte pour imposer l'Islam. La ville d'Alexandrie tombera et sera assiégée en 641. Les forces byzantines **[partie orientale de l'empire Romain]** reprendront Alexandrie en 645, mais après de très forts renforts de troupes arabo-musulmanes en 646, Alexandrie, dernier vestige de l'empire romain [partie orientale], tombera définitivement et les musulmans compléteront leur prise et leur conquête totale de l'Égypte. Plus de 40.000 résidents romains d'Égypte en seront évacués vers Constantinople **[Istanbul de la Turquie actuelle, et anciennement capitale de la partie orientale de l'empire romain]** mettant ainsi fin à 975 années d'occupation de l'Égypte par l'empire grec et l'empire romain.

Durant les 200 premières années de sa colonisation par les Arabes, l'Égypte était gouvernée par une série de gouverneurs militaires désignés depuis Bagdad par l'administration arabe. L'administration Islamique s'appuiera grandement sur les structures administratives établies par l'empire romain et l'empire byzantin sur toile de fond d'une taxation oppressive et d'une corruption généralisée. Après l'invasion du 7ème siècle, la seconde invasion arabe violente interviendra au 10ème siècle.

Avec la chute définitive de l'empire byzantin en 1473 après JC, à la suite de la prise de Constantinople, l'empire byzantin s'orientalisera progressivement avec la substitution du système et de la langue grecque par l'arabe, le remplacement de gouvernements locaux et de nombreux signes de l'ancienne présence gréco-romaine par des institutions arabes, faisant désormais de l'Égypte un pays Arabe blanc.

Section B : D'où viennent les Bamilékés ? D'où viennent les Bangangtés ? D'où viennent les Bahouocs ?

Selon de nombreuses recherches et, notamment, celles de Dieudonné Toukam (2016), celles de l'égyptologue Moustafa Gadalla (1999) et celles de Maurice Nguepe (2020), les Bamilékés sont les descendants des Baladis / Fellahin, populations noires autochtones de l'Égypte ancienne. Les recherches de l'anthropologue Maurice Nguepe (2020) indiquent que les Bamilékés seraient les descendants de Issacar (9ème fils de Jacob dans la bible, et fondateur de la tribu perdue des Issacars dans la bible[13].

L'Égypte actuelle en 2022 étant constituée d'une population à 90.3% arabo-musulmane, et 9.6% de chrétiens, les Baladis aussi connus sous le nom de Fellahin et Issacars, populations autochtones d'Égypte, représentent une infime minorité rare en voie de disparition et ayant résisté à toutes les invasions assyriennes (entre 700 et 667 avant JC), perses (525 avant JC), grecques (de 332 avant JC a 30 avant JC), romaines (de 30 avant JC a 622 après JC), et arabes (depuis 622 après JC).

Bien que la population égyptienne actuelle soit en majorité blanche, arabe, et islamique, les Bamilékés trouvent leurs racines dans l'Égypte ancienne des Baladis / Fellahin. Toutes les recherches de Cheick Anta Diop (1967), Moustafa Gadalla (1999), et Théophile Obenga (1973) ont montré que l'Égypte antique était noire. Il est établi que les ancêtres des Bamilékés, les Baladis aussi connus sous le nom de Fellahin ou Issacars, populations noires autochtones majoritaires d'Égypte, vivaient, il y a plusieurs millénaires, sur les berges du Nil en Haute Égypte. Les Baladis / Fellahin ou Issacars, ancêtres des Bamilékés, se sont vus contraints de s'exiler pour leur propre sécurité afin de préserver, défendre, et protéger leur culture,

---

[13] Genèse 49 :1, 49 :2, 49 :14, 49 :15).

43

leurs croyances et pratiques coutumières face aux violentes invasions successives colonisatrices des puissances mondiales de l'époque, notamment l'Assyrie, la Perse, la Grèce/Macédonie ptolémaïque, l'empire romain, et l'islamisation forcée par les Arabes.

Pendant plusieurs millénaires, le Nil en Egypte a été le centre du monde. Durant la seconde moitié du premier millénaire, l'Égypte devint un très grand centre et source du savoir et des richesses. D'abord gouvernée souverainement pendant plusieurs millénaires par des Égyptiens autochtones sous des dynasties pharaoniques, l'Égypte deviendra par la suite l'objet des convoitises de toutes les puissances de l'époque (successivement l'empire assyrien, l'empire perse, l'empire grec, l'empire romain, l'empire perse et les Arabes).

Suite à l'émergence de l'Islam au 7ème siècle, et poussés par des sanglantes repressions et multiples invasions des jihad islamiques, la plupart du temps, utilisant la force et la violence pour conquérir et convertir les peuples, les Bamiléké Baladis, ancêtres des Bamilékés, se sont déplacés progressivement vers le la Nubie au Sud de l'Égypte, pour s'installer et se sédentariser d' abord sur les plaines Tikars (Adamaoua au Nord du Cameroun actuel) vers le 11ème siècle d'où ils vivront pendant environ 200 années, avant de se disloquer/désintégrer vers la moitié du 14ème siècle pour se réfugier et se sédentariser dans les montagnes et plaines des hauts plateaux de l'Ouest du Cameroun actuel sous la forme de plusieurs royaumes, sous royaumes, chefferies et groupements. Il est maintenant établi que les vastes mouvements de populations, mouvements sans précédents observés durant le premier millénaire en direction des pays africains venaient d'Égypte et ressemblaient, à plusieurs égards, aux Égyptiens de l'Égypte antique ; du fait des violentes repressions et discriminations religieuses, l'occupation de l'Égypte par les Arabes aura provoqué un départ massif des populations égyptiennes noires avec abandon de leurs terres.

Photo 3 : Les Berges Du Nil De L'égypte, Points De Depart Des Balladis, Ancetres Des Bamilekes

Egypt (Present-Day)

Source: Moustafa Gadalla (1999) : Exiled Egyptians : The heart of Africa

Depuis leurs ancêtres, les Baladis / Fellahin de l'Égypte Antique, et dans le cadre de très forts mouvements des populations observés au cours du premier millénaire en Afrique de l'Ouest, du Centre et de l'Est, les Bamilékés se sont progressivement déplacés vers le Sud dans un processus migratoire massif qui a duré environ deux cents années. La fin de la présence romaine en Égypte et la brutale mise de cette dernière sous influence arabe par les invasions jihadistes successives et violentes depuis le 7ème siècle de notre ère

45

sont le véritable déclencheur du vaste mouvement migratoire vers le Sud de l'équateur dans toutes les directions.

En fait, il est établi qu'au cours du premier millénaire de notre ère, l'Afrique de l'Ouest, l'Afrique centrale, et l'Afrique de l'Est ont connu une explosion démographique et un vaste mouvement migratoire sans précédents à partir de l'Égypte. Ainsi, durant la seconde moitié du premier millénaire les vastes espaces allant du Dar-Fur Soudanais actuel au Sénégal actuel ont connu une d'importantes explosions et flux de populations sans précédents ; ce qui a donné lieu à l'émergence et à la consolidation de nombreux États riches, organisés, souverains, et décentralisés s'étalant des régions du Sénégal/ Mauritanie actuels au Dar-Fur et Kordofan Soudanais en passant par le Lac Tchad, et le Royaume Ouaddaï Sahel au Nord du lac Tchad (Moustafa Gadalla, 1999).

Avec leurs origines à partir des berges du Nil en Égypte, ces vastes mouvements migratoires répétés et successifs, observés pendant plusieurs siècles s'expliquent essentiellement dans les conquêtes islamiques. Ils se sont poursuivis sur plusieurs siècles pour diverses autres raisons et, notamment, le refus de se conformer et s'adapter aux traditions locales des populations hôtes rencontres sur leurs chemins migratoires, refus de s'assimiler, antagonismes avec les populations hôtes, animosités des populations sédentarisées, frustrations des populations hôtes face aux images et perceptions d'ardeur au travail et du dynamisme reconnu des populations Bamilékés.

Sur la base de nombreuses recherches archéologiques datant des fouilles des tombes, des traditions orales véhiculées de génération en génération, des activités minières et de mouvements majeurs de populations, il est établi que ces populations venaient des vallées du Nil en Haute Égypte et ont progressivement évolué vers les régions du Sahel actuel ainsi que vers le lac Tchad et le plateau Jos au Nigeria, le Niger le Sénégal (Moustafa Gadalla, 1999).

Section C : La longue marche de 200 années entre les berges du Nil en Haute Egypte et le Nord Cameroun actuel (Pays Tikar-Banyo/ Bankim) où ils ont vécu pendant 200 autres années environ.

Les ancêtres des Bamilékés seraient partis de l'Égypte vers le 9ème siècle et auraient marché environ 200 années pour se retrouver dans la région du pays Tikar (Adamaoua, Nord du Cameroun actuel) après un passage dans la région du Ouaddaï avec contournement du lac Tchad. Les ancêtres des Bamilékés se stabiliseront sur les plaines Tikars au 11ème siècle où ils vivront de façon sédentaire pendant environ 200 années avant de repartir vers les montagnes et hauts plateaux de l'Ouest Cameroun actuel.

Photo 4 : Principales Routes Commerciales Dans L'égypte Antique

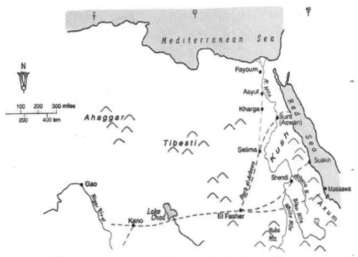

Africa's Major Trade Routes in Ancient Times

Source: Moustafa Gadalla (1999) : « Exiled Egyptians : The heart of Africa » Published March 1, 1999 by Tehuti Research Foundation

Photo 5 : Cameroun sur la Carte du monde

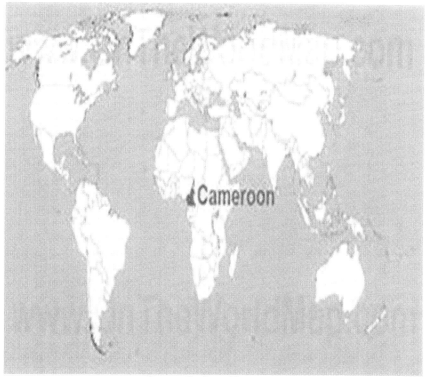

Source : Ontheworldmap.com

Photo 6 : Carte Administrative du Cameroun

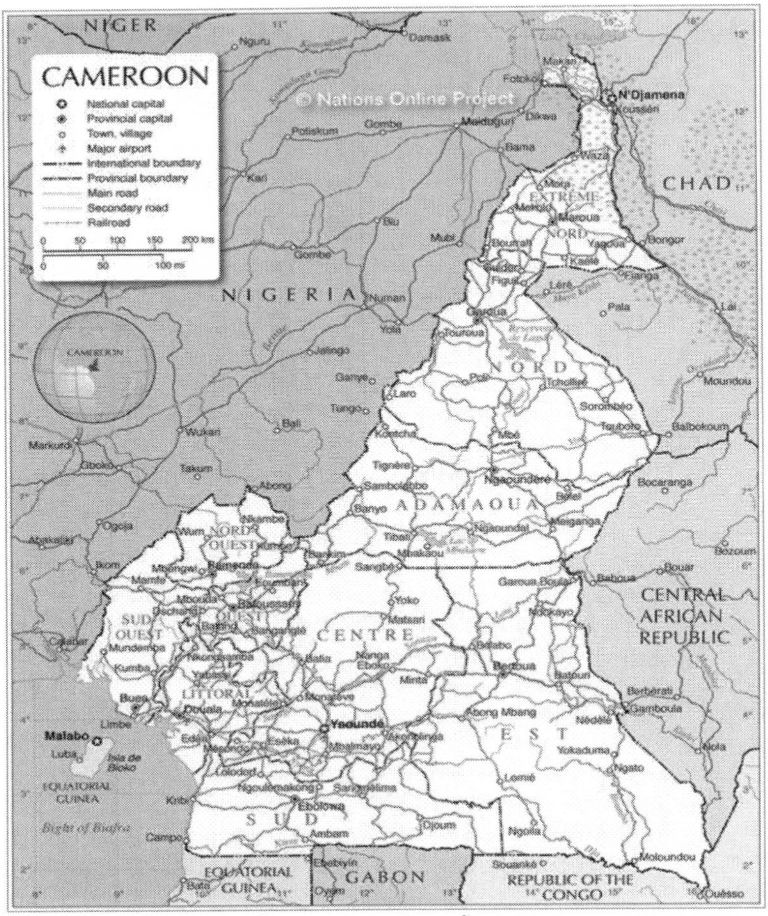

Source: www.nationsonline.org

Les mouvements massifs de départ de la vallée du Nil en Égypte vers l'Afrique de l'Ouest et du Centre ont commencé à partir du 7ème siècle. Ils se sont accélérés et se sont poursuivis sur plusieurs années, et plusieurs siècles par de nombreux groupes ethniques peuplant aujourd'hui l'Afrique de l'Ouest, le Sahel, l'Afrique centrale, et l'Afrique du Nord-est. Les voies empruntées étaient des voies commerciales utilisées depuis au moins 3000 années avant notre ère pour l'accès au Sud du Sahara. Les principales voies d'accès vers l'Ouest, le Sud et l'Est de l'Afrique étaient les suivantes

1. La voie commerciale du **Darb El Arbeen** ou la voie la plus utilisée par des caravanes avec de nombreuses oasis vertes débouchant sur le El Fasher et le Dar-Fur au Soudan et se prolongeant au lac Tchad, dans le Kano au Nigeria ou dans le bassin du Niger ;

2. La voie commerciale du **Sunt (Assouan) dans le haut Kursh** (route des éléphants), débouchant sur El Fasher et le Dar-Fur Soudanais.

3. La voie commerciale de **la mer Rouge** permettant l'accès à l'Afrique du Nord Est et à l'Asie.

Photo 7 : Principales Routes Entre Le Nil En Égypte Et Le Lac Tchad

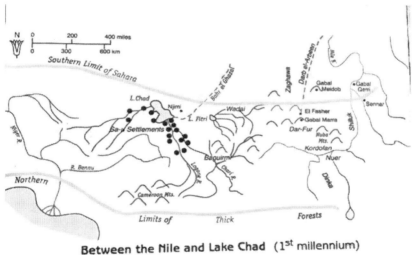

Source: Moustafa Gadalla (1999) Exiled Egyptians: The heart of Africa

À la suite de l'introduction brutale de l'Islam dans le Sahel vers le 11ème siècle, l'islam a imposé la centralisation des pouvoirs dans les mains d'autorités religieuses centralisées répondant aux commandes d'un califat contrôlant des gouvernements non démocratiques ayant souvent accédé au pouvoir par l'utilisation de la force. Avant le 11ème siècle, il n'y avait pas un gouvernement unique avec une seule autorité centrale. Il y avait plutôt des conglomérats d'entités politiques vivant en communautés souveraines et généralement pacifiques. Cette existence pacifique de plusieurs communautés a été ébranlée au 11ème siècle avec les conquêtes islamiques au nom des jihad islamiques. C'est les jihads islamiques qui ont centralisé les autorités locales pacifiques. Plus les nouveaux états étaient islamisés, plus ils étaient centralisés sous forme de califat sous une autorité unique. À partir du 11ème siècle, les campagnes d'islamisation massives sous forme de jihads islamiques ont été lancées sur plusieurs communautés Africaines. Sous l'islamisation forcée et les pressions des invasions arabes par des raids islamiques successifs et répétés, ces populations se sont vues contraintes d'abandonner l'Égypte lâchant derrière leur milieu naturel pour leur sécurité physique et la préservation de leurs religions originelles. D'autres facteurs expliquant les nombreuses migrations successives et disjonctions de migrations pendant les 200 années de marche vers le pays Tikar incluent le refus de se conformer aux traditions et pratiques des personnes et populations trouvées sur place, les conflits avec les populations sédentarisées, le refus d'assimilation, les conflits avec les populations hôtes, la jalousie des peuples rencontrés sur le parcours inconfortable de l'ardeur au travail des Bamilékés.

Même si une bonne partie des populations poussées vers les régions Sahéliennes étaient des populations d'origine berbères repoussées vers le Sud par les invasions jihadistes, les recherches archéologiques et les écrits montrent qu'une grande partie de la population noire et massivement en mouvement au cours du premier millénaire avait des origines égyptiennes et non berbères. Ces nouvelles populations qui ont envahi l'Afrique au cours du premier millénaire avaient toutes les caractéristiques des populations de l'Égypte antique. Elles étaient hautement civilisées et bien organisées, maitrisant les technologies de construction d'irrigation, de la maitrise de l'eau, et des techniques agricoles pour nourrir des populations en croissance et se gouvernant elles-mêmes. Parce que l'Égypte était le seul pays de l'Afrique du Nord à avoir des populations hautement civilisées et riches de la région, les populations ayant à l'origine de migrations si importantes ne pouvaient que venir d'Égypte (au regard de l' accumulation des connaissances depuis l' Egypte antique), comme l'illustre la très grande similitude des cultures africaines et l'Égypte ancienne (religion, croyances et pratiques, cosmogonies et mythes, rôle divin du Roi, similarités linguistiques, survivance des cultures et traditions, l'importance des noms (Moustafa Gadalla, 1999).

En somme, les conquêtes et jihads islamiques enclenchèrent un long mouvement migratoire sur plusieurs siècles vers l'Afrique du Nord Est, l'Afrique de l'Ouest, et le Sud/ Centre de l'Afrique Ces populations en migration fréquentes, en raison de leurs qualifications et aptitudes intellectuelles, s'efforcèrent de préserver leurs civilisations originelles, de protéger leur savoir (cosmologie, religion, agriculture, travail du fer, planification des cités, infrastructure et gouvernements, préservation de la richesse, préservation de leur civilisation originelle), tandis que d'autres populations égyptiennes autochtones, comme les Égyptiens autochtones « Afrangis », se sont laissées assimiler à travers les normes, préférences et pratiques imposées par les arabes.

Pour atteindre le lac Tchad à partir du Nil, les Bamilékés auraient emprunté la voie du Darb El Arbeen ou du Sunt (Assouan). Ces mêmes voies et bien d'autres ont également été empruntées par beaucoup d'autres groupes de populations et, notamment, les Yorubas, les Ewe, Igbo, Oru, Kumori pour faire les peuplades actuelles d'Afrique de l'Ouest vraisemblablement environ un siècle avant les Bamilékés. Les Tikars auraient également emprunté la même route avec les peuls et seraient passés par le Soudan, le Lac Tchad, le Kanem Bornou, l'empire Ouaddaï ou le Baguirmi, le Logone et Chari.

Si les premiers groupes ethniques, sous la violence des raids jihadistes et islamisations forcées, sont partis de l'Égypte depuis le

7ème siècle, il faudra attendre l'an 800 (9ème siècle) pour que les Bamilékés partent de l'Égypte. Après en être partis, les Bamilékés auraient suivi les mêmes itinéraires que les autres peuplades d'Afrique de l'Ouest en passant du Sud de l'Égypte vers le Sud du Lac Tchad, en passant par la voie du Darb El Arbeen pour se retrouver au Dar-Fur, au Kordoffan, dans l'empire Ouaddaï ou le Baguirmi, et le Logone et Chari, avant de descendre dans les plaines Tikar. Les traditions orales (Toukam, Dieudonné : 2016, p.68) indiquent que les populations Bamilékés ont été chassées du Kanem Bornou et de l'empire Ouaddaï à la suite de conflits dans le désert avec leurs hôtes. Le mouvement du Lac Tchad vers la région du Tikar/ Bankim dans l'Adamaoua ou Nord Cameroun actuel aurait pris environ une quarantaine d'années.

Section D : Le long séjour de 200 ans des Bamilékés en Pays Tikar/ Banyo/ Tibati/ Mbakaou/ Bankim

Partis de l'Égypte au 9ème siècle, les Bamilékés arrivent et s'installent en pays Tikar au 11ème siècle après un arrêt autour du lac Tchad. Ils vivront en pays Tikar pendant à peu près 200 ans avant de s'installer définitivement dans les montagnes et hauts plateaux de l'Ouest Cameroun y compris le pays Bamoun vers le milieu du 14ème siècle, c'est-à-dire entre 1360 et 1380. Provoqué en grande partie par le rejet de l'islamisation et le souci primordial de préserver leurs propres croyances et cultures, le déplacement du pays Tikar vers le pays Bamiléké (1er arrêt à Bafoussam), tout comme le déplacement de Bafoussam pour la création d'autres regroupements/ villages/royaumes, se fera en plusieurs vagues successives étalées sur plusieurs années. Bien que marqué par des conflits fréquents avec les peuls islamisés, ce séjour d'environ 200 années en pays Tikar a été la plus longue sédentarisation des Bamilékés sur leur marche de l'Égypte vers le Golfe de Guinée.

Photo 8 : Région de Ngambe Tikar sur la carte du Cameroun

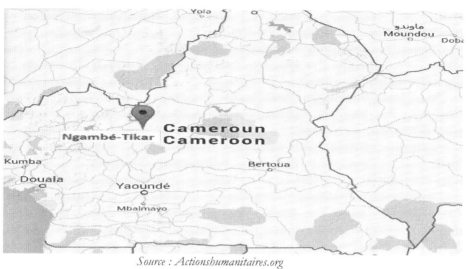

Source : Actionshumanitaires.org

En pays Tikar, les Bamilékés parlaient encore une langue Bamiléké unique et étaient sous l'autorité d'un souverain unique, vivant en harmonie dans les mêmes espaces avec les populations Tikar, Mboum, Haussa, et les peuls avec lesquels ils entretenaient des relations commerciales régulières. Du 11ème siècle au milieu du 14ème siècle, il y aurait eu 7 chefs Bamilékés successifs vivant paisiblement avec le peuple Tikar en toile de fonds de nombreuses attaques et harcèlements d'islamisations jihadistes. Le dernier chef régnant sur le peuple Bamiléké unifié en pays Tikar était le Roi Ndéh, qui aurait régné sur le peuple Bamiléké pendant environ 40 ans. Ce dernier chef, contrairement aux traditions et pratiques Bamilékés, n'avait ni de nombreuses épouses ni beaucoup d'enfants ; ce qui fragilisait les ripostes guerrières des Bamilékés lors des incursions fréquentes des peuls. C'est fort de cette expérience négative que son successeur désigné, le prince Yen Ndeh, renoncera à la succession de son père et s'éloignera le plus possible du pays Tikar et bien au-delà du fleuve Noun pour fonder un nouveau royaume.

Photo 9 : Carte du pays Bamiléké dans le Cameroun et le continent Africain

Source : www.Pinterest.com

Bien que certains chercheurs estiment que les Bamilékés seraient descendants des Tikars, Price, David (1979) et Fowler, I et D. Zeitlyn (1996) ont démontré qu'en l'absence d'évidences de similarités linguistiques, ethniques, absence de liens dynastiques historiques, insuffisance de ressemblances dans les traditions culturelles établissant des rapprochements entre les Tikars et les Bamilékés, il n'y avait pas de liens de sang entre les Bamilékés et les Tikars. Parce qu'aucun groupe ethnique n'est pur, en dépit de relations croisées entre les Bamilékés et les Tikars (absorption et assimilation de certains Bamilékés à l'identité Tikar et vice versa, pratiques de mariages mixtes entre les deux groupes, adoption/absorption de certaines pratiques culturelles d'un groupe et réciproquement, les liens de descendance des Bamilékés des Tikars où l'origine Tikar des Bamilékés y compris leurs cousins Bamouns ne sont pas établies.

Section E : La dernière marche des Bamilékés du Pays Tikar (Rifum / Banyo/ Bankim/ Tibati vers le Golfe de Guinée sur les montagnes et hauts plateaux de l'Ouest Cameroun au milieu 14ème siècle

Par. 1. La désintégration du royaume Bamiléké et sa dispersion sur les Hauts plateaux de l'Ouest.

Après environ 200 années de vie en bonne symbiose avec le peuple Tikar, les Bamilékés qui, jusqu'alors, vivaient sous l'autorité d'un roi Bamiléké unique, se disloqueront à la mort du dernier souverain de la dynastie Bamiléké, le roi Ndéh. La dislocation/ fragmentation de l'ancien royaume unique Bamiléké installée jusqu'alors en pays Tikar se fera en plusieurs petites vagues successives et étalées sur plusieurs années. Chaque vague étant conduite par un leader créant ultérieurement son propre royaume à la faveur des rivalités ou compétitions renouvelées inter groupes avec expansion ou absorption d'un royaume en fonction des forces en présence, des guerres à répétition leur seront imposées par les poussées et raids islamiques.

L'arbre des différentes migrations et disjonctions récidivées à partir du pays Tikar est synthétisé comme ci-joint.

Photo 10 : Migrations Successives Et Disjonctives De Divers Groupes
Bamilekes

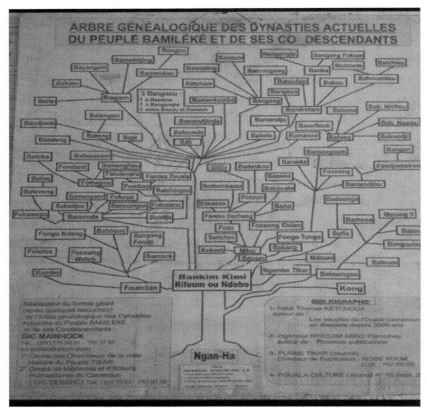

Source : GIC MAINHOCK *en collaboration avec auteurs sur la carte*

Photo 11 : Pays Tikar dans la région de Bankim, Banyo, Tibati, Mbakaou du Cameroun actuel

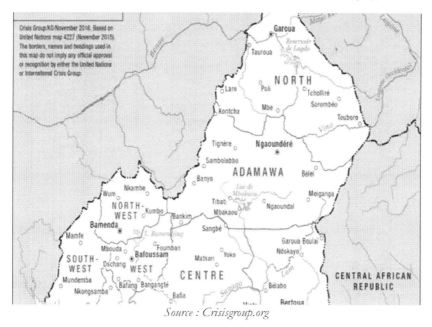

Source : *Crisisgroup.org*

Bien que l'arrivée en pays Tikar se soit fait en plusieurs vagues successives étalées sur près de deux siècles, le départ de la région Tikar/Rifum/ Bankim vers la dernière destination actuelle dans les montagnes et hauts plateaux de l'ouest se fera selon la tradition orale léguée d'une génération à l'autre de façon groupée après la mort du dernier souverain Bamiléké, le Roi Ndéh.

Photo 12 : Le Pays Bamiléké

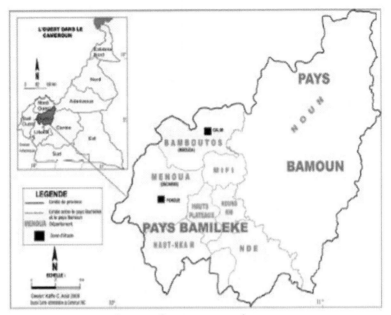

Sources : Camerounettes.wordpress.com

L'arrivée de la première vague des Bamilékés à Bafoussam. Ainsi, après la mort du roi Ndéh vers 1350-1359, son fils ainé, le Prince Yen Ndeh sera choisi pour lui succéder. Il refusera la succession, et abandonnera la région de Bankim pour aller se réfugier assez loin après le fleuve Noun à Bafoussam. De Bafoussam, il fondera son propre royaume vers 1360. Ce refus de la succession, à l'origine de la dislocation du royaume Bamiléké jusque-là unique, et le rejet de la continuité de la vie en pays Tikar, se justifie en grande partie par le souvenir de l'expérience de nombreux raids et razzias islamiques et des conflits fréquents avec les peuls. Il s'en suivra la dislocation du royaume Bamiléké, et le départ massif des populations Bamilékés vers plusieurs destinations, ainsi que la création subséquente d'une kyrielle de regroupements sous forme de royaumes/ sous royaumes ou villages pour des raisons diverses et variées (déplacements d'un prince suivi de nombreux proches et sympathisants vers d' autres horizons

59

proches ou lointains suite à un désaccord de succession, cas d'excommunions et d'exclusions d'un groupe suite aux mésententes ou violations de règles consensuelles, disputes à propos des femmes, des terres et biens, défaites militaires et déplacements massifs après un conflit militaire, désignation de nombreux enfants d'un chef puissant à la tête de contrées voisines dans une perspective d'expansion et de domination, guerres intestines et conflits de coexistence divers).

L'arrivée de la deuxième vague des Bamilékés à Bafoussam et puis à Banso/Bamenda. À la suite de l'atomisation du royaume Bamiléké, pendant que le prince Yen Ndeh Yen ira s'installer et fonder son royaume à Bafoussam ; sa sœur, la princesse Bekum ou Kako ou Ngouonso, accompagnée de nombreux sympathisants, ira s'établir après quelques années passées à Bafoussam avec son frère ainé Yen Ndeh Yen, dans la région de Banso/ Bamenda en région anglophone actuelle. Elle y fondera son propre royaume, le royaume Nso entre 1380 et 1391.

Etant très proche de son frère ainé, le Prince Yen Ndeh, la princesse Ngonsuo, après son départ de Bankim (Pays Tikar), va d'abord s'installer à Bafoussam avec son frère ainé, emportant avec elle tous les crânes et restes de leurs ancêtres communs. Après un long séjour de près de 20 ans à Bafoussam avec et auprès de son frère ainé, elle prendra la route plus tard pour la région de Bamenda actuel où elle fondera le royaume NSO (Dieudonné Toukam, 2016).

L'arrivée de la troisième vague des Bamilékés au pays Bamoun actuel et la formation du Sultanat Bamoun. À peu près à la même période, c'est-à-dire près de 20 ans après le départ du prince Yen Ndeh Yen et la fondation du royaume de Bafoussam en 1360, le prince Nchare Yen va se mouvoir également vers la grande plaine du Noun, avec de nombreux fidèles et sympathisants également, pour créer le royaume Bamoun vraisemblablement en 1394. Le prince Nchare Yen s'alliera et composera avec les peuls et acceptera l'islamisation qu'il tentera, avec l'aide des peuls, d'imposer aux contrées voisines par la force ou la négociation. Pendant la même période, d'autres princes, et notamment le prince Mbe plus connu sous le nom « Fo Mbam », descendront vers la région du Mbam actuel où ils se seraient mixés ou intégrés quasi intégralement à d'autres populations dites autochtones.

Le tableau ci-après synthétise la succession des rois Bamoun depuis la création du royaume Bamoun en 1394.

Photo 13 : Tableau de la Dynastie des Rois Bamoun

20. Nabil Mbombo Njoya 2021- ??
Source : Archives du Royaume Bamoun (2021)

Après avoir tenté de rester à Bankim, région du Rifum dans le pays Tikar pendant une vingtaine d'années environ, après le départ de son frère ainé et de sa sœur, le prince Nchare se lassera de résister et sera lui-même obligé de partir de Bankim/ Rifum avec 200.000 à 300.000 fidèles et proches pour fonder le royaume Bamoun vers 1384 dans les plaines du Noun. Selon certaines thèses, le Prince Nchare, fondateur du royaume Bamoun, serait un descendant de la dynastie Tikar, mais cette thèse est régulièrement contestée par de nombreux autres auteurs (Toukam, Dieudonné 2016, Fowler, I et D. Zeitlyn (1996) qui excluent des liens de parenté lignagère entre les Bamouns et les Tikars. Le Roi Nchare, sous la pression des razzias islamiques continues et répétées, se pliera finalement à l'islam et établira la capitale de sa dynastie à Njimoun. Il bâtira des institutions (gouvernement, armée, système de justice pour appliquer la loi etc..), abandonnera la langue Tikar, et jettera les bases d'une organisation solide de son royaume. Avec une population significative estimée à environ 25.000 personnes, il va conquérir les souverainetés voisines (plus de 18 roitelets lui feront allégeance soit par la force, soit par négociation sur le modèle islamique développé Mohammed Ali et, plus tard, par Ousmane dan Fodio et les autres) pour consolider son royaume sur un espace presque circulaire avec un diamètre d'environ 30 Kilomètres entre Njimoun et Kundum. Il adoptera l'Islam comme religion et contribuera à sa propagation et à son expansion dans les contrées tout autour.

Les mouvements migratoires massifs des Bamilékés se poursuivront au fil de plusieurs siècles et, notamment, vers le milieu du 17ème siècle, au 18ème et au 19ème siècle à la suite des conflits continus avec les populations peules, tikar, moundang et haussa dans le cadre des multiples conquêtes et raids islamistes, et notamment les conquêtes violentes d'Ousmane Dan Fodio, le fondateur du califat de Sokoto, (armées de cavaliers islamiques brutaux venus de la Haute Bénoué ; ou attaques des Bali-Tchamba venus de l' actuel Nord-Est du Nigeria).

Par. 2 L'installation des Bangangtes / Bahouocs sur les terres actuelles du département du Ndé au Cameroun actuel au 16ème siècle et surtout à partir du 14ème siècle.

L'installation des populations Bamilékés sur les terres actuelles des montagnes et hauts plateaux de l'Ouest du Cameroun actuel s'est faite, grosso-modo, à partir de deux souches : 1/ la souche des descendants du prince Yen Ndeh du Royaume de Bafoussam/ princesse Ngouonso/ Princesse Kako du royaume de Nos ; 2/ la souche des descendants du Prince Nchare Yen du royaume Bamoun. Les souches des populations du Mbam actuel également originaires d'Égypte se sont disséminées et intégrées dans les populations autochtones trouvées sur place.

Les populations de la région de Bangangté, les Bahouocs – premiers arrivants sur les terres actuelles de Bangangté – ou les Bangangté de la dynastie des Nfeun Nga, sont toutes issues d'une façon ou d'une autre de la souche Bamoun du roi Nchare Yen.

Tandis que certaines populations du département du Ndé (Bamena, Balengou, Bangwa, Bazou) semblent être les descendants du Prince Yen Ndeh, fondateur du royaume de Bafoussam, du fait de la très grande proximité linguistique avec les langues Bafoussam, certains descendants des Bamouns, notamment les Bangangtés, Bahouocs, et Banka/Bafang, lassés aussi de nombreux conflits à répétition menés par les Peuls avec l'appui des Bamouns pour l'adoption de l'islam, vont se soustraire de ces pressions en abandonnant le royaume Bamoun pour se réfugier et s'établir de l'autre côté du fleuve Noun pour fonder de nouveaux royaumes souverains.

Par. 2.1 : L'histoire du royaume Bangangté et la dynastie des Nfeun Nga

Avec une population estimée à environ 65385 en 2021 [WorldPopulationreview.com] habitants, ou 130.000 habitants selon certaines autres sources, à une distance de 265 Km la capitale politique du Cameroun, et 150 Km de Douala la capitale économique du Cameroun, Bangangté est la capitale du département du Ndé (population de 304.000 habitants [Wikipedia.com]) qui comprend plusieurs royaumes : Bangangté, Bangoua, Balengoun, Bazou, Bakong, Bamena, Tonga (Badounga), Bahouoc, Bangang Fonkang, Bangoua, Batchingou, Bamena, Bagnoun. Ce qui est aujourd'hui communément appelé Bangangté est découpé en sept (7) groupements : Bangangté Rural, Bangoulap, Bangoua, Bamena, Bahouoc, Batchingou-Chefferie, Bagang-Fokam ; chaque groupement est placé sous l'autorité d'un chef de groupement.

Doté d'un relief très accidenté et très contrasté avec des basses terres descendant des fois à 200 m au Sud et des hautes s'élevant quelques fois au-delà de 2000m à l'Ouest et à l'Est, les plateaux du département du Ndé culminent au mont Bangoulap (1542 m) ou mont Batchingou (1340 m) et les monts Bangoua (1500 m) ; les hauteurs s'élèvent à environ 1400 et 1800 m, avec le Mont Batchingou qui culmine à environ 2097 m. Les températures du département du Ndé, comme celles des autres régions de l'Ouest Cameroun, sont généralement fraiches autour de 17-25 degrés Celsius variant sur quatre saisons plus ou moins fraiches (petites et grandes saisons des pluies, petites et grandes saisons sèches).

La ville de Bangangté est une création, par un arrêté du Haut-Commissaire de la France d'Outre-Mer, du colonisateur français en 1930. Bangangté sera érigé en Département du Ndé par le décret No. 61-8 du 3 février 1961, tandis que la Commune de Bangangté est administrativement créée par Arrêté N° 807 du 29 Novembre 1954 sous la dénomination de la Commune mixte rurale de Bangangté. Le département du Ndé est ainsi dénommé vraisemblablement au nom du dernier Roi Bamiléké, le Roi Ndeh, avant la dislocation du royaume Bamiléké jusque-là unique. Selon la légende, et comme indiqué précédemment, la formation de Bangangté fera suite à l'égarement dans les forêts de Bangangté de deux princes jumeaux Banka venant de Banka pour des séances de chasse (le prince Ngami et le prince Kameni futur fondateur du royaume Bagang Fokam). Ainsi le royaume de Bangangté de la dynastie des Nfeun Nga a été fondé depuis 1665 par le roi Ngami, 1ᵉʳ souverain du royaume Bangangté. Etabli comme le principal centre administratif, de commerce et des affaires du département du Ndé par le colonisateur allemand puis français.,le territoire de Bangangté va s'étendre avec la création de plusieurs villages : Madoum, Batela, Lafeng, Bapoumpa, Mandja, Batoum, Bametcha, Famve. La ville continuera son expansion avec, plus tard, l'absorption de Batchingou, Bangweu, Poozou, Noumko, Noumtchouet, Ndoukong, Sanki.

Comme le montrent abondamment les excellents travaux de l' ancien maire de Bangangté, Thomas Tchatchoua (2009) et l'ouvrage anthologique de F. Clement C. Egerton (1939), à son arrivée à Bangangté en 1660, le prince Ngami trouve des populations locales et des chefs locaux/ rois/ roitelets et notables locaux : Njah Ndzwe, Njah Lang, Njah Mbia, Njah Nguettom, Njatat ainsi que la dynastie des NfeunHac, Nfeuntchieumtchou, Nfeun NgahVah, le tout puissant chef de Feutap (dont le successeur le Roi No Ngub 7ᵉᵐᵉ Roi de la dynastie Bahouoc Nfeun Ngavah s'exilera plus de 200 années plus tard, en 1896, dans la région de Bali Nyonga.). Ces notables, rois et roitelets locaux et leurs populations, vivent paisiblement en harmonie les uns à côté des autres. Leurs activités principales sont essentiellement rurales, sans grande notion de chasse et plus concentrées sur l'artisanat et les sculptures hérités de leurs parentés Bamoun avoisinantes qui y régnaient depuis la moitié du 16ᵉᵐᵉ siècle sous l'autorité des rois, roitelets, notables ou sous-bois divers. Le roi Ngami s'imposera au fil des ans sur ces différents royaumes/dynasties. Avec ses grandes capacités de chasse, le prince Ngami sera en mesure, par ses prouesses de chasse, de tuer des éléphants et autres produits de chasse qu'il distribue gracieusement et très généreusement à toutes les paisibles populations locales. Cette attitude généreuse contribuera au fil des ans à accroître la popularité du prince Ngami qui, après 5 ans de séjour à Bangangté, sera sacré roi des Bangangté. Sous ces faits, les paisibles chefs locaux abandonneront progressivement leur souveraineté au profit du nouveau roi à qui ils feront allégeance.

Malgré l'acceptation et la reconnaissance du nouveau roi des Bangangté, par toutes les populations locales, les anciens rois et chefs locaux continueront à co-exister pacifiquement avec le nouveau roi avec une reconnaissance tacite d'une hiérarchie de supériorité entre le nouveau roi et les anciens rois devenus sous-chefs. Devenu nouveau roi de Bangangté, Ngami après vassalisera certains anciens rois trouvés sur place et s'attèlera à étendre son influence au-delà de Bangangté par des conquêtes des territoires et contrées environnants. Il renforcera son royaume par de nombreuses épopées guerrières, sa très grande générosité, et la conquête des royaumes/sous-royaumes/ roitelets environnants. Il protègera son royaume de nombreuses attaques venues d'ailleurs et notamment des attaques du royaume Bamoun. Il est établi que fort de sa puissance et de son rayonnement sur les autres royaumes environnants, le Roi de Bangangté s'interjetait régulièrement dans les affaires des autres Royaumes environnants soit pour les défendre ou les protéger de tentatives d'assauts ou menaces d'autres royaumes environnants. Ma mère Maria Noumba âgée aujourd'hui de plus de 86 ans raconte qu'au début des années 1930s par exemple, mon grand-père, Mbeu Kwibo Nzotta, adjoint au Roi Tchoueka de la dynastie Bahouoc Nfeuntchemtchou ayant enlevé illégalement ma grand-mère, Anna Douffo, de son mariage sans payer de contrepartie financière/ dote au royaume voisin de Moya, fut attaqué devant les tribunaux de Bangangté par le Roi de Moya; et mon grand-père maternel fut défendu par le Roi de Bangangte Njiké II Salomon lui-même. L'affaire fut réglée après paiement d'une grande somme d'argent en espèces et cash au titre de la dote au Roi de Moya

Le christianisme commencera son implantation dans la région de Bangangté vers les années 1920 avec l'arrivée des premiers missionnaires protestants de l'église évangélique du Cameroun (EEC), puis des missionnaires catholiques. Ces missionnaires créeront les premières écoles confessionnelles dans les villages. Cette arrivée des missionnaires marquée par la création des écoles dans les villages est une nouvelle donne qui, plus tard, perturbera les ordres et équilibres sociaux jadis séculaires, ainsi que les cultures et traditions ayant prévalu pendant plusieurs siècles. Les missionnaires porteurs du christianisme prêcheront la supériorité de la race blanche sur les Noirs et travailleront pour le remplacement de la mentalité et moralité noire par une nouvelle moralité.

Après la création du royaume Bangangté, la dynastie de Nfeun Nga règnera y à partir de 1665 et pour plusieurs siècles comme l'indique le tableau dynastique des rois Bangangtés ci-après :

Photo 14 : Tableau de la Dynastie des Rois Bangangtés

Source : Wikipedia.com (2020)

Alors que les règnes de Ngassam II et Yomi étaient marqués par un relatif sommeil caractérisé par le ralentissement des ambitions expansionnistes du royaume Bangangté, la dynastie des Nfeun Nga sera profondément marquée par les règnes du **Roi Nya II** (1840-1885) et ainsi que les règnes des rois **Tchatchoua (règne de 1895 à 1912) et Njiké II** Salomon (règne de 1912 à 1943) (qui firent tous les deux face à la pénétration coloniale en bonne association sans hostilité). Il en est de même du roi Pokam Njiké Robert (1943-1974) qui fit face aux mouvements de libération nationale du Cameroun aux côtés du colonisateur français, il marquera la transition entre le Cameroun sous la dépendance française et le nouveau Cameroun post colonial.

Ainsi sous le règne du Roi Nya II, le roi contribuera à l'expansion du royaume de Bangangté par de nombreuses conquêtes pour l'accroissement de l'espace territorial sous le contrôle de Bangangté. Ces conquêtes ne s'arrêteront qu'aux frontières du royaume Bahouoc encore très fort et puissant à l'époque du fait d'une grande population et de son rayonnement artistique, généralement considéré comme facteur de compétitivité et de suprématie d'un royaume par rapport à un autre. Ainsi, grâce à ses conquêtes, Bangangté vassalisera Bagang Fokang et y instituera le paiement des tributs. Le roi Nya II conclura également des accords de paix et de bon voisinage avec le royaume voisin de Bangoua. Il développera l'agriculture, l'élevage des volailles et caprins. Le tabac sera développé comme culture de rente échangée sur les marchés des contrées voisines. Le roi Nya II développera également le tissage et le filage du coton, le tissage des nattes. L'adoption de la culture des « Mandjo » en Bangangté ou tontines (soutien communautaire rotatif en nature ou argent sera renforcée, généralisée, et rendue obligatoire sur tout le territoire Bangangté).

À la mort du Roi Nya II, il imposera dans son testament un système de succession singulier et inordinaire, exigeant qu'en raison de son très grand amour pour sa femme préférée, Mabheu Ngoup Tankeu qui était sa première femme, aucun autre prince issu de ses autres mariages avec d'autres femmes n'accèdera au pouvoir tant que tous les enfants de la première femme adorée, Mabheu Ngoup

Tankeu, n'auraient pas tous succédé au trône royal. Cette décision capitale sera à l'origine de très grandes difficultés dans le royaume comme on le verra un peu plus bas.

Le règne du Roi Tchatchoua (1895-1912). À la mort du roi Nya II, il sera remplacé par le roi Tchatchoua. Né en 1848, le Roi Tchatchoua arrive au pouvoir en 1895 à l'âge de 47 ans suite à la mort de son frère Yomi, fils du roi Nya II, qui régna de 1891 à 1895. Le Roi Tchatchoua connaitra un règne extrêmement difficile marqué par:

1. la contestation du pouvoir par son frère ainé Tchaptchet et le conflit fratricide avec celui-ci qui n'accepta pas de gaité de cœur son éviction de la succession et son non-passage au trône comme l'ont été ses deux autres frères Ngassam II et Yomi,
2. le conflit intense et la guerre ouverte et violente avec le royaume Bahouoc en 1896,
3. le choc du contact brutal avec la colonisation allemande en 1886 et la perte de souveraineté du royaume Bangangté.

Bien qu'en suivant le testament de Nya II, les seules options possibles restantes fussent soit le prince Tchaptchet fils aîné de Mabheu Ngoup Tankeu, ou Tchatchoua fils cadet de la même Mabheu Ngoup Tankeu, les notables choisirent Tchatchoua à la place de Tchaptchet en raison du caractère tumultueux de Tchaptchet, ainsi que ses nombreuses folies et frasques répétées, sa soif effrénée du pouvoir, son arrogance et manque d'humilité. Tchaptchet, le fils ainé non préféré, n'acceptera pas cette décision et rentrera en rébellion contre le roi Tchatchoua, son petit frère. Prince non choisi, Tchaptchet prétendait qu'en tant qu'ainé des enfants Mabheu Ngoup Tankeu, après que le trône avait déjà roté entre ses autres frères Ngassam II et Yomi, le trône lui revenait absolument parce qu'il était l'ainé. En conséquence, le prince Tchaptchet créera dès lors toutes sortes de grabuges et de difficultés au roi Tchatchoua. Pour gouverner dans la sérénité, le roi

Tchatchoua sera obligé d'utiliser la ruse pour éliminer physiquement son frère Tchaptchet avec la complicité de l'alors jeune prince Njiké II et MenMaNfeun Keutcha, le frère de la femme de Tchatchoua et oncle du futur roi Njiké II Salomon.

La guerre Bangangté-Bahouoc de 1896 sous le règne du Roi Tchatchoua des Bangangté

Le tout puissant roi Bahouoc Kam Tchana s'étant vigoureusement opposé à la pénétration allemande des 1886 sera fusillé publiquement. À la suite de la mort du Roi Bahouoc par fusillade par les Allemands lors de leurs premiers contacts avec le pays Bahouoc, les Bahouocs continuent de susciter l'admiration et la convoitise de tous les royaumes environnants (Balengou, Bamena, Bangoua, et Bangangté). Les Bahouocs seront cependant affaiblis par cette fusillade brutale de la colonisation allemande, tandis que l'accession au trône du Roi Tchatchoua de Bangangté en 1895 ragaillardira le Royaume Bangangté qui avait eu l' intelligence de ne pas s'opposer à la pénétration Allemande, avec en toile de fonds des relations déjà tendues entre le nouveau roi Bangangté et les Bahouocs dont l'une des femmes Bahouoc avait été enlevée par le Roi Tchatchoua à un notable Bahouoc après adultère notoirement reconnu lorsqu'il n'était pas encore roi des Bangangtés. Cette double action donnera une opportunité unique au royaume Bangangté de changer le rapport des forces locales. Ainsi le nouveau Roi Tchatchoua ayant accédé au trône des Bangangtés en 1895 mettra en place une coalition avec les royaumes de Balengou, Bamena et Bangoua pour renverser et démanteler le royaume Bahouoc. Une déclaration de guerre féroce s'ensuivra.

Avec en toile de fond le double effet de la montée en puissance du royaume Bangangté a partir de 1895, et la perte de la puissance du royaume Bahouoc à la suite de la fusillade en 1889 du Roi Bahouoc Kam Tchana qui s'est opposé à la pénétration allemande, deux raisons principales expliquent la guerre Bahouoc - Bangangté.

La première raison de la guerre Bahouoc -Bangangté est l'enlèvement (bien avant son accession au trône) par le Roi Tchatchoua de Ma Nfeun Tondji. Très puissante femme d'un notable BAHOUOC, Ma Nfeun Tondji sera enlevée de son mariage (avec Mbeu Keutcha) avec sa fille qui sera élevée dans la chefferie du roi Tchatchoua. Ma Nfeun Tondji aura plus tard trois autres enfants (le futur Roi Njiké II Salomon, et Ma Nfeun Kemajou et Ngassam). Le Roi Tchatchoua commettant régulièrement l'adultère avec la très puissante Tondji femme d'un fort et puissant notable Bahouoc, Mbeu Keutcha devenu plus tard Menkam Keutcha, épousera finalement Ma Nfeun Tondji. Non satisfait d'avoir enlevé la femme d'un grand notable Bahouoc, il s'en prendra au Prince Bahouoc Nfeun Ngah Vahh. Après l'enlèvement frontal d' une fille Bahouoc par un prince Bangangté qui deviendra plus tard Roi, cela nourrira chez les Bahouocs un sentiment d'envahissement/ d' invasion sur leurs propres terres et le désir de se venger de ces humiliations en comptant sur la force de leur grand nombre.

La deuxième raison de la guerre Bahouoc-Bangangté est la jalousie et l'envie du Roi Bangangté Tchatchoua vis-à-vis du roi Bahouoc Nfeun Ngah Váh, le Roi No Nghub à cause de la dextérité artistique de ce dernier. Il faut dire qu'au 18ème et 19ème siècles, la compétition entre les royaumes portait non seulement sur les rivalités pour le contrôle des terres, pour l'expansion de l'espace territorial ou le nombre des hommes, mais aussi sur l'art et la production d'objets de grande valeur incorporant des forces immatérielles vectrices de transformations sociétales, objets rares utilisés dans le commerce ou pour l'acquisition des femmes dans le cadre du paiement de la dote. Comme le décrit Thomas Tchatchoua (2009), habillé très richement de bijoux et parures jugés extravagants lors d'une cérémonie de danse, Roi Nfeun Ngah Váh mimait l'acte d'avalement ; cela fut interprété comme sa volonté de « manger » (envahir) le royaume Bangangté. La danse et les attitudes du roi Nfeun Ngah Váh en présence du Roi des Bangangtés furent perçues comme un crime de lèse-majesté et une défiance au peuple

Bangangté. Cela força le roi Tchatchoua des Bangangtés à rechercher une coalition avec les royaumes voisins (Balengou, Bamena, Bangoua) pour déclarer la guerre aux Bahouocs en 1896 et mettre hors d'état de nuire le roi Bahouoc Nfeun Nga Váh. Suite à la guerre, et battu par la coalition des royaumes environnants (Balengou, Bamena, Bangoua, et Bangangté), le Roi Bahouoc Nveun Ngah Váh, le Roi No Nghub, émigrera par force et contrainte avec toutes ses populations et sympathisants vers Bali-Bamenda sur les conseils d'un médecin allemand, le docteur Vielhauer, évangéliste protestant de la mission Baloise (Société Evangélique des missions de Bale fondée depuis 1815), qui vivait à Bagam non loin de Bangangté et ayant exercé auparavant en pays Bali vers Bamenda. Le Roi Bahouoc Nfeu Ngah Váh y formera un nouveau royaume vers 1906.

À la suite de la guerre de 1896, et vaincu par la coalition Balengou, Bamena, Bangoua, et Bangangté, le chute du rayonnement du royaume Bahouoc sera accéléré et les terres Bahouoc fragmentées. Les coalisés Balengou, Bamena, Bangoua, par crainte de représailles du Roi Tchatchoua, refuseront de récupérer les populations Bahouoc défaites de Nfeun Ngah Váh qui se verra obligé de s'exiler à la suite de la guerre de 1896. Ainsi le Roi Bahouoc Nfeun Ngah Vah avec ses très nombreux partisans, fidèles et sympathisants se déplaceront massivement vers Bali dans la partie anglophone du Cameroun actuel (qui était Allemande en 1896) où ils vont s'installer en 1906 et progressivement reconstituer un nouveau royaume : le royaume Bahouoc Mveu Ngah Vah de Bali. Après une brève halte de refuge à Bazou, la longue marche d'exil durera une dizaine d'années avant la sédentarisation à Bali Nyonga dans la région actuelle de Bamenda. Les rois Nja Tat et Nja Ngettom seront vassalisés à la dynastie Nfeun Ngah de Bangangté. Le royaume Bahouoc sera préservé sur les espaces des dynasties Nfeun Hag et Nfeutchemtchou. La légende orale rapporte que l'affaire des terres ayant été portée devant les tribunaux coloniaux, le roi Nfeuntcheumtchou serait arrivé un mardi alors que le procès était prévu et s'était tenu à son insu le lundi. Cette attitude d'arrivée au tribunal colonial Allemand en retard fut interprétée par le colonisateur Allemand comme une marque d'arrogance et d'irrespect vis à vis du colonisateur avec vraisemblablement la complicité d'un certain Joseph Linga de Bangangté qui servait à l'époque comme auxiliaire de l'administration coloniale allemande en très bonne association avec le colonisateur Allemand.

Après la perte de la guerre contre les Bangangtés, le royaume Bahouoc sera disloqué et 95% de ses terres réallouées aux territoires de Balengou, Bamena, Bangoua et Bangangté actuel, alors que selon certaines sources, 75% des terres actuelles de Bangangté appartenaient au peuple Bahouoc. Il revient de certaines sources qu'à un certain moment donné avant et même après l'indépendance du pays, on retrouvait encore sur les signes et insignes de la ville de Bangangté, les références à la localité/ ville de Bahok -Bangangté. La vassalisation des parties du royaume Bahouoc (Nja Tat et Nja Ngettom) et le relatif inconfort de beaucoup de Bahouocs face aux nouveaux équilibres et rapports de force suite à la guerre de 1896 entrainera plus tard un exode massif des Bahouocs vers les contrées voisines et lointaines et notamment vers le littoral à Douala, Nkondjock, et le Moungo (Nkongsamba, Loum, Pendja, Mbanga), au Sud à Yaoundé, Makénéné, au Nord à Foumbot et bien ailleurs. Les enfants du prince Teihockbeumtang, fils du Roi Pettang I, 19eme Roi de la dynastie Nfeuntchemtchou s'installeront sur les terres voisines à Mabit (Tei Pettang), à Bagnou (Bakha Tchapga, à Bamena (Mbeu Nyambey) et plus tard Babitchoua (Mbeu Kwibo Nzotta) par affectation en mission de représentation du Roi Bangangté, le Roi Njiki II Salomon, après avoir servi comme Mbeu Kwibo (1er. Adjoint au Roi Bahouoc Nfeuntchemtchou)

Le règne du Roi Njiké II Salomon

Photo 15 : Roi Njiké II Salomon

Source: F. Clement V. Egerton : "African majesty : a record of a refuge at the court of the King of Bangangté" Charles Scribers's Sons, New-york, 1939,

Né en 1870, le roi Njiké II Salomon a été l'un des rois Bangangté des plus remarquables, puissants, charismatiques et autoritaires. Arrivé au pouvoir par le sang après avoir contribué à tuer le Prince Tchaptchet, son propre oncle, qui avait des ambitions pour le trône, le roi Njiké II Salomon était le roi le plus redoutable, austère, sanguinaire, et sévère. Il régna à la tête du royaume de Bangangté pendant près de 30 ans de 1912 à 1943. Son règne était un régime de terreur généralisé et de travaux forcés communautaires étendus. Il n'hésitait pas à trancher les oreilles. Il est rapporté qu'il trancha une fois l'oreille de sa propre belle-mère, Magni Tondji, la mère de l'une de ses femmes. Il n'hésitait pas non plus à saccager et bruler les maisons en cas de conflit. Pour asseoir son autorité après la mort de son père, il neutralisa son oncle MenMa Nfeun Keutcha, très puissant sous le règne de son père. Au regard de ses meilleurs rapports avec le colonisateur, il avait une très

74

grande influence sur tous les plans utilisant, en tant que de besoin, son influence pour déstabiliser les royaumes voisins comme ceux de Bandjoun, Bana et Bamena ou pour faire remplacer / substituer les rois des contrées voisines comme Batouffam et Bangoulap.

Photo 16 : Roi Njiké II Salomon et quelques-unes de ses multiples femmes

Source: F. Clement V. Egerton: "African majesty: a record of a refuge at the court of the King of Bangangté" Charles Scribers's Sons, New-York, 1939, page 102

Le rôle légendaire et règne par la terreur de MenMaNfeun Keutcha sous les règnes des Rois Tchatchoua (son beau-frère) et Njiké II Salomon (son neveu)

Frère de la mère du roi Njiké II Salomon, Ma Nfeun Tondji, enlevée de la chefferie Bahouoc par le Roi Tchatchoua, oncle du Roi Njiké II Salomon et beau-frère de l'ancien Roi Tchatchoua Nfeun, MenMaNfeun Keutcha était extrêmement puissant. Utilisant au quotidien la brutalité, la force, la ruse, les intimidations et trafics d'influence pour extorquer les populations, il avait bâti une immense fortune reposant sur la possession d'une centaine de femmes et plus de 300 enfants à la base d'une très grande main d'œuvre et fortune.

Photo 17 : Quelques-unes des femmes du Roi Njiké II

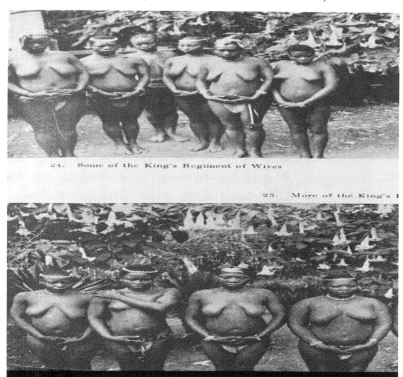

Source: F. Clement V. Egerton: "African majesty: a record of a refuge at the court of the King of Bangangté" Charles Scribers's Sons, New-York, 1939, page 102

76

Au sommet de sa puissance, MenMahNfeun Keutcha se déplaçait uniquement par hamac/tipoye (fauteuil sur brancards portés sur les épaules de quatre porteurs), privilège réservé uniquement aux colons blancs. C'est devant les abus excessifs de MenMah Nfeun Keutcha que les enfants de Teihockbeumtang Backa Tchapga, Mbeu Nyambei, mon grand-père Mbeu Kuibo Nzotta et son frère Tei Pettang s'éloignèrent de Bahouoc pour se mettre à l'abri des abus et violences répétés de MenMahMveu Keutcha. La légende rapporte qu'à un certain moment de son règne, le roi Njiké II Salomon, las des excès et manipulations de son oncle maternel Men Ma NfeunKeutcha, tenta de diviser le royaume Bangangté en deux pour laisser une partie entièrement sous l'autorité de MenMahNfeun Keutcha.

À la demande du Roi Njiké II, un descendant du Prince Nfeuntcheumtchou, Mbeu Kuibo Nzotta s'installera à Babitchoua comme « ambassadeur/ proconsul » du roi des Bangangtés, le Roi Njiké II Salomon à Babitchoua (un royaume voisin). Il y sera chargé sous la houlette du propre fils du Roi Njiké II de représenter le roi des Bangangtés, de collecter et de convoyer régulièrement des tributs au roi des Bangangté et notamment des chèvres et moutons. Le Roi Njiké II Salomon, qui continuera la politique de terreur et de brutalité de son père, est arrivé au pouvoir par la terreur et le sang. Il est rapporté qu'une fois Mbeu Kuibo Nzotta lorsqu'ambassadeur/ proconsul du Roi des Bangangté à Babitchoua pour le Roi Njike II avait violemment rejeté les appétits du petit frère de MenMahNfeunNfeun Keutcha (tout puissant oncle du Roi Njiké II) venu à Babitchoua pour tenter d'extorquer des chèvres et moutons au nom de MenMahNfeunNfeun Keutcha dans un espace sous l'autorité de Mbeu Kui Nzotta. Cette tentative avait été suivie d'une très forte altercation physique et verbale.

À la mort du Roi Njiké II, le Roi Pokam Robert Njiki usera de subterfuges pour dégonfler le zèle et la toute grande puissance de MenMahNfeun Keutcha. Pour asseoir son autorité, le Roi Pokam Robert Njiki finira par faire brûler le palais de résidence ainsi que le hamac de déplacement royal de MenMahNfeun Keutcha. Le Roi Pokam Robert Njiki finira par l'éloigner de toute autorité dans les affaires du royaume Bangangté. Pour asseoir et réaffirmer sa toute puissance et son autorité, après avoir fait brûler le palais de MenMahNfeun Keutcha, le Roi Pokam Robert Njiki enverra une équipe pour le reconstruire immédiatement le lendemain même. Le signal de la fin de MenMahNfeun Keutcha était ainsi donné. MenMahNfeun Keutcha, dépossédé de tous les pouvoirs, terminera sa vie, éloigné de la gestion des affaires du royaume en tant que simple auxiliaire de justice travaillant pour l'administration coloniale.

Photo 18 : Le roi Njike II Salomon et a/ Men Maveun Keutcha b/ Men maveun Ouada

King with Ketcha, the trusted Counsellor, His Mother's Brother

23. The King with Memanfo Ouada, His Father's

Source: F. Clement V. Egerton : "African majesty : a record of a refuge at the court of the King of Bangangté" Charles Scribers's Sons, New-York, 1939 page 99.

Le règne du Roi Pokam Robert Njiké (1943-1974)

Né en 1913, le Roi Robert Pokam Njiké régna sur le royaume de Bangangté de 1943 à 1974. Ayant, dans son enfance, été soustrait de l'école coloniale pour servir comme enfant domestique chez les premiers colonisateurs qui s'installèrent à Bangangté, le Roi Robert Pokam Njiké développa une très grande proximité et amitié avec les colons et joua un rôle capital auprès de ceux-ci pour repousser les mouvements nationalistes de libération du Cameroun avant les indépendances dans les années 1950s. Fréquemment attaquée par les mouvements nationalistes en raison de sa très forte proximité avec les colonisateurs, sa chefferie était une forteresse fortement protégée par les forces coloniales. Cette chefferie fut attaquée à plusieurs reprises par les mouvements nationalistes tentant de s'introduire dans le bastion de la chefferie et faire tomber un grand centre de défense des forces coloniales. Le Roi Robert Pokam Njiké prit lui-même la tête de défense de sa chefferie en demandant aux forces coloniales de se concentrer sur le centre de Bangangté pendant qu'il assurait lui-même la défense des crânes ancestraux et les trésors séculaires de la chefferie Bangangté. Apres avoir servi sous le règne du Roi Njiké II Salomon, mon grand-père, Mbeu Nkui Nzotta, l'un des fils du Prince Teihockbeum servit également sous le règne du Roi Pokam Robert Njiké comme Ambassadeur/ Proconsul du royaume Bangangté auprès du royaume de Babitchoua où plusieurs de ses enfants naquirent (Papa Jacques Mbetnatang, Maman Maria Noumba, Martine Yimga, et Jeanne Pettang) t. Comme pour les royaumes environnants, en désignant un Ambassadeur/proconsul du Roi des Bangangté à Babitchoua, cela garantissait la paix entre deux royaumes voisins et entérinait et légitimait le Roi Babitchoua comme allié du Roi Bangangté tout en garantissant la pérennité du Roi Babitchoua et la diplomatie extérieure du Royaume Bangangté avec claire délimitation de l'espace territorial du royaume de Bangangté.

Par. 2.2 : L'histoire du royaume Bahouoc et la dynastie des trois rois BAHOUOC

Ce qui est aujourd'hui considéré comme territoire du Royaume de Bahouoc comprend l'espace actuel du Royaume Bahouoc de Nfeuntchieumtcho sur lequel s'est largement implantée la ville actuelle et centre commercial de Bangangté et le Royaume Bahouoc de Nfeun Hac s'étendant sur une superficie d'environ 10 km² répartis sur 6 quartiers à une distance d'environ 7 km du centre urbain actuel de Bangangté. Installées sur les terres actuelles du centre de Bangangté depuis la fin du 14ème et 16ème siècle, et repoussées aux lisières de la ville actuelle de Bangangté par la colonisation allemande suite à la guerre de 1896 avec la coalition de Bamena, Balengou, Bangoua et Bangangté, les populations Bahouocs seraient les descendants du peuple Bamoun qui auraient traversé le fleuve Noun pour se réfugier dans la région de Bangangté et se soustraire des razzias islamistes Bamoun appuyant les conquêtes d'islamisations peules.

Vivant sur les terres de la ville actuelle de Bangangté depuis le milieu du 16ème siècle et même fin du 14ème siècle, les populations Bahouocs sont, à certains égards, considérées comme « autochtones », car installées à Bangangté avant tous les autres peuplements de la ville et alentours. Les populations Bahouocs installées sur les terres actuelles de Bangangté vivaient paisiblement d'agriculture, d'élevage et d'artisanat sous l'autorité de nombreux Rois, petits chefs et roitelets et, notamment les rois Bahouoc Nfeuntcheumtchou, Bahouoc Nfeun Hag, Bahouoc Nfeun Ga Mfa, Bahouoc Njatat, Bahouoc Nja Ngettom, Nja-Ndzeu, Nja'lang, et Njambia (Tchatchoua, Thomas, 2009), sans velléité particulière d'expansionnisme. Ces rois/ roitelets avaient des notions de chasse très limitées et cette insuffisance particulière déterminera la fin de leur paisible suprématie et prééminence sur les populations locales lorsque le prince Ngami, futur roi des Bangangté venu de Banka (Haut Nkam actuel), très grand chasseur et fort généreux, s'installera en 1665 dans la région actuelle de Bangangté à la suite

81

d'une partie de chasse à partir de sa région d'origine Banka vers Bafang. Il s'imposera plus tard, car sa très grande générosité et son grand sens de partage après ses conquêtes fréquentes de chasse d'éléphants convaincront toutes les populations autochtones locales de le porter roi des Bangangtés. Le royaume Bahouoc à l'époque précoloniale était réputé pour l'aptitude exceptionnelle des Bahouocs pour le travail artisanal du bois, aptitude fortement appréciée dans toutes les régions environnantes mais constituant l'une des causes de la jalousie des autres villages, de leur compétitivité dans l' acquisition des femmes (à partir de la production d'objets artisanaux rares de valeur utilisés dans les dotes de surenchère) des autres régions, ainsi que l'un des fondements de la guerre de coalition des autres villages pour en finir avec les velléités d'hégémonie des Bahouocs.

Selon la légende orale populaire, le royaume Bahouoc aurait été fondé par Nfeun « KETOUTSE » qui fonda le groupement dit CHEGOUM, près d'un lac appelé « KETOUTSE » (rivière sans tête). Ce roi fondateur du royaume Bahouoc était très généreux et accueillit les paysans venus de Bangou, du Haut-Kam et du Noun qui s'allièrent à lui pour agrandir son territoire. Au regard de ses grandes qualités humaines, les nouveaux arrivants lui conférèrent le titre de Nfeun « Ngaze ou Nfeun Hac' ». La dynastie Bahouoc de Nfeun Hac était ainsi née et sera substantiellement affectée négativement plusieurs siècles après à la suite du choc du contact avec la colonisation.

Durant la période précoloniale, vers le milieu du 17ème siècle, les populations locales Bahouoc et autres accueilleront le Prince Ngami, prince Bamoun venu de Banka, et le porteront à la tête du royaume de Bangangté de la dynastie Nfeun Ngah qui s'imposera ultérieurement par la force, les guerres et les négociations sur toutes les royautés locales et notamment les royaumes Bamena, Bangoulap, Bangwa, et Balengou. Ayant vécu en harmonie avec le royaume Bangangté pendant environ deux siècles, le royaume Bahouoc connaitra un déclin sans précédent, à la suite d'une série d'erreurs (opposition à l'entrée des Allemands à Bahouoc, guerre contre la coalition des royaumes de Bangangté-Bangwa-Balengou-Bamena). Cette guerre mettra fin à la période de prééminence séculaire du royaume Bahouoc dans la région actuelle de Bangangté.

Ainsi, au début de la période d'installation allemande au Cameroun après la conférence de Berlin de 1884, le roi Kamwa dit « KAM TCHANA », régnant alors sur les Bahouocs et très jaloux de sa souveraineté et de son rayonnement local, refusera l'entrée des Allemands dans son royaume/village vers 1889. Les Allemands le fusilleront publiquement pour montrer l'exemple par la terreur. Dès lors, le royaume Bahouoc commencera une période de déclin matérialisée par la défaite quelques années plus tard lors de la guerre de 1896 contre la coalition des royaumes Bangangté-Bangwa-Balengou-Bamena. Le chef Bamena qui refusa également l'entrée des Allemands sur son territoire connut le même sort que le roi Kamwa. Le chef Bamena sera lui aussi fusillé publiquement dans un bain de sang où près de 300 ou 3000 Bamena (selon les sources) ont été tués en un seul jour. Dans la même région, les Allemands massacreront également des centaines d'habitants de Babitchoua présumés résistants à la pénétration allemande au marché de Noumboum (marché de mercredi de Babitchoua) en 1912 ou 1913.

L'Histoire des trois Royaumes Bahouocs

Selon certaines sources, les trois dynasties Bahouoc seraient issues de trois frères qui se seraient appropriés et répartis stratégiquement l'occupation des espaces en vue du contrôle géospatial de très larges espaces de terres. Selon d'autres sources, les trois dynasties se seraient disjonctées à des périodes différentes à la suite d'une querelle de succession mal réglée.

Comme indiqué précédemment, l'installation sur les terres de la région actuelle de Bangangté et Bahouoc s'est faite en plusieurs vagues successives et sur plusieurs années/ décennies. Chacune des vagues de déplacement massif des populations était provoquée en grande partie par le rejet de l'islamisation, le souci primordial de préserver leurs propres croyances, les disputes non réglées suites aux successions, le désir de s'émanciper d'une certaine autorité ou la quête de meilleures conditions de vie sur des espaces beaucoup plus grands. Dans la quasi-totalité des cas, la source immédiate de provenance était soit le pays Bamoun, soit les contrées avoisinantes autour de Bafoussam ou Bafang. Ainsi les Bahouocs seraient venus progressivement du pays Bamoun par vagues successives de simple traversée du fleuve Noun ; tandis que la proximité linguistique des royaumes au Nord de Bangangté (Bangoua, Bangou, Bamena, Bazou ou Balengou) suggèrerait une proximité avec le passage par Bafoussam.

Après la fusillade publique du roi Bahouoc Kamwa par les colons allemands en 1889, l'ancien royaume Bahouoc entre dans une longue période de décadence. Les trois rois Bahouoc, les princes Nfeun Ngah Vah, Nfeuntchiemtchou, et Nfeun Hag continuent à y régner sans partage. Malgré la fusillade de leur leader par les Allemands, les Bahouoc continuent à susciter l'admiration, l'envie, et la jalousie de tous les royaumes environnants (Balengou, Bamena, Bangoua et Bangangté) à cause de leur grand nombre et de leurs excellentes qualités artistiques dans les métiers de sculpture du bois et du cuir. Nfeun Ngah Váh fort de son contrôle sur le quartier Feutap, et appuyé par une population Bahouoc de plus en plus importante le chef Bahouoc du quartier Feutap, le Chef de la dynastie des Nfeun Ngava de l'époque, dans un désir d'expansionnisme et de conquête des villages environnants, commença à développer des prétentions d'hégémonie et d'expansion sur les villages environnants. Avec l'accession du Roi Tchatchoua au trône à Bangangté en 1895, les données locales et les rapports de force changeront. Le roi Tchatchoua qui trainait déjà un contentieux personnel avec les Bahouoc en raison de l'enlèvement de la femme d'un dignitaire Bahouoc saisira l'opportunité de l'affaiblissement des Bahouoc par la fusillade du roi Bahouoc face à la colonisation Allemande, pour neutraliser le royaume Bahouoc. Avec la montée en puissance du royaume

Bangangté revigoré par l'accession au pouvoir en 1895 du nouveau roi Tchatchoua, une coalition de Bangangte avec les autres villages Bamena-Balengou-Bangoua se mettra en place pour contrecarrer les velléités expansionnistes du royaume Bahouoc.

Ainsi, sous la houlette du royaume de Bangangté, les villages Bangoua, Balengou, Bamena et Bangangté se coaliseront et déclareront la guerre au royaume de Bahouoc. Le nouveau roi du Royaume de Bangangté, le roi Tchatchoua (nouveau roi Bangangté de la dynastie Nfeun Ngah), qui arrive au pouvoir en 1895 auréolé par le succès du royaume Bangangté dans l'accueil des premiers colons allemands et son influence accrue dans les villages environnants, conduira la guerre contre le royaume Bahouoc avec l'appui de la coalition avec les royaumes de Bamena, Balengou, et Bangoua.

Cette guerre sonnera le glas de la fin de la suprématie et du rayonnement Bahouoc dans la région. Ainsi, à la suite de la guerre fratricide des Bahouocs contre la coalition des Bangangté-Balengous-Bangwa-Bamena, les Bahouocs seront vaincus ; et comme indiqué précédemment, le royaume Bahouoc perdra 75% de ses superficies de l'époque au profit principalement de Bangangté. Vaincu par la coalition, le royaume Bahouoc sera dispersé et disloqué. Les princes Nfeuntcheumtchou et Nfeun Hag ainsi que les notables rois Nja Ngettom, Njatat, seront quasi vassalisés à Bangangté ; et le roi Nfeun Ngah Váh contraint, par la force, de prendre la route de l'exil pour se réfugier à Bali Nyonga Bamenda à partir de 1906 avec une partie importante de la population originaire de Bahouoc. Tous les autres royaumes environnants refusèrent de donner asile au roi Mveu Ngah Váh de Bahouoc sous les craintes de représailles du devenu très puissant royaume Bangangté. Le départ de Mveu Ngah vers Bali sera encouragé et facilité par un médecin allemand ayant auparavant travaillé à Bali-Bamenda en région anglophone actuelle, le docteur Viel Hauer travaillant à Bagam, une contrée proche. D'autres populations du royaume Bahouoc se relocaliseront massivement à Bamenzi dans le département du Bamboutos.

Photo 19 : Au centre droit et même tenue les 3 Chefs Bahouoc NfeunNgaVah, NfeunHag et Nfeuntchemtchou au festival culturel Bahouoc 2021

Le tableau récapitulatif ci-dessous des Ndaps qui sont de véritables pièces d'identité pourrait, à certains égards (cosmogonies et histoires des tensions et anciens conflits/ guerres hégémonistes des anciens royaumes dans la région de Bangangté), synthétiser les configurations d'un certain ancien grand royaume Bahouoc:

BAHOUOC : Tableau Recapitulatif des Ndap du royaume BAHOUOC ?

Quartier	Ndab de la mère	Ndab de la fille	Ndab du garçon
BAHOUOC Nfeuntcheumtcho	**Ngontcho**	Miteuk Nya	Tangueun Bet
BAHOUOC Nfeun Hag	**Ngontcho**	Kenga	Tandua'
BAHOUOC Nfeun Nga Mva	**Ngontcho**	Manje' Ntsha'	Talamnjo
BAHOUOC Nja Tat	***Ngontcho***	*Mingna'*	*Njako' Bet*
BAHOUOC Nja Ngettom	***Ngontcho***	*Wa' Nkame*	*Ta' wa' ta*

Sources: Archives de la chefferie BAHOUOC Nfeuntcheumtchou (2021)

Histoire et Tableau Dynastique de la dynastie Nfeun Hag

Selon de nombreuses sources et tel que présenté dans le tableau des mouvements migratoires exposé dans la section E de ce chapitre, tous les Bahouocs seraient descendants du peuple Bamoun. Selon la légende mythologique largement répandue dans la région, le chef bâtisseur du groupement nommé CHEGOUM serait sorti d'un lac d'eau à Banefam au quartier Madjap qui sera appelé Ketoutse (rivière sans tête). Le roi qui sortit de l'eau, le Roi Ketoutse fonda le royaume Bahouoc Nfeun Hag, et dans sa grande générosité, ouvrit ses bras largement pour accueillir de nombreux autres paysans venus de Bangou, du Haut Nkam et du Noun. Cela lui permit l'agrandissement significatif de son royaume faisant du royaume BAHOUOC l'un des plus peuplés de la région. Au regard de sa grande générosité et ouverture aux autres, on le surnomma Nfeun Ghag Nzieu (« Roi qui ouvre la voie ») ou Nfeun Hag.

Lors des premiers contacts avec la colonisation allemande, le Roi KAMWA s'y opposera fermement, tout comme le Roi Bamena voisin et contrairement au Roi des Bangangtés qui accueillit les Allemands les bras ouverts à la suite du conseil discret du Sultan Bamoun qui recommanda au roi Bangangté, par le biais d'intermédiaires discrets arrivés nuitamment à Bangangté, la coopération avec la colonisation allemande.

En raison de son entêtement à s'opposer à la colonisation allemande, le Roi KAMWA de Bahouoc Nfeun Hag sera fusillé publiquement en 1889 au centre du village Feutap pour servir d'exemple à toute la population sur les conséquences de la résistance à la colonisation allemande. Cette décapitation du royaume Bahouoc déclenchera une longue période de décadence du rayonnement du royaume Bahouoc dans la région. Cette décadence sera accentuée après 1896, à la suite de la perte de la guerre contre la coalition du royaume Bangangté avec Bamena-Balengou et Bangoua.

Tableau Dynastique de la dynastie Nfeun Hag

	ROI	PERIODE DE REGNE
1	Nfeun KETOUTSE / Nfeun Hag	
2	Nfeun YANKEP	
3	Nfeun TCHIAYI	
4	Nfeun NDJEUKUI	
5	Nfeun YATCHE	
6	Nfeun KAMWA	1889 refus de laisser les Allemands entrer à BAHOUOC
7	Nfeun PAYOU	
8	Nfeun KEMAJOU	
9	Nfeun KEUTOU	
10	Nfeun WADA	
11	Nfeun JAMGEUM	Décembre 1973
12	Nfeun NKAMAJOU II Roger	1er Janvier 1974- ???

Source: Histoire du village Bahouoc
http://www.mlm-asso.org/spip.php?artic

Photo 20 : Sa Majeste le Roi Nkamajou Roger, 12eme Roi de la dynastie BAHOUOC NfeunHag depuis 1974

Histoire et Tableau Dynastique de la Dynastie BAHOUOC souche Nfeuntcheumtchou

Les Nfeuntchemtchous seraient installés sur les terres actuelles de Bangangté depuis le milieu du 16ème siècle après une sédimentation d'arrivées multiples ayant commencé depuis la fin du 14ème siècle. Selon certaines sources, les Bahouoc Nfeuntcheumtchou tout comme les autres Bahouoc et les Bangangtés seraient descendants des Bamouns dont ils se sont disjonctés pour préserver leurs cultures et traditions, leur indépendance et souveraineté par suite des multiples tentatives d'islamisation et pressions des conquêtes d'expansionnisme Bamoun appuyées par les cavaleries violentes d'islamisation venant du Nord. Les Bahouocs Nfeuntcheumtchou, avec leurs autres frères Bahouoc, seraient les premiers occupants d'une grande partie des terres actuelles de Bangangté.

Photo 21 : Vue Chefferie/Royaume BAHOUOC Nfeuntcheumtchou

Photo 22 : Tableau Dynastique de la chefferie/Royaume BAHOUOC
Nfeuntchemtchou

Source : Entrée Chefferie Roi Nfeuntcheumtchou KEUTCHA DJANDA, RODRIGUE
(2021)

Photo 23 : Sa Majesté le Roi BAHOUOC Nfeuntcheumtchou Keutcha Djanda, Rodrigue, ; 24ème Roi de la dynastie Nfeuntcheumtchou depuis 2009

Photo 24 : Vue Entrée Chefferie/Royaume BAHOUOC
Nfeuntchemtchou

Histoire et Tableau Dynastique de la Dynastie BAHOUOC souche NfeunNgahVáh

Selon de nombreuses sources et témoignages, le royaume Bahouoc Feu Ngafa tout comme les royaumes Nfeuntcheumtchou et Nfeun Hag seraient tous issus de la répartition stratégique de terres entre trois frères pour un meilleur contrôle de larges espaces de terres pour mieux servir une population en croissance. Selon d'autres sources et notamment les travaux de Saboh Ivoh Peter, le Prince Mbeum Tang ou Tang Mbeum fondateur de la dynastie NfeunNgahVah serait descendant d'un roi de Bafang. Le roi Ntang Mbeum ou Mbeum Tang (littéralement roi toujours habillé de parures de cauris) aurait selon cette source fondé le royaume Bahouoc Nfeun Ngah Váh en 1650 suite à une dispute de succession pour l'héritage de son père à Bafang. Dans ce contexte, les notables chargés de désigner le nouveau roi de Bafang lui auraient préféré son petit frère pour des raisons non clarifiées. Très aigri par sa non-succession à la mort de son père, l'alors prince Ntang-Mbeum partit de Bafang avec de nombreux fidèles et sympathisants pour s'installer dans la région de Bangangté actuelle où il fonda le royaume Bahouoc Nfeun Ngah Váh. À la mort du roi Ntang Mbeum, ses enfants étant encore en très bas âge, il sera remplacé par le Roi Tchambou qui assurera la régence pendant 20 ans. Cette thèse du départ de Bafang n'est pas très crédible en raison de l'absence de connexion originale avec les deux autres royaumes Bahouoc issus des deux autres frères Bahouoc.

Le récit ci-dessus développé par Saboh Ivo Peter est en harmonie avec l'analyse des migrations disjonctives que nous avons développées auparavant et étrangement très semblables à l'histoire de la fondation du royaume Bangangte. La thèse d'un passage par le royaume Bamoun serait donc crédible mais la datation est au mieux douteuse, tandis que la connexion avec les deux autres frères Bahouoc pour une meilleure emprise sur des larges espaces de terres est largement manquante ; chacun des trois frères (Mfeun Hag,

Nfeutchemtchou et Nfeun Ga Váh) ayant chacun établi sa dynastie qui durera plusieurs siècles.

Ainsi par suite de la guerre de 1896 entre les Bangangté et les Bahouoc, et sous la houlette du roi No'Nghub, les NfeunNgahVah seront contraints à l'exil et s'installeront, à partir de 1906, dans la région de Bali-Bamenda où ils fonderont un nouveau royaume. Le roi No'Nghub était très populaire. Sous son règne, à la fois avant et après la guerre de coalition contre les Bangangtés, l'artisanat, la sculpture et les métiers à tisser étaient promus et fortement encouragés, tout comme la cueillette du vin de palme et la chasse. Tirant les leçons de son expérience personnelle dans la coexistence pacifique et la guerre qu'il a dirigée avec le royaume Bangangté, le roi No'Nghub avait développé d'excellentes qualités diplomatiques de paix particulièrement après son installation dans la région de Bali-Bamenda. Ces aptitudes diplomatiques lui permirent de conclure des accords de paix et de bon voisinage avec les rois de la région d'accueil de Bali-Nyonga.

Le tableau de succession des Rois de la dynastie NfeunNgahVáh se présente comme suit:

	ROI	PERIODE DE REGNE
1	NFEUN NTANG-MBEUM (YAI-FAI)	1650-1720
2	NFEUN TCHAMBOU	1720-1740
3	NFEUN NDZUAN-KONDZI (NDZUANDZI)	1740-1785
4	NFEUN WATTAT	1785-1815
5	NFEUN NTOUKAM	1815-1839
6	NFEUN NKWAIA	1839
7	NFEUN NO NGHUB	1839-1900
8	NFEUN WANDAH I	1900-1949
	MISSING LINK/ no clear king	1949-1969
9	NFEUN TAINKEU	1945-1960
10	NFEUN NONO ATHANATHIUS (NO'NANGWA)	1960-1969
11	NFEUN NONO JACOB (NO'TCHOKNYA)	1949-1999
12	QUOIMON THEODORE NANA WANDA III	1999

Source: The Ethnology of the Bawock Feu Gafa People by Saboh Ivo Peter (2021)

96

Photo 25 : His Majesty QUOIMON THEODORE NANA WANDA III
12th King of the Bahouc Feu Gafa Dynasty

Conclusion

Ce chapître a sommairement décrit la vie des ancêtres des Bamilékés dans l'Egypte antique avant l'invasion des Arabes au 7eme siècle. Ce chapître a ensuite survolé le parcours des ancêtres des Bamilékés des berges du Nil en Egypte aux montagnes et hauts plateaux de l'Ouest Cameroun en passant par le Dar Fur Soudanais, l'empire Ouaddaï, le lac Tchad et le pays Tikar. Il ressort de ce chapître que le long voyage de l'Egypte vers les montagnes de l'Ouest Cameroun a pris environ 400 années avec un stop de 200 années au pays Tikar. La longueur de ce temps tient essentiellement aux conditions de voyages archaïques avant le moyen âge et les multiples départs successifs s'expliquant essentiellement par la forte détermination des ancêtres des Bamilékés à se soustraire des fréquents harcèlements des jihads islamiques à répétition.

CHAPITRE DEUXIEME

ÉLÉMENTS DE PREUVES DE L'ORIGINE ÉGYPTIENNE LOINTAINE DU PEUPLE BAMILÉKÉ

Sur la base des travaux de nombreux auteurs, notamment ceux de Dieudonné Toukam 2016), Patricia Mandjudja Ngeugang (2006), ce chapitre synthétise les éléments explicatifs d'une relation lignagère éloignée entre les Bamilékés et leurs ancêtres lointains, les Baladis de l'Égypte antique.

Parce que suite aux travaux de brillants chercheurs (Cheick Anta Diop (1967), Moustafa Gadalla (1999), et Théophile Obenga (1973)), il est désormais établi que l'Égypte antique était noire, et que de nombreuses populations d'origine égyptienne, qui ont déferlé à partir du 7ème siècle en Afrique de l' Ouest, Afrique Centrale, et Afrique de l'Est suite aux razzias et jihads islamiques, ont préservé des éléments fondamentaux de leurs cultures, traditions et pratiques, il est dorénavant avéré que les populations Baladis sont les ancêtres / arrières ancêtres lointains des Bamilékés. Bien que ces similarités et héritages communs soient partagés avec d'autres peuples de l'Afrique de l'Ouest, d'Afrique centrale et d'Afrique de l'Est, certaines similarités sont exclusives et spécifiques aux peuples Bamilékés. Parmi ces similarités spécifiques, l'attachement et le respect des traditions léguées par les ancêtres et l'adoration des crânes de ces ancêtres sont très importants.

La première section de ce chapitre analyse les similarités culturelles, religieuses, et mystiques (lévitation et multiplication de richesses) entre les Bamilékés et leurs ancêtres les Baladis de l'Égypte antique. La deuxième section de ce chapitre examine les similarités linguistiques. La troisième section explore les similarités des symbolismes cosmogoniques, l'esprit d'entreprise, et la maitrise des sciences et techniques retrouvées à la fois chez les Bamilékés et leurs ancêtres les Baladis de l'Egypte antique.

Section A : Les similarités culturelles, religieuses et mystiques.

Les similarités culturelles entre les Bamilékés et leurs ancêtres éloignés, les Baladis, constituent l'un des l'héritage des plus chers des Baladis légués aux Bamilékés. Ces éléments culturels portent sur l'idolâtrie de la prolongation de la vie après la vie (le culte des ancêtres l'adoration des crânes et la momification des morts. Comme leurs ancêtres les Baladis, les Bamilékés croient à l'immortalité de leurs ancêtres, et croient fermement qu'après la mort, les morts ne sont pas morts, l'esprit est séparé du physique qui reste sur terre. Donc, les morts et leur esprit continuent à vivre et à influencer la vie de leurs descendants de plusieurs façons plusieurs années après la mort. Les techniques de momification des morts hérités des leurs ancêtres étant devenues difficiles à préserver au regard de nombreux déplacements fréquents au fil des ans, les Bamilékés se sont résolus à transporter ces crânes et à les préserver soigneusement avec eux partout lors de leurs déplacements.

Pour maintenir l'esprit, préserver et entretenir la vie de ces ancêtres, les Bamilékés alimentent régulièrement leurs ancêtres avec la nourriture et de nombreux présents pour implorer la protection et les faveurs des ancêtres, et invoquer leur présence partout dans une vie éternelle malgré la mort et la séparation physique. L'immortalisation spirituelle (par le maintien de leurs esprits dans toutes les décisions et tous les comportements quotidiens), et l'immortalisation physique (au début par la momification conservant la chair et les os tel que pratiqué dans l'Égypte antique, et plus tard la préservation et l'adoration des crânes emportés avec soi partout dans de nombreux déplacements) s'expliquent essentiellement par le grand amour et l'attachement des Bamilékés à leurs ancêtres.

Les similarités religieuses entre les Bamilékés et leurs ancêtres éloignés portent sur la croyance en un Dieu unique (Nsi chez les Bamilékés) combinée à l'adulation des crânes des ancêtres comme le faisaient leurs ancêtres de l'Égypte antique avec les momifications des corps des ancêtres et leur célébration dans les sanctuaires des pyramides. En tant que monothéistes (surtout chrétiens protestants ou catholiques), les Bamilékés rendent grâce au seigneur par des prières fréquentes, mais croient en même temps que leurs ancêtres font le lien entre eux et le bon Dieu éternel ; d'où l'adoration des crânes et le culte des ancêtres à qui de nombreux sacrifices sont souvent faits lors d'événements et cultes religieux dans leurs sanctuaires spécialement aménagés où reposent les crânes, les divinités et les esprits ancestraux.

Les similarités mystiques portent sur la croyance aux forces mystiques pour changer le cours des choses. Les Bamilékés croient ainsi que, dans des circonstances exceptionnelles, il est possible par des techniques de lévitation mystiques maitrisées par les Égyptiens antiques de défier les forces de la nature et les forces de gravitation universelles. Les Bamilékés croient ainsi que la traversée du Noun pour s'installer sur les montagnes de l'Ouest n'a été possible que grâce à la lévitation mystique qui leur a permis Bamiléké de défier les lois de la pesanteur, de s'élever mystiquement du sol pour traverser le fleuve Noun, tout comme les Égyptiens antiques auraient utilisé les mêmes forces mystiques pour construire de gigantesques pyramides. Les similarités mystiques portent également sur les pratiques mystiques de production et de multiplication des richesses ou d'entités vivantes ou mortes.

Section B : Les similarités linguistiques

Selon les travaux de Patricia Mandjudja Ngeugang (2006), et Jean-Christophe Crhi (2013), il y a de très grandes similarités entre les langues Bamilékés et précisément le Medu Mba (Medumba) et le Medu Neter (langue des Baladis de l'Égypte antique). Cela indique clairement qu'en dépit de nombreux millénaires de décalage dans le temps, les traces de la langue de l'Égypte antique le Medu Neter (Medu=langue ou parole, et Neter=Dieu ont survécu dans les langues Bamilékés et particulièrement le Medu Mba (langue mère Bamiléké imposée depuis la colonisation allemande par les missionnaires et les administrateurs allemands dans toute les régions Bamilékés.

Sur la base d'un décryptage linguistique minutieux des hiéroglyphes égyptiens et des langues Bamilékés, et illustrant sa conclusion par plusieurs exemples de mots communs retrouvés à la fois dans la langue Bamiléké (le Medu Mba) et la langue égyptienne (le Medu Neter), Patricia Mandjudja Ngeugang (2006) conclut que les langues Bamilékés ont exceptionnellement conservé toutes les racines linguistiques du Medu Neter (langue de l'Égypte antique).

Partant du fait qu'en linguistique, un mot peut avoir plusieurs significations (signification figurative, signification littérale, signification communautaire et double compréhension), l'analyse des hiéroglyphes montre que les Égyptiens anciens parlaient en parabole, en images et en symboles comme le font les Bamilékés (particulièrement dans le Medu Mba), comme illustré dans les quelques exemples ci-dessous.

Prenant le cas du mot **NUN** par exemple, le mot **NUN** est défini littéralement dans le livre « The Mammoth Book of Eyewitness Ancient Egypt Paperback – December 3, 2003 » P 506[14] comme « l'eau noire du chaos, des malheurs ». Au Cameroun, le fleuve Noun que les Bamilékés en fuite ont traversé pour aller se réfugier conquêtes islamiques dans les hautes montagnes de l'Ouest illustre le risque de chaos que les Bamilékés auraient vécu s'ils ne l'avaient pas traversé. Ce chaos c'est l'islamisation que leurs cousins Bamouns (Ba=les gens de, Amun = Dieu Soleil en égyptien antique) conduits par le Prince Nchare, fondateur du royaume Bamoun en 1394, ont refusé ou n'ont pas pu traverser avec pour conséquence chaotique leur absorption contre leur gré par l'islamisation forcée des conquêtes islamiques violentes.

---

[14] https://www.amazon.com/Mammoth-Book-Eyewitness-Ancient-Egypt/dp/0786712708

Dans le cas du mot **MAAT**, dans la langue Bangangté (Medu Mba actuel), il signifie « habitude, le caractère d'un individu, le comportement social ou l'état moral d'un individu ». Le MAAT dans l'Égypte antique, c'est « le fondement de l'ordre social, c'est l'ensemble des lois et règles basées sur ce qui est juste et droit » dans sa signification originale dans l'Egypte ancien dans le livre « Selections from the Husia : Sacred Wisdom from Ancient Egypt « de Maulana Karenga (1984-12-01) Paperback – January 1, 1806)[15]

Pour le mot **HKA** avec le H avalé, dans la langue Bangangté (Medu Mba actuel) il signifie « magie ou énergie divine ou plantes médicinales magiques ». Ses racines se retrouvent également dans le Medu Neter de l'Égypte ancienne comme l'illustre Lucia Ghalin dans son livre « Egypt God myths and Religion » p 32[16]. Ainsi dans le Medu Neter de l'Égypte ancienne, **NKA** vient de **HEKA,** qui peut être écrit **HKA**, le H étant considéré comme une semi-consonne ou semi-voyelle HU ou HOU qui veut dire, en Bamiléké, les choses. **HEKA** en Medu Neter de l'Égypte antique voudrait donc dire « les choses de la magie ou plantes ou feuilles médicinales »

Le nom **MOSES (MOISE** en français) en Bamiléké signifie littéralement « enfant de l'eau » [Mo= enfant, SE ou ZE= eau], et dans le Medu Neter Moses (Moise est défini littéralement comme signifiant « être né ou donner naissance » comme clarifié dans le livre de Ruth Anselme & Stéphane Rossini intitulé « Hierogliphics handbook » p. 9[17] . L'explication linguistique de Moses correspond à l'histoire de Moise dans la bible (Livre d'Exode) ou le bébé Moise

---

[15]https://www.amazon.com/Selections-Husia-Ancient-Maulana-1984-12-01/dp/B01FIX3CVW/ref=sr_1_1?dchild=1&keywords=Selection+from+HUSIA%2C+Sacred+wisdom+of+Ancient+Egypt&qid=1629643921&s=books&sr=1-1
[16]https://www.amazon.com/Egypt-Religion-Fascinating-Mythology-Ancient/dp/0857231235/ref=sr_1_1?dchild=1&keywords=egypt+god+myths+and+religion&qid=1629646077&s=books&sr=1-1
[17]https://www.amazon.com/Illustrated-Hieroglyphics-Handbook-Ruth-Schumann-Antelme/dp/1402700253/ref=sr_1_1?dchild=1&keywords=hieroglyphics+handbook&qid=1629649745&s=books&sr=1-1

qui aurait vécu au 13ᵉᵐᵉ siècle avant Jésus Christ[18], aurait été caché/abandonné par sa mère naturelle secrète, Jocehebed, pour le soustraire des tueries massives de tous les enfants hébreux juifs par le pharaon. Moise qui aurait été trouvé dans une corbeille flottante sur l'eau par la fille du pharaon (la reine Bithia) qui l'aurait adopté. Moses sera élevé dans la famille royale pharaonique et conduira plus tard l'exode légendaire des Israélites de l'Égypte vers la terre promise pour mettre fins aux souffrances de leur captivité.

Pour le nom **ABRAHAM,** décrypté littéralement en phonétique Abraham= NBR'HAM. Son par son NBr' = le premier, ce qui est devant et Ha'm en Bamiléké veut dire 10 le nombre Dix. Abraham= NBR'HAM veut donc dire, le premier parmi les milliers, le premier parmi la multitude, le leader.

Pour le terme **BAMILÉKÉ,** sa décomposition littérale mot à mot est la suivante : BA= les, ou ceux de, Mieh= les frères, Lah= le pays, la région, et Ke= veut dire en Bamiléké de Dschang (Yen Ba) Haut, le haut, ce qui est en haut d'un endroit. En référence à l'Égypte ancienne, les Égyptiens anciens distinguaient le haut pays et le bas pays. Le Haut pays, géographiquement localisé au Sud de l'Égypte, vers la Nubie, est le pays des noirs ou KEMET pour les égyptologues modernes. Les Bamilékés se seraient donc précipités sur les montagnes et hauts plateaux de l'Ouest après la traversée du Noun, en souvenir de leurs origines où leurs ancêtres ont vécu sur les deux rives de la haute Égypte (Upper Egypt) dans les plaines et montagnes (environ 550 m au-dessus de la mer) au Sud de l'Égypte actuelle entre la Nubie et la basse Égypte. La distinction haute et basse Égypte est associée aux sources du Nil où les terres sont hautes et descendent de la haute Égypte vers le Sud plus bas du delta du Nil (région du Caire).

---

[18]Les dates précises varient d'un auteur a une autre. Pour le Judaism Rabbinical, Moise aurait vécu entre 1391 et 1271 avant JC. Pour Jerome c'est en 1592 avant JC, et pour James Ushesher 1571 avant JC est la date retenue.

Section C : Les similarités des symbolismes cosmogoniques, de l'esprit d'entreprise, et de la maitrise des sciences et techniques

Les similarités des symbolismes cosmogoniques portent essentiellement sur la présence des pyramides dans le panthéon de chefs traditionnels Bamilékés où l'on retrouve les pyramides égyptiennes sous forme de cônes à toutes les devantures et entrées de chefferies traditionnelles et sur les toits des chefferies et résidences des notables et dignitaires. D'autres symboles portent sur la présence des aigles, du lion et des totems à la fois chez les Égyptiens antiques et chez les Bamilékés. Comme dans l'Égypte antique, l'aigle est considéré comme une divinité dotée de pouvoirs de migrations très forts bien qu'il retourne toujours dans son nid, d'où l'emblème de l'aigle sur les insignes du pouvoir royal et notamment sur les étoffes et insignes de cérémonies. De même, le lion qu'on retrouve sur les enseignes de rois Bamilékés est le symbole de la force masculine, bien que l'hégémonie de la lignée matrilinéaire dans la tradition pharaonique accorde une place beaucoup plus forte à la lionne. Le symbolisme du chiffre 9 est également retrouvé à la fois dans l'Égypte antique et chez les Bamilékés (conseil des 9, 9 royaumes peut-être en raison de l'existence de 9 orifices sur le corps humain lui permettant d'être en osmose avec la nature et le monde. Le chiffre 9 est un chiffre divin et sacré. Pour les rites initiatiques les impétrants pour la succession du Roi ou du Chef de famille sont conviés à s'asseoir et à se lever à 9 reprises ; 9 étant le chiffre de l'abondance et de la création : 9 mois de grossesse pour procréer, 9 semaines d'obsèques pour le roi, 9 semaines du futur roi au « laakam- cérémonie initiatique pour le nouveau roi ». Le chiffre 7 est également sacré, c'est le chiffre de la purification, de la guérison et de la puissance. Dans le processus de la guérison, les rites sont à dosage de 7 : 7 cauris par exemple avec des gestes reproduits 7 fois

Section D : Les similarités dans l'esprit d'entreprise, les affaires, et l'économie

Ces similarités portent essentiellement sur le dynamisme des populations de l'Égypte antique qui ont construit de gigantesques pyramides ; ce dynamisme semble avoir été transmis aux populations Bamilékés reconnues par tous les auteurs comme étant des populations très travailleuses, dynamiques et entreprenantes avec un sens très élevé de sacrifice au travail pour améliorer leur sort et leur environnement. Cela a été amplement démontré dans de nombreuses publications et notamment la thèse pionnière fondamentale de doctorat du Professeur Jean Louis Dongmo[19] publiée en 1981 à l'Université de Yaoundé (Cameroun), et l'analyse critique de Marc Pain[20] dans « Le dynamisme Bamiléké [compte-rendu], Annales de géographie Année 1984 No. 519 pp. 590-595 » ainsi que l'ouvrage de François Tiani Keou [21]

Jean Pierre Warnier (2012, P 83) dans son ouvrage intitulé « Cameroon Grassfileds Civilization » argumente que depuis la période de la traite des esclaves et lors de la période d' installation des commerces et plantations des colonisateurs sur les côtes Atlantiques allant de Bimbia, de Calabar et au Benin, les royaumes Bamilékés de l' Ouest et Nord-Ouest du Cameroun actuel avaient développé une forte réputation d' ardeur au travail, d' une éthique de docilité, révérence et respect de l' autorité du chef très recherchée par les colons. Ainsi la réputation établie des Bamilékés était fort distincte de la réputation des autres populations et autres mains d'œuvre sur la côte atlantique. Cette attitude particulière des populations Bamilékés moulées dans des traditions spécifiques ou l'autorité du Roi et l'ascension et distinction sociales par le travail étaient fort ancrées dans les traditions explique largement la perpétuation de cette perception du caractère des Bamilékés

---

[19] « Le dynamisme bamiléké » Université de Yaoundé 1981 Vol 1 sur la maitrise de l'espace agraire et Vol 2 sur la maitrise de l'espace urbain

[20] https://www.persee.fr/doc/geo_0003-4010_1984_num_93_519_20293

[21] « Les bamilékés de l'Ouest Cameroun : Vaillance et Dynamisme », Harmattan, Novembre 1, 2014

largement répandue qui tend malheureusement à disparaitre., A la page 335 de son excellent ouvrage publiée en 1939 suite à un très long séjour d' études anthropologiques passées dans la cour du Roi des Bangangte, F. Clement C. Egerton (1939) fait des observations similaires sur le caractère singulier des Bamilékés.

Section E : Les similarités en matière littéraire, scientifique et technique retrouvée chez les Bamilékés

L'Égypte ancienne a joué un rôle pionnier fondamental dans la littérature, les sciences et notamment l'architecture, la médecine et les mathématiques. Après avoir inventé l'écriture, les Égyptiens antiques ont inventé l'ancêtre du papier à savoir les feuilles de papyrus. Ils ont également inventé le calendrier et différentes mesures de la distance et de la géométrie, les techniques d'irrigation et de navigation, les techniques de chirurgie médicale, les mathématiques, la pâte dentifrice et bien d'autres inventions.

Tout comme leurs ancêtres de l'Égypte antique, les Bamilékés aiment et excellent dans le domaine des mathématiques, des physiques, et autres sciences non seulement au Cameroun mais partout ailleurs. Sans toutefois revendiquer l'exclusivité et le monopole dans ces domaines au Cameroun, les Bamilékés sont souvent majoritaires dans ces filières scientifiques à tous les niveaux de scolarité. Il n'est donc pas surprenant qu'on les retrouve majoritaires dans les métiers dérivés des mathématiques, des physiques et d'autres sciences et notamment les métiers d'ingénieurs, et technologies.

Conclusion

A la lumière de l'analyse des similarités culturelles, religieuses et mystiques, les similarités linguistiques ainsi que les similarités des symbolismes cosmogoniques de l' esprit d' entreprise, et de la maitrise des sciences et techniques entre les Bamilékés et leurs ancêtres de l' Egypte antique très lointaine, il ressort clairement qu' en dépit du passage du temps après plusieurs siècles, les rudiments de preuves de la culture et pratiques de l' Egypte antique qu' on retrouve encore de nos jours chez les Bamilékés sous des formes diverses et variées montrent bien l'existence d' une relation lignagère entre les Bamilékés et les Egyptiens de l' Egypte antique.

108

Après leur sédentarisation sur les terres dans les montagnes et hauts plateaux de l'Ouest Cameroun actuel depuis plus de six siècles, la deuxième partie du livre examinera comment vivaient les Bamilékés et comment étaient-ils organisés politiquement, économiquement et culturellement avant, pendant, et après le contact avec la colonisation Européenne.

ANTHROPOLOGIE DU PEUPLE BAMILÉKÉ : TRADITIONS, COSMOGONIES ET PRATIQUES CULTURELLES AVANT, PENDANT, ET APRÈS LES COLONISATIONS EUROPÉENNES

Cette deuxième partie analyse l'organisation, les cultures, caractéristiques et traditions des sociétés Bamilékés avant, durant et après le contact avec les colonisations européennes. Avant les colonisations européennes, les sociétés africaines étaient constituées, selon plusieurs estimations, d'environ 10.000 différents États souverains et groupes autonomes regroupés sous formes de royaumes, empires ou sultanats distingués sur la base de la langue et des traditions, parmi lesquels les plus connus étaient l'empire du Mali, l'empire du Benin, l'empire du Ghana, l'empire du Kanem Bornou, l'empire de Kano, le Royaume d'Oyo.

Tout comme les autres sociétés africaines, le pays Bamiléké regroupe une multitude de royaumes avec roi ou roitelets régnant à la tête de groupes d'hommes et de femmes parlant la même langue et versés dans la même tradition. L'atomisation du royaume Bamiléké unique parlant la même langue et sous l'autorité d'un roi unique a eu lieu après le départ des Bamilékés du pays Tikar suite à la mort de leur dernier roi Bamiléké unique. La mort du dernier roi Bamiléké unique, Ndeh, provoquera la dislocation des Bamilékés et leur atomisation en plusieurs royaumes. Ils se regrouperont plus tard dans les montagnes et hauts plateaux de l'Ouest autour d'une multitude de royaumes, sous-royaumes et roitelets plus ou moins souverains et constitués de populations aux cultures vibrantes et dynamiques parlant généralement une langue commune et des traditions similaires. Ces royaumes étaient des constellations de populations aux langues et cultures partagées par de nombreuses personnes sous le guide de rois ou roitelets souverains vivant sur de larges espaces géographiques plus ou moins grands.

Avant la période coloniale, pendant plusieurs siècles, et d'un siècle à un autre, la vie en pays Bamiléké a été la même : une vie simple et facile, organisée autour d'un système social et traditionnel qui a toujours fonctionné sans avoir jamais été remis en question. Avant la période coloniale, il y avait très peu d'échanges en dehors des villages. Le système économique était très simple et basé sur l'agriculture, l'élevage et l'artisanat dans une quasi-autarcie limitée aux frontières des villages avec, néanmoins, des marchés hebdomadaires pour échanger des produits de l'agriculture et quelques produits artisanaux.

Dans cet espace où les températures oscillent autour de 14 et 25 degrés Celsius, la vie est rythmée essentiellement par les quatre saisons (une grande saison sèche (Juin-Septembre), une petite saison sèche (Décembre-mars), une grande saison des pluies (septembre-Novembre) et une petite saison des pluies (Avril à juin)). La notion de temps est très large : il y a des années, des mois, des semaines, et des jours, mais il n'y a pas d'heures ni de minutes. La semaine compte huit jours avec deux jours réservés ; l'un pour le petit marché et l'autre pour le grand marché. La notion de distance est également vague, la société Bamiléké n'en ayant pas de mesure.

Le travail des femmes. Dans un jour typique de routine, le travail dépendant de la saison, les femmes cinq jours sur sept se lèvent à environ six heures du matin lorsque le soleil se lève pour préparer le petit déjeuner (petit gâteau de maïs ou ignames ou des restes de nourriture de la veille pour leurs maris et pour les enfants, avant de prendre la direction, des champs vers 7 heures du matin pour les cultures (maïs, arachide, ignames, haricot et taro). Elles retournent des champs vers 17 heures le soir pour préparer le repas du soir pour leurs maris et les enfants, avant de se coucher vers 9 heures le soir. Avant l'âge de 10 ans, lorsqu'en provenance de Minta ma ville natale à environ 475 kilomètres de Bangangté, je passais mes vacances scolaires avec ma grand-mère Anna Douvo à Ma tchou sieu Veun (source de l'eau du chef Bangangté à l'époque aujourd'hui Maham I), je l'accompagnai très tôt le matin aux champs marchant les pieds nus et traversant des buissons mouillés de brumes matinales, ou traversant des rivières/ ruisseaux pour aller cultiver / ou récolter des vivres pour le repas de la journée. Ces temps avec ma grand-mère l'aidaient à accomplir ses obligations quotidiennes en portant la grande corbeille /panier à dos (« Khak en langue Bangangté) à l'aller comme au retour de la plantation vivrière. A l'aller, cette corbeille vide contenait le repas de midi provenant des restes de la journée d'avant, et au retour cette corbeille contenait des produits vivriers pour les prochaines cuisines. Cette histoire est similaire à celle de beaucoup d'autres enfants dans les années 60s et 70s et notamment celle que m'a racontées mon épouse de ses vacances scolaires auprès de sa grand-mère maternelle à Bakong/ Balengou. Pendant les weekends, les femmes se reposent pendant un jour et vont au marché un autre jour.

Le travail des hommes. Pendant que les femmes s'occupent des travaux champêtres, les hommes qui travaillent généralement très peu s'occupent de collecter le bois de cuisine, clôturer les plantations pour maintenir les animaux à distance et collecter le vin de palme ou s'occupent du petit élevage des moutons, porcs et poules pour les reventes au marché de la semaine, , le produit des ventes servant généralement à acquérir d'autres femmes ; les femmes par leur capacité de procréation pour générer la main d'ouvre nécessaire étant souvent considérées comme source de richesse par la main d'œuvre supplémentaire qu'elles apportent. Pour alléger le poids du travail, un système de rotation du travail au sein d'une communauté était systématique (travail collectif de tous les membres d'un village ou d'un quartier dans la plantation d'un seul individu de façon rotative de telle sorte que tous les membres du village ou du quartier ont leurs champs travaillés collectivement pour le bonheur de tous les membres de la communauté.

Il y a des saisons de lourd labeur pour la culture des champs, et des saisons de détente pour les récoltes, danses et célébrations. Durant les saisons de lourd labour, le travail est consacré aux cultures ou aux récoltes faites surtout par les femmes et les filles.

Dans ce système précolonial, il y a très peu d'accumulations de richesse dans une économie ultra simple où les richesses se mesuraient par le nombre de femmes, de chèvres, canards et poulets, cauris, et bijoux de parure.

Durant la période coloniale, les colons, d'abord allemands, ensuite français pour la partie francophone et anglais pour la partie anglophone, ont progressivement mis en place un système administratif et économique d'exploitation coloniale essentiellement au service du colonisateur. Le choc de la colonisation a eu un impact capital sur la déstructuration des pouvoirs traditionnels et la mise sous asservissement colonial par travaux forcés et regroupements forcés de populations sur les routes coloniales. La destruction de l'image de la puissance et de l'autorité des Rois Africains dans le subconscient collectif des Africains a commencé avec la destruction des symboles visant à rendre petits les Rois Africains et diminuer leur importance en commençant par le changement de leur appellation ; le terme Roi étant systématiquement remplace par le terme Chef dans toutes les colonisations Allemandes, Françaises et Anglaises pour bien marquer le fait que le Rois Africains n' étaient pas autant puissants que les Rois Européens.

Le système économique colonial était uniquement au service des maitres (routes pour évacuer les produits d'intérêt pour le colonisateur, école pour former les auxiliaires d'administration (impôts, postes, et infrastructures) au service des colonisateurs) et quelques centres de santé pour combattre les grandes endémies. Durant la période coloniale, il y avait toujours très peu d'échanges entre les contrées proches, l'essentiel des échanges étant des échanges de transit des produits des métropoles Européennes à partir des ports vers d'autres centres de consommation à l'intérieur des côtes Africaines. Le colonisateur introduisant progressivement les produits manufacturés, le système économique était toujours très simple et basé sur l'agriculture, l'élevage de subsistance et l'artisanat, avec introduction des produits destinés à l'exportation (caoutchouc, café, cacao). Les marchés hebdomadaires permettaient de vendre les produits du travail agricole quotidien pour acquérir les biens importés provenant de la région côtière (machettes, pétrole, cigarettes, et sel).

Après la période coloniale et généralement sous le contrôle de l'ancien colonisateur, les nouvelles autorités tout en maintenant le système d'exploitation coloniale, entameront une transformation progressive des administrations pour les mettre progressivement au service des populations, mais le système économique restera dans ses grandes lignes celui de la période coloniale.

Le chapitre III et le chapitre IV se concentrent sur la période précoloniale. Le chapitre III analyse l'organisation et les systèmes politiques des États Bamilékés avant la colonisation européenne, tandis que le chapitre IV résume l'organisation économique et sociale des Bamilékés avant la colonisation. Le chapitre V de cette partie récapitule la vie en pays Bamiléké durant la période coloniale et l'impact du choc de la colonisation. Le chapitre VI synthétise la vie en pays Bamiléké après les indépendances.

CHAPITRE TROISIEME

ORGANISATION ET SYSTÈMES POLITIQUES DES ÉTATS BAMILÉKÉS AVANT LA COLONISATION EUROPÉENNE

(Par Dr. Fankem)

Introduction

La période dite précoloniale au Cameroun s'achève avec l'arrivée des Allemands en 1884, si l'on prend dans sa globalité tous les territoires qui allaient passer sous le protectorat allemand. Mais les parties du Cameroun ne sont pas tombées sous l'influence allemande à la même date, parce qu'il y a eu des résistances que les forces d'occupation allemandes devaient d'abord vaincre avant d'établir l'autorité et l'influence coloniales. Pour qu'une partie du territoire soit soumise, il fallait donc qu'elle soit conquise par les Allemands et que ces derniers y installent leur administration. Pour ce qui est de la région Bamiléké, les Allemands y font leur entrée en 1890. Contrairement aux idées véhiculées par les nouveaux maîtres sur la mission civilisatrice du colonialisme, les peuples sur lesquels devait s'imposer la domination étrangère avaient leur propre mode de vie, leur propre mode d'organisation sociale et politique. Tel est particulièrement le cas des peuples Bamilékés dans les *grassfield*. Dans ce sillage, le présent chapitre vise à démontrer l'antériorité des États Bamiléké en tant qu'entités souveraines et indépendantes sur l'État colonial et postcolonial. Ces États ont la particularité de combiner, à la fois, les théories contractualistes et les théories de droit divin en ce sens que leur préoccupation d'un ordre politique et social plus juste va de pair avec une bonne dose de l'ordre mystique et divin. Il s'efforcera à montrer la sociogenèse desdits

États, ainsi que leur organisation et leur fonctionnement. Ce chapitre s'organisera en trois parties : la première s'intéressera à la vie politique intérieure et la deuxième partie portera sur la politique extérieure de ces États précoloniaux. La troisième partie analysera les relations extérieures : la diplomatie, les guerres et expansions territoriales des Etats Bamilékés avant la colonisation Européenne.

Section A. Naissance et fonctionnement de « l'appareil étatique » des royaumes Bamilékés précoloniaux

L'État peut être défini comme un « mode d'organisation sociale défini par son lien à un territoire précis et un ensemble d'institutions dont la caractéristique majeure est la détention du monopole de droit et de la force publique, qui s'appuie sur une bureaucratie formée d'agents spécialisés[22] ». Pendant longtemps, sous l'influence de certains philosophes[23] et des partisans de la théorie darwinienne de l'évolutionnisme, l'Europe est restée convaincue qu'elle était la seule partie du monde où une telle organisation pourrait se trouver. Pour ces théoriciens, l'existence de l'État était une matérialisation, une preuve de caractérisation de « société évoluée ». De ce fait, les « sociétés primitives » seraient donc sans État. C'est ce que le Prince Dika-Akwa (1982) appelle « le mythe de l'antériorité du Blanc[24] ». Contre la vision parfois raciste et européo-centrée de la conception de l'État et du politique, l'anthropologie politique s'est donnée pour mission de montrer que même les sociétés dites « primitives » ou « traditionnelles » ne doivent plus être perçues comme « l'enfance de l'humanité », mais plutôt comme des sociétés à part entière mais simplement différentes. C'est la tâche à laquelle se sont consacrés les pères fondateurs de l'anthropologie politique que sont Bronislaw

---

[22] Définition tirée de *Riccardo Ciavolla* et *Éric Wittersheim*, Introduction à l'anthropologie du politique, Louvain-La-Neuve, De Boeck Supérieur, 2016, p.19.

[23] Cette situation découle du fait que pour penser l'État, les philosophes ont commencé par élaborer l'idée d'un « non-État » qui, pour certains, n'était qu'une pure fiction. Pour eux cette situation serait fondée sur les oppositions nature/culture, et civilisation/sauvagerie et constituerait une sorte d'état de nature. Il s'agit des philosophes comme Hobbes et Rousseau.

[24] *Prince Dika-Akwa Nya Bonambela*, Les problèmes de l'Anthropologie et de l'Histoire africaines, Yaoundé, Editions clé, 1982, p.15.

Malisnowski[25] et, surtout, Evans-Pritchard et Fortes[26]. Leur idée était de montrer que « l'occident ne constitue pas la norme absolue de l'humanité, et que les modèles alternatifs de gouvernement et de politique pouvaient fonctionner, voire contribuer à expliquer, et inspirer la politique du monde occidental[27] ». C'est dans ce contexte qu'on peut parler de « l'appareil étatique » des Bamilékés, avant l'arrivée des colons et la formation de l'État-nation postcolonial.

Par 1. La naissance des États Bamilékés précoloniaux

De nombreux travaux de recherche, notamment ceux du Révérend Père Albert[28], Delarozière[29], Egerton[30] et bien d'autres, ont pu opérer le tracé de l'itinéraire des Bamilékés vers leur lieu d'installation actuelle, c'est-à-dire les hauts plateaux de l'Ouest Cameroun.

En plusieurs vagues successives, les Bamilékés auraient fondé près d'une centaine de royaumes d'importance inégale[31], en termes de superficie du territoire et de taille de la population. Ces royaumes entraient régulièrement dans des processus d'éclatement jusque vers 1890, année où les Allemands s'introduisent dans la région et

---

[25]25 *Bronislaw Malinowski*, anthropologue anglais d'origine polonaise et professeur à la London School of Economics et le premier à avoir conceptualisé et systématisé la méthode ethnographique avec la notion d'« observation participante », rompant ainsi avec la pratique de « l'anthropologie de cabinet » (armchair anthropology) qui a tant alimenté des préjugés sur les peuples non occidentaux, donnant ainsi une vision quelque peu biaisée de ce qu'est la société traditionnelle.

[26] Evans-Pritchard et Fortes. En 1940, ces deux auteurs dirigent et publient un ouvrage collectif : African political systems, rassemblant les contributions des principaux anthropologues africanistes et la même année Evans-Pritchard publie un ouvrage, Les Nuer, considéré comme la première grande monographie anthropologique fondée sur l'ethnographie. Cette date marque le début de l'institutionnalisation de l'Anthropologie politique comme discipline universitaire.

[27] *Riccardo Ciavolla* et *Éric Wittersheim*, op.cit, p. 37.

[28] Ses travaux ont porté surtout sur les Bandjoun.

[29] Il a surtout travaillé sur le Royaume Bafoussam.

[30] Il a consacré ses travaux sur les Bangangté

[31] La littérature coloniale a choisi de les appeler les chefferies traditionnelles et a même procédé à leur reclassement en 1er, 2ème et 3ème degré. Cette classification qui est ainsi maintenue dans le Cameroun indépendant tient compte de la taille du territoire et de l'importance numérique de la population.

contribuent fortement à leur stabilisation. E. Ghomsi[32] précise que :

> *Le processus de l'éclatement des groupements était partout le même : ou bien un homme de la tribu étant parti à la chasse trouvait un coin giboyeux et y faisait souche avec sa famille, donnant naissance ainsi à un nouveau groupement, ou bien un prince en palabre avec ses frères décidait de partir avec quelques partisans pour chercher fortune dans une région éloignée de son village dont il devenait le Chef 33».*

À ce sujet, les exemples sont nombreux. Nous pouvons noter l'exemple du roi Ngami, fondateur de la dynastie Nfeunga de Bangangté, un chasseur venu de Banka, tout comme le fondateur de la dynastie des Bou'agang de Bandenkop est un chasseur venu de Bankop (Fotouni). Kouahou, fondateur du royaume Banka, lui-même est prince Bamoun.

D'une manière générale, ces royaumes devenaient de véritables États aux termes des guerres, obéissant aux schémas assez classiques de la formation des États (*states making*).

Le recours à la sociohistoire de la naissance des royaumes Bamilékés peut expliquer la naissance des États de cette région. Dans son article *War Making and State Making as Organized Crime*, Charles Tilly a développé l'idée de *war making/ state making* : c'est en faisant la guerre que l'on a fait l'État, et vice-versa. Cette théorie de Charles Tilly correspond à la réalité de la genèse des États Bamilékés. D'une manière générale, trois observations s'imposent dans le processus de formation des États Bamilékés. La première est que l'activité première des populations avant la naissance de ces États était la chasse. Ghomsi constate que les chasseurs en quête de gibiers, parfois avec toutes leurs familles, se déplaçaient sans cesse, tant qu'ils ne se heurtaient pas aux fiefs de chasse de leurs voisins. La deuxième est que, d'une manière générale, ce sont les arrivants (chasseurs et princes ayant été écartés du trône dans leurs royaumes

---

[32] Ghomsi Emmanuel, les Bamiléké de l'Ouest Cameroun, Essai d'étude historique des origines à 1930, Thèse d'Histoire. On peut aussi consulter du même auteur son article éponyme de la thèse in Revue camerounaise d'Histoire N°1, octobre 1971.
[33] Ghomsi Emmanuel, Revue camerounaise d'Histoire, 1971, p.98.

d'origine) qui prenaient le trône à la naissance du nouvel État. Et la troisième est que, très souvent, il fallait que les arrivants subjuguent ceux qu'ils ont trouvés sur place pour s'imposer comme rois, aux termes de ce que Norbert Elias qualifie de « guerres éliminatoires ». Ceux qui sont vaincus ou qui ont accepté de faire allégeance deviennent des vassaux. C'est cette étape qui correspond à la phase décisive du *State making*, car elle est intervenue lorsque la population s'est sédentarisée, diversifiant leurs activités qui ne sont plus que la chasse mais surtout l'agriculture. Ce faisant, les territoires se délimitent, les populations désormais composites sont bien circonscrites et les institutions politiques se mettent en place. Celles-ci commencent par le roi qui, après les rites d'initiation, se voit poser une couronne sur la tête, symbole de l'autorité. Selon Ghomsi, ces premiers rois tiraient leur notoriété de leur adresse à la chasse. C'est à ce moment que se créent également la société des notables, notamment le clan de « *neuf* », qui constitue le premier cercle de pouvoir autour du roi, formant ainsi une sorte de gouvernement qui fonctionne tel une monarchie tempérée.

Par 2 : Un système politique proche des monarchies tempérées

Les données ethnographiques mises en comparaison du point de vue de l'organisation politique africaine ont permis de classer les sociétés en trois catégories[34] : les sociétés « acéphales » ; les sociétés « sans État » ou « segmentaires » et les « sociétés à État primitif » ou « État traditionnel ». Les royaumes Bamilékés appartiennent à cette dernière catégorie. Selon Ciavolla et Wittersheim (2016 :44) l' « État primitif » africain est caractérisé par l'organisation d'une société régie par des institutions qui fonctionnent suivant leurs propres règles, et de manière autonome. Les relations de parenté n'y ont qu'une importance relative. Un tel modèle descriptif est vérifiable pour les Bamilékés.

---

[34] Idem, p.44.

À la tête de chaque Royaume Bamiléké, se trouve un roi[35] appelé « Fé[36], Fo, Nfeun, etc » ou « Belong, Nomtchemah[37] si l'on veut l'appeler par un nom flatteur qui traduit la majesté de son être et de sa fonction. Il est réputé très sage et quasiment omniscient. C'est la raison pour laquelle on l'appelle aussi « guem'deuh[38] », c'est-à-dire la mygale[39]. Mais il ne s'en flatte pour autant pas. Lorsqu'on l'appelle ainsi, il répond humblement : « parce que je suis renseigné » ou « parce qu'on me l'a dit ». Il est donc un monarque dont l'autorité est tempérée[40]. Cette autorité est d'avantage tempérée par le *Conseil de neuf notables[41]* (*kamveù*). Investi d'une mission essentiellement mystico-religieuse, le Conseil est consulté par le roi pour la résolution des phénomènes considérés comme paranormaux[42] : épidémie, invasion acridienne, etc. C'est encore de la compétence de ce Conseil de déterminer la période de rite de purification du royaume. Son autorité est également tempérée par des chambres consultatives constituées de confréries[43] qui concourent et l'aident à la prise des décisions. Ces confréries, encore appelées « sociétés sécrètes », ont des fonctions régulatrices de la société, en ce sens qu'elles veillent sur la manière dont le roi exerce ses fonctions et dont les populations accueillent les décisions du pouvoir traditionnel. Laburthe-Tolra et Warnier (1993), qui ont étudié le mode de fonctionnement de ce système politique,

---

[35] Dans la littérature coloniale, il est appelé plutôt Chef et son territoire, une chefferie.

[36] La langue utilisée dans ce chapitre est la langue Bandenkop. Cependant Mveun c'est la langue Bangangté et Fo, le Bandjoun, Baham et Bayangam.

[37] Nomtchemah (ou nomtemah) signifie le lion, l'animal le plus fort de la forêt. Il se pourrait que son totem soit aussi cet animal.

[38] La sacralité de sa personne fait qu'on ne l'appelle pas par son nom.

[39] La mygale est un insecte que l'on consulte dans les sciences occultes et qui a la réputation de pouvoir répondre à toutes les interrogations et les préoccupations de celui ou celle qui est inquiet (e) par son avenir. Elle a donc la réputation de tout savoir.

[40] Dans le Royaume Bandenkop on dit que « *ce sont les notables qui font le Roi et non l'inverse* ». Une manière de dire que de la qualité de notables, dépendra la qualité du Roi.

[41] Le chiffre neuf ici ne traduit pas le nombre exact de cette catégorie de notables. En réalité, ils sont plus de neuf mais leur nombre exact est un secret réservé aux seuls membres dudit conseil.

[42] *Fankem*, Les Bandenkop : Histoire et anthropologie culturelle, Yaoundé, CEGEIBA, 2008, p.40.

[43] Ces confréries chez les Bandenkop par exemple sont : *Paguep, Kommèneuck, Kemdjè, Hubùm*, etc. Leur nombre est évolutif dans le temps.

constatent aussi qu'il est créé des contrepoids à la puissance du roi, par des associations diverses, avant de conclure sur ce sujet que:

> *Il n'est pourtant pas un autocrate. Des conseils des grands notables — en particulier le Kamveu ou « conseil des neufs » - les fonctionnaires du palais[44], les groupes de filiation, les notables roturiers, de multiples associations de serviteurs, des gens riches et même des bourreaux, font équilibre à son pouvoir et peuvent exercer un droit de remontrance, de même la mère du chef qui dirige la société des femmes et assure la régence en cas de minorité de son fils[45].*

Au sens moderne de la démocratie, il n'y a pas de participation visible et garantie des populations à la prise des décisions par le vote ; ce qui, du point de vue du paradigme moderniste, pourrait constituer une limite au droit politique tel que conçu de nos jours. Mais pour Aletum Tabuwe (2001), la pratique démocratique de l'Afrique traditionnelle reposait sur la « palabre africaine » dans les différents conseils et assemblées dont les membres sont les représentants des groupes sectoriels de la société. Celle-ci consistait en l'écoute des points de vue de chaque membre de l'assemblée ou du conseil à prendre en considération les points de vue divergents et à les réconcilier par-dessus tout. De la sorte, « les membres doivent lever les séances avec des décisions qui améliorent la société et non celles qui représentent les intérêts personnels ou sectoriels[46] ». Un tel mode de fonctionnement s'explique par le structuro-fonctionnalisme en ce sens qu'il se préoccupe de fonctions que doivent remplir ces institutions pour que la société existe, se maintienne et se perpétue.

---

[44] Son palais est administré par une sorte de Gouvernement constitué de trois ministres appelés *Nwala*. L'un, le *Nwala'ka* s'occupe des sorties officielles du Chef et exécute des missions à l'intérieur et à l'extérieur du territoire, l'autre, le *Nwala Tchetchia* administre le palais, et le troisième, le *Nwala'Toutsouo* s'occupe des affaires religieuses.
[45] *Philippe Laburthe -Tolra* et *Jean Pierre Warnier*, Ethnologie, Anthropologie, Paris, PUF, 1993, p. 243.
[46] Michael Aletum Tabuwe, *Sociologie politique, Yaoundé*, Patoh Publishers, 2001, p. 227-228.

Section B. Les institutions juridiques de protection des hommes

En raison des velléités d'abus de toutes sortes, pour être effectifs, les droits de l'Homme sont souvent protégés. Cette protection est tant interne qu'externe aux États. Depuis 1948 que la Déclaration universelle est devenue le cadre de référence en matière de respect de droits de l'homme par exemple, sur le plan externe, il existe un arsenal d'instruments internationaux de protection de ces droits. C'est, par exemple, le cas de la Convention contre la torture et autres peines ou traitement cruels, inhumains ou dégradants, du Pacte pour les droits civils et politiques, du Pacte international des droits économiques, sociaux et culturels, etc. Sur le plan interne les droits de l'Homme sont souvent protégés par des institutions telles que la police, la gendarmerie et le système judiciaire. Dans le contexte Bamiléké où la société internationale n'est pas encore organisée, c'est la police et le système judiciaire qui étaient garants du respect de droits de l'Homme.

Par. 1. Des institutions policières conçues de manière à éviter les abus

Ici, nous appuierons sur une étude de cas, celui du royaume Bandenkop précolonial, qui est généralisable à tous les autres royaumes Bamilékés. Dans le Bandenkop traditionnel, outre l'armée (*Liedjè*) dont la mission était la protection du territoire et des institutions, le royaume était doté de deux corps de police[47] : le *Siop*, corps de police politique chargé du renseignement et de contre-espionnage, et le *Fefè* ou police chargée spécialement des mœurs, tous les deux, placés sous l'autorité directe du roi.

Le *Fefè* était chargé de la mise en accusation des contrevenants aux lois sociales devant les juridictions, notamment en cas d'adultère, de suicide ou le fait pour les femmes de concevoir hors mariage. Il était également chargé d'exécuter la sentence de la

---

[47] Pour plus de détail, lire Fankem, op.cit, pp 39-40.

justice. À titre d'exemple, lorsqu'une jeune fille dont on doute du statut matrimonial tombait enceinte, il était de sa responsabilité d'enquêter et faire savoir si elle a conçu dans le cadre légal du mariage ou non, afin que, le cas échéant, la fille soit mise en accusation. Les suicidés, notamment par pendaison, recevaient de la part des membres de cette police des coups de fouet avant d'être enterrés. Puis, il lui revenait la charge de suivi de toutes les opérations qu'il fallait organiser pour que le royaume se « lave » de cet acte ignominieux[48]. Mais cette police se gardait de s'ériger en juge. Son rôle se limitait à l'instruction des dossiers d'accusation sur des questions des mœurs et d'exécution des sentences judiciaires. Une telle organisation de la fonction policière était un garde-fou contre les abus et faisait partie de la stratégie de protection des droits de l'homme à une meilleure justice. D'ailleurs, les actions de cette police étaient surveillées par la police en charge du renseignement, qui jouait ainsi le rôle de la police de polices, permettant ainsi au roi d'être mieux éclairé sur l'attitude de la police en charge des mœurs vis-à-vis de sa population.

Si, en matière d'accusation, la police des mœurs était plus compétente pour les intérêts de la société, lorsque des individus devaient se constituer partie civile dans les affaires, la charge leur revenait directement de se plaindre afin que les mis en cause soient jugés dans les instances juridictionnelles compétentes.

Par. 2. Un système juridictionnel complexe, mais préoccupé par l'équité

Dans cette section, nous emprunterons la démarche à Henry Summer Maine (1822-1888). Professeur de droit de son état, il est arrivé à l'anthropologie en développant une réflexion sur ce qu'il a appelé le droit ancien (*ancient Law*). L'objectif de l'*ancient law* était « d'offrir un cadre pour interpréter et expliquer la variété des organisations sociales et des systèmes juridico-politiques dans

---

[48] La famille du pendu devait par exemple offrir au moins un poulet vivant au Roi pour opérer une pratique expiatoire pour le compte du village.

l'histoire [...] [49]». Mais la finalité pour nous n'est pas de procéder au comparatisme entre les cultures comme il l'a fait et qui a débouché sur l'illusion d'un « effet allochronique[50] ». Nous nous appuyons sur sa méthode, c'est-à-dire sur la méthode historique qui nous permet de comprendre la loi ancienne par rapport aux lois actuelles. L'examen des systèmes juridico-socio-politiques des Bandenkop nous laisse comprendre que la compétence juridictionnelle dépendait de la nature des affaires à juger, c'est-à-dire que les organes de justice variaient selon qu'on avait affaire aux délits ou aux crimes. Contrairement à la maxime actuelle du droit qui stipule que « nul n'est censé ignorer la loi », chez les Bandenkop, un ignorant[51] de la loi ne saurait être puni. Ce qui faisait office de juridiction n'était pas des juridictions avec un corps de magistrats à fonction permanente. Les avocats de chaque partie étaient constitués de tous ceux qui pouvaient témoigner à charge ou à décharge de ceux qui passaient au jugement et, très souvent, avant de témoigner, il fallait d'abord jurer, invoquer le nom de Dieu pour prouver que le témoignage qu'on ferait était juste et sous la crainte du châtiment divin. C'était de la prestation de serment en fait. Ces juridictions pouvaient être classées en trois catégories : les tribunaux, les instances invisibles que Laburthe-Tolra et Warnier appellent la sorcellerie et la Cour suprême, pouvant aussi faire office de cour d'appel.

Ce qui étaient considérés comme tribunaux étaient très sommaires et se réduisaient à des familles et à des différentes associations que fréquentaient le ou la mis(e) en cause ou le plaignant ou alors les associations où les accusés pouvaient être

---

[49] *Maine H.S.* Villages Communities of the East and West, London, John Muray, 1871, cité par *Riccardo Ciavolla* et *Éric Wittersheim*, op.cit, p.27.

[50] « *Effet allochronique* ». Cette expression utilisée par Johannes Fabian, considère que la distance spatiale entre l'Europe et les « sauvages » s'est traduite dans la littérature anthropologique, par la mise en place d'une distance temporelle artificielle entre civilisés et primitifs, qui a fait croire que les « autres » correspondent à l'enfance de la civilisation occidentale.

[51] L'ignorant, le candide ou *Bou'* est exempt de toute sanction. Ici, on croit à la puissance du verbe. Sa défense peut reposer seulement sur son ignorance. La société est convaincue que s'il clame son ignorance par mensonge, il recevra le châtiment divin.

convoqués pour être jugés. Dans ce cas, l'élément important est que le mis en cause est connu et clairement identifié. Mais lorsqu'un « hors la loi » n'est pas identifiable, recours est fait par les initiés à des instances invisibles, soit pour suspecter les probables auteurs des actes répréhensibles, soit pour les châtier. La Cour suprême donnait des verdicts insusceptibles d'autres recours et le jugement se faisait au palais royal en présence du roi. Le jugement prenait une allure mystique puisque c'est la tortue[52] qui devait, selon son attitude devant le roi, déterminer la culpabilité ou l'innocence de l'accusé.

Dans le cas de délit, le jugement pouvait se faire en famille ou dans les associations et les peines étaient très souvent de plusieurs ordres : la mise au ban de la société[53], la condamnation à offrir de la boisson et de la nourriture à l'association qui a fait le jugement, ou offrir des fagots de bois et/ou des chèvres sur pattes au palais royal. Dans certains cas, il pouvait être exigé la restitution du corps du délit. Si, en premier ressort, le jugement n'était pas satisfaisant pour une des parties, elle pouvait toujours saisir une instance qu'elle estimait supérieure, l'instance suprême étant le jugement à la tortue devant le roi en présence d'une foule nombreuse réunie dans la cour royale.

En cas de commission d'un acte délictueux ou criminel dont l'auteur n'est pas connu, plusieurs attitudes de justice étaient adoptées : soit le recours à l'ordalie[54], soit le recours à la voie mystique (magie ou sorcellerie selon Laburthe-Tolra et Waranier (1993)). Dans ce dernier cas, il est composé d'une association

---

[52] Le jugement se déroulait sur la grande cour royale, en présence de tous ceux qui veulent bien assister au procès. Le Roi était alors assis sur son trône, assisté du Premier notable de la cour. Puis une tortue est placée dans la cour devant le mis en cause et le plaignant (s'il y en a car le mis en cause pouvait être seul lorsqu'il est accusé d'avoir commis un crime outrageant la société). Chacun adresse sa défense à la tortue. Si au bout de la défense la tortue marche en direction du trône royal, l'innocence de celui qui se défendait est ainsi prouvée et il est acquitté. Si la tortue ne marche pas dans ce sens, la culpabilité de celui qui se défendait est établie et la sentence est alors prononcée.

[53] Dans ce cas, il pouvait vous être interdit de fréquenter les lieux publics pour un temps, par exemple.

[54] L'ordalie est une épreuve judiciaire dont l'issue est supposée dépendre de Dieu et qui peut établir l'innocence ou la culpabilité de l'accusé.

d'objets magiques difficiles à déterminer pour le non initié (*ntchiop*[55]) et déposée sur le lieu de la commission de l'infraction qui agira directement sur son auteur. Le plus souvent, ce qui l'attend c'est soit un mauvais sort, soit la mort mystiquement organisée. Mais cela est un cas extrême, car l'acte est précédé des avertissements pour que l'auteur puisse se dénoncer et être jugé. Des communiqués sur l'imminence de ce procédé étaient diffusés dans tous les canaux d'information possibles afin que l'auteur de l'acte se remette lui-même en question et se dénonce. Le fait pour lui de ne pas se dénoncer équivalait à l'acceptation de cette autre forme de justice. Lorsque, sur la base du renseignement et des forces invisibles, un individu était suspecté, il était appelé à se défendre. L'acte d'inculpation lui précisait la source qui permet de le suspecter : le renseignement ou la divination[56]. Dans tous les cas, le jugement à la cour royale était le dernier recours pour les mis en cause. Les accusés qui n'étaient pas satisfaits des décisions rendues par des juridictions inférieures pouvaient soit s'en remettre à Dieu en allant assurer leur défense et clamer leur innocence dans les lieux sacrés du royaume (*ma'djem*). Dans ce cas, il est conscient que la justice de Dieu est supérieure à celle des hommes et s'en tient à sa conscience, soit choisir les voies de recours judiciaire jusqu'à la Cour suprême. C'est ici que pouvaient être prises les sentences considérées comme les plus lourdes et les plus exceptionnelles parce que rares : la peine de mort[57] et l'expulsion du royaume.

Comme on peut le constater, le système de justice était complexe, mais il est évident au moins qu'il était animé du souci de s'éloigner de l'arbitraire et du « deux poids deux mesures ». Cette manière de procéder était animée d'un souci de sécurité juridique qui est l'un des éléments constitutifs des droits de l'Homme de première génération.

---

[55] Ceux qui ont le pouvoir de le faire sont connus dans la communauté.
[56] La divination pouvait être le fait d'un voyant ou la réponse à la consultation de la mygale.
[57] La peine de mort pouvait être prononcée par le Roi pour des violations avérées des lois relatives aux mœurs après un jugement avec preuve irréfutable comme la conception par une fille hors du cadre légal de mariage.

Section C. Relations extérieures : diplomatie, guerres et expansion territoriale

La guerre, l'expansion territoriale ou la diplomatie qui sont des éléments de la politique étrangère des État sont du domaine de la géopolitique ou de la géographie politique si l'État est perçu comme un organisme vivant au sens hitlérien du terme. Toutes sont motivées par des jeux d'intérêt. À moins d'être un État pacifiste par essence, aucun État n'échappe à la préoccupation de paix ou de guerre. C'est ce que révèlent aussi les États Bamilékés précoloniaux qui ont eu à expérimenter les luttes hégémoniques ainsi que des « guerres internationales » par des ennemis venant de loin.

Par 1. Guerres et expansion territoriale

L'expansionnisme est la politique qui consiste, pour un pays, à chercher à étendre quasi systématiquement son influence au-delà de ses frontières, à acquérir de nouveaux territoires ou à soumettre d'autres pays à son emprise. L'histoire a montré que, dans certains cas, il peut s'agir d'une politique économique qui encourage et soutient la conquête de nouveaux marchés. Mais sous toutes ses formes, l'expansionnisme est souvent source de conflits, car il donne lieu à des antagonismes entre les puissances protagonistes. Cette politique hégémonique qui s'enracine dans les prétentions de suprématie militaire et politique d'un État sur un autre heurte forcément la fierté et l'orgueil nationaux des États attaqués qui sentent en même temps leur sécurité physique et leurs intérêts vitaux menacés, donc sont prompts à répondre. Des exemples de velléités expansionnistes et des luttes hégémoniques[58] jonchent l'histoire des États Bamilékés précoloniaux. De manière générale, les politiques expansionnistes des États étaient commandées par la nécessité de l'espace vital. En effet, note Ghomsi,

---

[58] Les titres de notabilité de *Sah'deuh* est attribué par les Rois à ceux de leurs soldats qui se sont particulièrement illustrés lors de ces guerres.

Avec le XIXe siècle, commence pour ces populations une période très importante. Les habitants des divers groupements ont augmenté à un rythme très accéléré. Plusieurs chefferies commencent à se sentir à l'étroit dans leurs frontières. C'est une période assez trouble, marquée par d'incessantes guerres tribales. Les différentes chefferies s'organisent pour résister à l'assaut de leurs voisines et tissent entre elle des réseaux d'alliance. On assiste aussi à la naissance de quelques hégémonies locales dont celles de Bandjoun, Bana Bangangté et Bafou. C'est aussi la période où l'organisation politique, économique, religieuse et culturelle atteint son apogée dans les différentes chefferies. Les chefs de ces divers groupements deviennent des vrais petits monarques[59].

Dans ce contexte se sont multipliés des alliances et des pactes de non-agression entre États. La présence des tranchées (*sum*) dans la plupart des royaumes Bamilékés sont les vestiges qui témoignent de la généralisation de ces guerres hégémoniques. Pour ce qui est des guerres avec des ennemis venant hors de la Bamilékésphère, on note surtout celles menées contre les Mbo, les Bamoun et les Bali (Pa'gni) qui se déroulent entre les XVIIème et XXème siècles. Les Mbo seraient les premiers occupants de certaines parties du plateau Bamiléké, notamment le Haut-Nkam et la Menoua. Les Bamilékés menèrent contre eux des guerres acharnées. Plusieurs de ces tribus Mbo furent alors repoussées au-delà du fleuve Nkam dans le département actuel du Mungo et dans la plaine de Mbo dans la région de Santchou.

Pour ce qui est des attaques Bamoun, elles touchent surtout la lisière Est du plateau Bamiléké, notamment les Baleng, les Bandjoun et les populations de l'actuel département du Ndé. Ces attaquent furent particulièrement virulentes sous le règne du roi Bouombouo des Bamoun. Les combattants bamoun capturés dans le Ndé y furent gardés jusqu'en 1904 lors du premier passage des Allemands, notamment à Bazou et à Bamena. Chaque peuple organisa des ripostes à son niveau jusqu'à ce que des pactes de non-agression soient signés. Quant aux Bali, ils sont venus de la région lointaine de Bamenda. Peuple de tradition guerrière et encore mieux

---

[59] Ghomsi, ibid, p. 99.

aguerris par l'instruction militaire de l'Allemand Zintgraff, ces Bali mènent des incursions incessantes dans la région Bamiléké dans la deuxième moitié du XIXème siècle. Les combats les plus significatifs des Bali sont ceux de Baleng, Bandjoun, Bangangté, Bandenkop, Bametchouè, Baham, Bagam[60]. Comme pour toute politique étrangère, la guerre n'excluait pas la diplomatie.

Par 2. La diplomatie

L'une des parties les plus visibles de la diplomatie depuis le moyen âge italien est l'ensemble des missions permanentes auprès des gouvernements étrangers que sont les ambassades et les consulats. Des telles pratiques ne semblent pas avoir eu cours chez les Bamilékés. En revanche, des pratiques proconsulaires y ont existé[61]. Cependant, après les périodes marquées par les guerres entre voisins, des préoccupations de paix les animent. Ils sont animés par le désir de coexistence pacifique. Pour y parvenir, l'une de pratique diplomatique de consolidation de la paix était l'établissement des alliances matrimoniales entre les princes régnants. De ce point de vue, épouser une princesse pour un roi est plus qu'un mariage, c'est une alliance avec le royaume du beau-père.

Une autre pratique diplomatique courante pour la sauvegarde de la paix entre États était la « signature » des pactes de non-agression entre États voisins. Dans un contexte de tradition non écrite, cette « signature » se faisait soit par un pacte de sang, soit par l'implantation d'un arbre de paix ou un arbre quelconque à la frontière entre les deux royaumes. Pour ce dernier cas, les deux rois tiennent et implantent ensemble l'arbre. Les traités de paix étaient fréquents après les guerres. Th. Tchatchoua (2009) en rapporte un qui mérite d'être souligné, en raison de son originalité. Celui-ci se passe au terme de la guerre des Bamoun contre les Bangangté. En

---

[60] Pour les détails concernant ces guerres, lire, Ghomsi, op, cit, pp100-103.
[61] Des sources orales indiquent par exemple que sous le règne du Roi Njiké de Bangangté, celui-ci avait nommé un Proconsul auprès du royaume Babitchoua. son rôle était surtout d'assurer la coopération amicale des Bangangtés avec le Royaume de Babitchoua qui devait payer le tribut de soumission en nature, le plus souvent des chèvres, au Royaume de Bangangté.

effet, à l'issue de cette guerre, après la signature de traité de paix, un certain nombre de Bangangté assurèrent l'escorte du roi Bamoun. Arrivé à Foumban la capitale, il décida de la naturalisation de ces hommes de son escorte qui ne retourneront plus à Bangangté. En revanche, le roi Bamoun décida d'envoyer un nombre égal de Bamoun au roi des Bangangté, en échange de ses hommes définitivement retenus à Foumban. En posant cet acte, il déclara que « nos hommes soient le gage de paix durable et d'une amitié de tous les instants dont je forme le vœu qu'elles s'établissent entre nos peuples[62] ».

Enfin, il faut noter que les rois envoyaient souvent des représentants occasionnels (Hérauts comme on en a connu dans les cités grecques) auprès de leurs collègues d'autres royaumes pour transmettre des messages officiels. Quand ce héraut allait pour des négociations de paix, il devait tenir en main un arbre de paix

Conclusion

L'anthropologue Radcliffe-Brown, pour qui l'État ne serait qu'une fiction inventée par les philosophes, estime qu'il serait naïf de penser que toute société « sans État » serait pour autant apolitique. Comme Durkheim, il considère que la société est comme un « corps biologique », où chaque élément participe au fonctionnement de l'ensemble, garantissant ainsi la stabilité de la vie sociale. Pendant longtemps, la vision européo-centrée a cru avoir l'exclusivité et le monopole de l'existence. Les données historiques et anthologiques nous en démontrent le contraire aujourd'hui. La présente étude nous a permis de nous rendre à l'évidence que la colonisation n'est venue que pour déstructurer un mode de vie et un système politique existants et pour en imposer d'autres. En effet, avant l'arrivée des colons, on trouve des États bien structurés en région Bamiléké. Le territoire de l'État, bien circonscrit, avec une population hétérogène, y est dirigé certes par un monarque, mais dont l'autorité

---

[62] Tchatchoua Thomas, Les Bangangté de l'Ouest-Cameroun, Histoire et ethnologie d'un royaume africain, Paris, l'Harmattan, 2009, p.261.

est fortement tempérée par une chaîne d'institutions sociopolitiques qui empêchent le roi de verser dans des abus et des excès de pouvoir. Les hommes participent à des segments divers à la vie politique intérieure. Un système judiciaire y est bien établi et fonctionne pour assurer la garantie de la protection des personnes. Une politique étrangère de l'État est faite à la fois de la guerre pour la sécurité physique de l'État ou à la recherche de l'espace vital, puis de recherche de paix par voie diplomatique.

CHAPITRE QUATRIEME

ORGANISATION ÉCONOMIQUE ET SOCIALE DES BAMILÉKÉS AVANT LA COLONISATION

(Par Dr. Fankem/ Dr. Samen)

Introduction

Produire et/pour distribuer ou consommer gouverne l'essentiel de l'activité humaine. C'est ce qu'on appelle en termes beaucoup plus savant l'« économie[63] ». Produire et consommer des richesses semblent inhérents à l'existence même des sociétés humaines, car il y va de leur existence et de leur survie. Mais toutes les sociétés n'ont pas une organisation uniforme de production, de distribution et de consommation de ces richesses. L'efficacité de la production dépend la qualité du système d'organisation économique. C'est dire que les systèmes économiques varient d'un espace territorial à un autre avec des résultats inégalement efficaces. Il en est de même de l'organisation de la société. L'organisation économique et sociale des Bamilékés suscitent très souvent des curiosités. On prête au peuple Bamiléké un sens poussé de l'organisation économique et dit de leur organisation sociale qu'elle est assez originale. E. Mveng observe à ce propos que « on a beaucoup souligné la dissimilitude des Bamiléké dans leur unité réelle cependant...Tout cela rejoint le paradoxe Bamiléké : peuple à la fois démocratique et grégaire ; on le trouve matérialiste et tout chez lui est imprégné de religion[64] ». On trouve d'ailleurs aisément chez eux une forte corrélation entre organisation sociale et dynamisme économique. Le présent chapitre

---

[63] On définit l'économie comme le fait pour les hommes de « *produire pour répondre au besoin de consommer* ».

[64] Mveng Engelbert, Histoire du Cameroun, T1, Yaoundé, CEPER, 1984, p.237

tente d'aller à la découverte de l'organisation économique et sociale de ce peuple à l'époque précoloniale. Il s'intéresse par conséquent à divers aspects de l'économie de la société, notamment les activités ainsi que l'organisation du système de production, l'organisation du circuit de distribution (commerce). Sur le plan social, il s'intéresse à quelques aspects de la vie sociale, notamment la religion, les relations hommes/femmes avant l'arrivée des colons, enfin la symbolique de l'huile de palme qui imprègne tant la tradition et la religion Bamilékés.

Section A. Organisation économique avant la colonisation

On définit très souvent le système économique comme une schématisation d'un ensemble de structures économiques, démographiques, politiques, sociales et techniques, ayant des relations entre elles. Il vise à établir l'équilibre entre les biens et les besoins, entre la production et la consommation. Les moyens pour atteindre cet équilibre varient d'un pays à un autre, d'une société à une autre. L'organisation économique de cette région avant l'arrivée de colons repose sur un ensemble de systèmes de production en rapport avec l'organisation de la société. D'où la corrélation entre système économique et système social. Ce système économique fait ressortir la variété de la production surtout sur les plans agricole, artisanal et de l'élevage, ainsi que le mode d'organisation de la production. Il intègre également l'organisation des techniques et des circuits de distribution qui ont varié avec le temps et dans l'espace.

Par 1. La production économique

Comme un peu partout à l'ère préindustrielle et, pour ce qui est de l'Afrique, avant la colonisation, les systèmes de production dans le plateau Bamiléké reposent sur l'économie rurale. Dans ce type d'économie, la terre est au centre de tous les enjeux, car on attend d'elle qu'elle fournisse une quantité de produits maximale. De ce point de vue, afin d'optimiser la production, il fallait une main d'œuvre abondante, ce d'autant qu'on n'est pas encore à l'air du

133

machinisme agricole. Deux méthodes utilisées par les Bamilékés retiennent notre attention : la constitution par les chefs de famille de leur propre main d'œuvre familiale et l'accompagnement des individus par la communauté.

Dans le contexte précolonial, la première richesse d'un homme était le nombre de ses enfants. Cette richesse était doublée d'un prestige social, adoubé par la plus haute autorité du royaume. En effet, avoir beaucoup de femmes et par conséquent beaucoup d'enfants était un des critères pour que le roi élève un individu à la dignité de notable. Pour le cas d'espèce, lorsqu'un homme venait à se distinguer par le nombre élevé de ses enfants, le roi pouvait l'élever à la dignité de *Wambé*[65] (*Oumbé, Wambo, Wimba, Wutbo,* etc. selon les contrées) qui signifie littéralement « être dans le secret du village ». Cette période coïncide avec l'âge des mercantilistes en Europe qui affirmaient comme Jean Bodin qu'« il n'y a de richesses que d'hommes ». Pour eux, cela revient à dire que la régression de la population serait synonyme de la diminution de la richesse. Dans le pays Bamiléké, cette période où le populationnisme est exalté a certainement des visées économiques, car une main d'œuvre abondante est nécessaire à la production en contexte d'économie rurale. Le système social est alors arrangé de manière à favoriser les unions de mariage. Tout a commencé par l'achat des femmes dans des contrées éloignées pour peupler le royaume, cela se passait dans les premiers moments de la naissance des royaumes. Passé cette étape, d'autres systèmes de facilitation étaient aménagés pour les besoins de la cause, surtout dans un contexte où la polygamie est la règle et la monogamie ou le célibat[66], l'exception. Au rang de ces

---

[65] Dans la plupart de royaumes bamilékés, il s'agit du titre le plus prestigieux pour les notables qui ne sont dotés d'aucune puissance mystique. Au-dessus se trouvent une seule catégorie de notables, les *Meukem* encore appelés *Menkam, Moukam* selon les royaumes. Ceux-ci sont perçus comme de petits rois, et surtout, sont tous dotés d'une puissance mystique.
[66] La société se moquait des monogames qu'elle considérait comme des célibataires. Le célibat était alors reprouvé. Le signe le plus visible de cette réprobation était visible à sa mort. On enterrait le célibataire qui a traversé toute son existence sans enfant avec un caillou dans la pomme de main. Il faut aussi préciser qu'à cette époque il n'était pas tolérable pour un homme ou pour une femme de faire des enfants hors mariage.

facilitations, on peut noter en bonne place *l'échange*[67] *de femmes entre familles (kuap gwo)*, le *paiement échelonné*[68] *de la dot* et la pratique du *lévirat*[69]. Avec une telle organisation de la société, les familles se constituaient une main d'œuvre abondante pour le travail, gage d'une production économique abondante, donc de l'abondance des richesses.

Dans les royaumes Bamilékés précoloniaux, il y avait une sorte de division sexuelle du travail. Alors que les hommes de la haute classe se consacraient à des fonctions politiques, ceux de la basse classe à des travaux manuels divers, les femmes se consacraient essentiellement à l'agriculture. Mais les domaines terriens étaient la propriété des hommes, des chefs de famille qui les faisaient mettre en valeur par les femmes. En général, la participation des hommes aux travaux champêtres se limitait à l'essartage de nouveaux champs qui nécessitaient l'abattage des arbres et des arbustes. Si, pour l'exploitation de ces domaines, il fallait compter parfois sur la force ouvrière infantile familiale, il s'agissait là d'un exploit qui n'était pas à la portée de toutes les familles. C'est en ce moment que les femmes ont imaginé et pratiqué un système tournant d'exploitation collective des champs au profit d'une des leurs. Ce système s'appelle « suk ». Ce système s'organise au sein des associations des femmes. Il s'agit d'une sorte de « tontine de champs ». Les femmes, constituées en groupe, partent travailler au profit d'une des leurs. Ce faisant, en mutualisant leurs forces, la production était conséquente et le rendement élevé. E. Mveng affirme à ce propos que « le Bamiléké est une exception. Il a vite compris l'importance du travail en équipe, du travail qui rapporte, de l'épargne et le rôle

---

[67] Cette méthode consiste pour deux familles qui ont des filles et des garçons se changer de filles pour assurer à chaque fille et chaque fils des unions par le mariage. Dans ce contexte, la famille a donné sa fille en mariage à un garçon de la famille B et vice versa. P. Laburthe Tora et JP Warnier qualifient cet échange direct et symétrique.

[68] Il s'agit de simplifier les choses pour manière à ce que la dot ne soit pas un obstacle à la formation d'une union martiale. La conséquence en est que parfois, c'est après leur mort que les enfants pays la dot de leurs parents.

[69] Pratique de « mariage secondaire » qui consiste pour un homme d'épouser la femme de son frère lorsque ce dernier meurt. C'est aussi une technique de conservation du sang dans la famille.

tout puissant de l'argent [...] [70]». Le métayage[71] a été essayé par endroits sans grand succès et a été abandonné.

Les produits cultivés par les femmes étaient essentiellement les vivres : tubercules, féculents et céréales, tandis que les hommes produisaient du plantain et les noix de cola. Les noix de cola pouvaient être considérées comme une culture de rente parce que sa consommation était essentiellement tournée vers « l'extérieur[72] ». Mais outre cette activité limitée à la production agricole, les hommes s'adonnaient surtout à la cueillette et à la chasse, la cueillette de vin de raphia, du miel, des fruits et des racines sauvages.

Une autre production économique non négligeable est l'artisanat[73] : une sorte de transformation préindustrielle. Avec le bambou, par exemple, une vingtaine d'objets (d'art) pouvaient être fabriqués. La sculpture et le travail du bois fournissaient à la fois objets d'art (piliers des cases traditionnelles, statuettes, masques, tam-tams, sièges, etc.) et outils de travail. E. Mveng observe que « la sculpture Bamiléké est une des plus belles et des plus originales d'Afrique. Ses masques sont justement célèbres. Leur rire inextinguible traduit leur optimisme triomphant[74] » et l'ordre qui règnent dans la culture Bamiléké. Un prestige particulier était voué à la caste de forgerons. En effet, le secret de la forge était réservé à un groupe restreint. Les forgerons ont apporté à la communauté des outils de grandes valeurs qui pouvaient, pour certains, augmenter la production économique : lances, couteaux, houes, fusils de chasse, etc. Enfin, l'artisanat s'est aussi déployé dans la poterie où des objets divers sont fabriqués : pipes, vases, masques, canaris etc. Si une partie de cette production était destinée à la consommation familiale, une autre devait alimenter les circuits de distribution.

---

[70] E. Mveng, op. Cit, p237.

[71] Il ne sera repris avec un peu plus de succès qu'à la période coloniale, hors du terroir bamiléké, notamment dans le Mungo où on parlait de la méthode de *fifty-fifty*.

[72] Il s'agit surtout des territoires qui deviendront plus tard le Nord-Cameroun.

[73] Les techniques utilisées étaient : la technique de la fonte à cire perdue, la pyrogravure et la technique du batich. Pour plus de détails sur ces techniques, lire Lagrave, Histoire du Cameroun, de la préhistoire au 1er janvier 1960, Mulhouse, Arts graphiques, 1961, pp 96-97.

[74] E. Mveng, op. Cit, pp 240-241.

Par 2. Les circuits de consommation et de distribution

Etant donné que la production agricole reposait essentiellement sur les vivres, elle était donc prioritairement destinée à la consommation familiale. La distribution de la production économique reposait avant tout sur une planification rigoureuse de la quantité produite. Il fallait tenir compte des besoins familiaux d'abord, d'où la notion très poussée de *grenier*. Le grenier (*tang, kin*, etc.) est le lieu où est placée la réserve de la production. Il est très souvent situé au plafond des maisons d'habitation et tient lieu également de séchoir pour certains produits comme le maïs ou de la viande fumée. Mais aussi, il est construit comme un magasin indépendant à proximité de la maison d'habitation. Dans tous les cas, ici, c'est sa fonction de planification économique qui nous intéresse. Il est souvent perçu comme la traduction, le symbole de l'esprit d'épargne et de prévoyance chez les Bamilékés. C'est un entrepôt pour garder les réserves pour les périodes de soudure pour la famille, en attendant la prochaine saison de récolte. Une autre partie devait alimenter les circuits de distribution, à travers les différentes formes d'échange.

Deux formes d'échanges ont existé chez les Bamilékés avant l'arrivée des colons : le *troc* et les *échanges monétisés*. Ces différentes formes d'échange ont épousé l'évolution normale des sociétés. Le troc est l'échange des objets en nature, c'est-à-dire échange de marchandises contre marchandises. Dans cet échange n'intervient donc pas la monnaie. Ce type d'échange a prévalu dans la plupart de sociétés primitives à économies fermées[75]. La société Bamiléké n'y a pas échappé. Mais comme on le sait, ce mode d'échange présente beaucoup d'inconvénients[76]. C'est pour cette raison que le système de troc a été abandonné et il y a eu évolution vers la forme d'échange monétisée.

---

[75] Cette forme d'échange connaît souvent des résurgences en périodes de guerre.
[76] On peut en citer au moins trois : le troc n'est possible que si la personne qui veut donner un bien A pour obtenir un bien B, trouve une autre personne disposée le bien B pour obtenir le bien A ; les objets échangés doivent être considérés comme ayant une égale valeur ; il est difficile de déterminer avec précision l'échelle relative des valeurs de pour plusieurs objets.

Ce n'est pas la colonisation qui introduit la monnaie dans la région Bamiléké. Avant l'arrivée des colons, les Bamilékés avaient pour monnaie, le *cauris*[77]. C'est un coquillage blanc qui vient des bords des mers. L'introduction de cette monnaie a favorisé l'économie de marché. Sur le plan interne, chaque royaume, aussi grand ou petit soit-il, avait son marché, généralement situé à proximité des chefferies, en tout cas à la capitale du royaume (*Hiala*) pour des raisons de sécurité. Le marché était périodique et se tenait en un jour appelé « jour de marché ». Dans certains royaumes, entre deux marchés, il y avait un petit marché appelé *kam, kem*. Mais des royaumes vastes comme Bandjoun avaient deux à trois jours de marché sur les huit[78] que compte la semaine.

Section B. Quelques aspects de la vie sociale et religieuse

La vie en société obéit à des codes propres à chaque peuple. Ceux-ci ne sont pas statiques. Ils évoluent et peuvent même subir des influences extérieures. À travers cette section, nous nous intéressons à la vie et à la mort chez les Bamilékés avant les modèles nouveaux apportés par la colonisation. Ainsi, nous examinerons la famille comme lieu où la vie commence, le mariage comme institution privilégiée de perpétuation de la société et la façon de se séparer des morts lorsque la vie a pris fin. Enfin, nous poserons un regard sur une valeur culturelle importante chez les Bamilékés : la religion. Elle au centre de tout, car, comme l'affirme Mveng, chez les Bamilékés, tout est imprégné de religion[79].

---

[77] C'est une monnaie qui a eu cours légal en Afrique de l'Ouest. Les économistes affirment que cette monnaie présentait les caractéristiques indispensables d'une bonne devise : léger, donc facile à transporter, facile à manipuler, non périssable, difficile à contrefaire. Les coquillages pouvaient être entassés dans des paniers et pesés pour déterminer leur valeur.

- 40 cauris faisaient 1 corde
- 50 cordes faisaient 1 tête (2,000 cauris)
- 10 têtes faisaient 1 sac (20,000 cauris)

Pour plus de détails sur ce sujet, voir : https://www.culturesofwestafrica.com/fr/les-cauris/ consulté le 29/07/2020.

[78] Il est bon de noté que contrairement au calendrier grégorien qui est introduit avec la colonisation, le calendrier bamiléké compte huit jours et non sept.

[79] Mveng, op.Cit, p.237.

Par 1. Vie et mort : famille, mariage et cérémonies funéraires

La famille est la cellule de la société au sein de laquelle se réalise l'essentiel des conditionnements socioculturels. Dans le contexte précolonial où l'école formelle comme lieu d'éducation et d'instruction n'est pas encore instituée, c'est la famille qui « transmet aux enfants les traditions culturelles[80] » propres à l'ethnie. Ce n'est peut-être pas l'apanage des seuls Bamilékés, mais cette réalité s'est aussi imposée ici.

Dans la société Bamiléké précoloniale, deux types de famille prédominaient : la famille nucléaire ou élémentaire[81] au cas où le chef de famille est monogame et la famille étendue si le chef de famille est polygame. Dans le premier type, la famille est composée du père, de la mère et des enfants (*germains*) issus de leur union. Dans le second type, on a affaire à un « réseau de consanguins, alliés et descendants ». Ce type prédominait en raison l'esprit de solidarité et d'attachement à l'importance numérique des enfants dans une famille. En raison de cet esprit de solidarité, le phénomène d'adoption d'enfants était courant, l'enfant étant aussi considéré comme un « bien » communautaire.

Laburthe-Tolra et Warnier (1993) ont développé un modèle théorique des pouvoirs d'un Chef de famille qui cadre bien avec la réalité des pouvoirs d'un chef de famille Bamiléké précoloniale. Dans ce modèle, le chef de famille exerce quatre fonctions d'autorité principales à la fois dans les domaines religieux, politique, juridique et économique :

- ⊙ *Il est prêtre du culte domestique, l'intermédiaire entre les ancêtres et les descendants, entre les vivants et certains dieux… ;*
- ⊙ *Il est le mandataire de la communauté domestique dans les relations politiques, auprès du conseil du village ;*
- ⊙ *Il a juridiction à l'intérieur de la famille : donne des ordres, prononce des sanctions, résout les litiges, dirige le travail collectif et décide des mariages;*

---

[80] Laburthe-Tolra et Warnier, op.cit, p.81.
[81] Ce type de famille est aussi appelée famille restreinte ou famille conjugale.

- *Il est l'administrateur du patrimoine de la communauté, dont il doit assurer la conservation et l'accroissement.*

Il est bon de dire que la famille se forme seulement au terme d'une union par le mariage formellement contracté. De ce point de vue, les unions libres sont très mal perçues, voir interdites par la société. Ainsi, le sexe ne se consomme que dans le mariage. Hors mariage, le sexe n'est pas autorisé, il est punissable. Le faire dans la case de son père débouche sur la malédiction. Dans certaines sociétés Bamilékés, les jeunes femmes qui tombaient enceintes avant le mariage étaient punies de peine de mort. La sentence était lourde, elles étaient enterrées vivantes.

Le premier principe organisateur du mariage est d'éviter l'inceste. C'est la raison pour laquelle les familles donneuses de femmes et les familles preneuses de femmes doivent être bien distinctes. La connaissance des deux familles est aussi fondamentale parce qu'il y en a qui portent certaines valeurs dont ne veulent pas d'autres familles. La famille des vampires par exemple ! D'une manière générale, deux formes de mariage avaient cours avant que l'évolution de la société ne fasse disparaitre une des formes : Il s'agit de l'échange direct et symétrique des femmes (*kuap gwo*) et l'alliance asymétrique[82]. Dans ce contexte, le mariage civil n'existe pas et le mariage purement coutumier est empreint de religion, et prend des allures de pacte entre deux familles. La femme se marie une seule fois pour la vie. Cela veut dire que même en cas de divorce ou même de décès du conjoint, la femme reste femme de la famille où elle est allée en mariage. Même en cas de deuxième ou de nième lit, elle ne pourra plus être dotée à nouveau, et lorsque la mort viendra, ses restes retourneront là où elle est allée en mariage pour la première fois. Mais d'une manière générale, le lévirat était pratiqué pour conserver la pureté de sang de la famille.

---

[82] Pour les détails sur ces différents types de mariage, lire Fankem, *Le mariage coutumier chez les Bamiléké, l'exemple des Bandenkop : la mise en exergue de la trajectoire féminine*, in Anthropologie du cycle de vie chez les Bandenkop, actes de conférence, octobre 2017, p 38-41.

La politesse et le respect étaient et sont encore des valeurs importantes en pays Bamiléké. Ce respect n'est pas seulement dû aux autorités, parents et ainés, mais à tout le monde. Pour cette raison, il était rare d'entendre appeler de quelqu'un par son nom de famille, sans y faire une nuance en guise de respect. Soit ce nom est précédé par un préfixe[83] qui symbolise le respect et la politesse, soit il est utilisé le nom (*ndap*) affectif de la personne qui fait l'éloge de cette personne, de sa famille, de ses origines où de toutes autres considérations qui honorent la personne. Appeler quelqu'un par son *ndap* est donc une manière de le louanger, de le complimenter, de flatter son égo. Appeler une personne par son *ndap* crée des conditions de courtoisie dans les conversations. La société Bangangté et toute la communauté linguistique de *Medieumba* à laquelle elle appartient met un accent tout particulier dans l'usage du *ndap*. T. Tchatchoua qui a consacré tout un chapitre de son ouvrage[84] au *ndap* estime que celui-ci constitue « un véritable monument, la marque essentielle de leur identité culturelle et de leur passé commun[85] ». Ayant étudié son usage fonctionnel, il dégage que le *ndap* peut s'utiliser comme nom, prénom et titre de noblesse. Tchatchoua dresse aussi une typologie[86] qui permet de comprendre comment se forme le *ndap*, dans et au-delà de Bangangté. De ce point de vue, il dégage cinq catégories de *ndap* :

- *Les ndap omnibus (dont la fonction est d'agrémenter les contacts)*
- *Les ndap liés à certains patronymes*
- *Les ndap des naissances particulières*
- *Les ndap des titres de noblesse*
- *Les ndap de lignage*

Ainsi va la considération due à la personne humaine jusqu'à sa mort, quelle que soient ses origines et sa condition sociale. Et même

---

[83] On dira par Za', Mouo, etc. avant e nom si c'est un aîné, Mbah, Ta'h, etc. avant le nom si c'est un papa que l'on veut appeler, Ma'a, Mo'o etc. si c'est une maman que l'on veut appeler.
[84] Tchatchoua Thomas, les Bangangté de l'Ouest-Cameroun, Histoire et ethnologie d'un royaume africain, Paris, l'Harmattan, 2009. Au sujet du Ndap, on peut lire le chapitre 6, pp 149-168.
[85] Tchatchoua, op.Cit, p149.
[86] Ibid, p 152.

une fois morte, la société a développé des manières particulières de l'honorer.

Un coup d'œil sur la cosmogonie prévalente au royaume Bahouoc Nfeuntcheumtchou, par exemple, et retransmise d'une génération à une autre depuis des siècles porte sur les « Ndaps ». À titre d'exemple, au regard de l'importance de la matrilinéarité dans la tradition Bahouoc, toutes les filles du royaume Bahouoc sont appelées « Ngontchou » (fille de la guerre), en hommage aux multiples rôles que les filles Bahouoc ont joué dans les nombreux conflits avec les contrées environnantes pour les conquêtes et contrôles des espaces de pouvoirs et de territoires environnants. De même, tous les enfants garçons des filles Bahouocs Nfeuntcheumtchou sont dénommées « Tangueun Bet ». Il suffit, n'importe où dans le royaume Bahouoc Nfeuntcheumtchou de dire qu'on est Tangueun Bet pour retracer les origines de sa mère à Bahouoc Nfeuntcheumtchou. Les filles des Ngontchou Nfeuntcheumtchou sont toutes dénommées « Miteuk Nya». Tout comme leurs mères, Ngontchou (fille de la guerre, les Tanguen Bet sont également des enfants de la guerre et se dénomment en outre « Nfeuntcheumtchou » (chef/ champion de combat corps à corps dans les guerres) pour leurs ndaps, tout cela traduisant le fait que les filles Bahouoc Nfeuntcheumtcho (Ngontchou) et leurs enfants (Tanguen Bet) excellaient dans les nombreux conflits avec les contrées environnantes.

Le tableau récapitulatif des « Ndap » distinctif en fonction de l'origine au sein du royaume Bahouoc (Chapitre Premier, par 2- Bahouoc Nfeuntcheumtcho, Bahouoc NfeuNgahvah, et Bahouoc NfeunHag) apporte les nuances supplémentaires des Ndaps en fonction de l'origine de la mère. Il apparait de ce tableau que si la mère était Bahouoc NfeunHag, le Ndap du garçon serait Tandua et le Ndap de la fille serait Kenga. Si la fille était Bahouoc NfeunNgaVah le Ndap du garçon serait Talamjo, et le Ndap de la fille serait Manje'Ntsha'.

Quand survient la mort, deux périodes de cérémonies funéraires sont à distinguer. D'abord autour de l'enterrement, puis autour des funérailles[87]. Pour ce qui est de l'enterrement, lorsqu'il s'agit du roi, sa mort[88] n'est annoncée qu'après son enterrement qui se fait dans la plus grande discrétion par le cercle des notables du clan des « neuf », quelquefois appuyés d'autres notables du même clan du (ou des) royaume(s) voisin(s). Il en est presque de même pour les neuf notables et d'autres notables dotés de pouvoirs mystiques. Ils sont enterrés par leurs pairs, dans le plus grand secret, loin du regard familial et du public. Pour les autres catégories de personnes, l'enterrement ne requiert pas de cérémonies ou de rites particuliers.

Pour ce qui est des funérailles, elles s'appliquent à tout être humain qui est né vivant[89]. La cosmogonie Bamiléké croit en un retournement à la vie après la mort, et cela passe par les funérailles. C'est pour cette raison que le mort-né n'a pas droit aux funérailles. Un ensemble d'opérations rituelles formalisées constituent les funérailles. Au nombre de celles-ci, il y a la danse. On tape le tamtam. Les membres de la famille, les amis et tous ceux qui le désirent dansent. Pendant la danse, des coups de fusils sont tirés. Du point de vue anthropologique, ces coups de fusils sont supposés « tuer la mort dans le mort », le successeur du disparu est présenté au public et à la tristesse qui marque les débuts des funérailles succède la joie. On danse, on boit, on mange. Désormais, le successeur prend le nom du ou de la disparu(e). Il prend ses lieux et places dans la société traditionnelle. Le crâne du disparu est exhumé, de préférence avant les funérailles, ramené et enterré à la maison. Désormais par l'entremise du successeur, on pourra s'adresser au crâne du disparu ainsi retourné à la vie, lui donner à manger. Le décor des funérailles est celui des fêtes. La place funérailles est parée du tissu bicolore bleu-blanc de *ndop*, aux motifs

---

[87] Dans la cosmogonie bamiléké, ce mot a une signification particulière. Il désigne l'ensemble de rites faits pour le retournement du mort à la vie.

[88] Chez les Bamilékés, on ne dit pas qu'un Roi est mort. On dit qu'il a disparu, ou que son palais a pris feu.

[89] On ne fait pas les funérailles des mort-nés.

décoratifs multiples. C'est de l'étoffe des grands jours. Les plus proches du défunt dont on fait les funérailles tiennent des queues de cheval, symboles de la victoire de la vie sur la mort, ou arborent des objets qui traduisent leurs liens particuliers avec le disparu. Ne pas faire les funérailles d'un disparu, c'est le maintenir éternellement dans la mort ; ce qui équivaut peut-être pour les religions révélées à une damnation éternelle.

Par 2. La vie religieuse : l'adoration, la vénération des crânes et des ancêtres

Chez les Bamilékés, la vie continue après la vie. Et comme le dit Birago Diop (1960) dans son célèbre poème « Le souffle des ancêtres » les morts ne sont pas morts.,

« Les Morts ne sont pas morts
Les Morts ne sont pas morts
Écoute plus souvent
Les Choses que les Êtres
La Voix du Feu s'entend,
Entends la Voix de l'Eau.
Écoute dans le Vent
Le Buisson en sanglots :
C'est le Souffle des ancêtres.
Ceux qui sont morts ne sont jamais partis :
Ils sont dans l'Ombre qui s'éclaire
Et dans l'ombre qui s'épaissit.
Les Morts ne sont pas sous la Terre :
Ils sont dans l'Arbre qui frémit,
Ils sont dans le Bois qui gémit,
Ils sont dans l'Eau qui coule,
Ils sont dans l'Eau qui dort,
Ils sont dans la Case, ils sont dans la Foule :
Les Morts ne sont pas morts. »

Avant l'arrivée des colons, il s'est développé chez les Bamilékés une solide religion ancestrale, bien que n'ayant pas de texte de référence pouvant servir à l'apologétique[90]. Elle présente des similitudes avec les religions révélées, notamment le judaïsme et le christianisme. Leurs points communs auraient pour fondement historique la coexistence des Juifs et des Bamilékés à l'antiquité égyptienne. Elle constitue d'ailleurs le fondement même de la civilisation Bamiléké, car comme l'affirme Engelbert Mveng, tout chez eux est imprégné de religion. Ils sont donc profondément croyants et manifestent dans leurs actes quotidiens des signes de la crainte de Dieu. À la période précoloniale donc, il est encore bien possible de tracer un vrai contour entre religion, identité et territoire.

Les Bamilékés sont monothéistes. Ils professent un Dieu unique, omniscient, omnipotent et omniprésent appelé *Si, Sie, Sa, Dem, etc.* Son nom est invoqué en presque toutes circonstances. Dans la religion Bamiléké, le culte ne se fait pas avec la « communauté des fidèles ». Chaque famille a ses sanctuaires d'adoration appelés *Dié sie*[91] ; ce qui signifie « maison de Dieu ». Très souvent, ce sanctuaire est un arbre ou un rocher à proximité d'un cours d'eau. C'est un lieu d'adoration et d'offrande à Dieu pour solliciter auprès de lui protection, bonheur, santé et prospérité. C'est aussi un lieu d'expiation par le lavage du corps (surtout au pied du rocher à proximité d'un cours d'eau).

Mais le royaume a aussi ses sanctuaires qui se placent hiérarchiquement au-dessus des sanctuaires familiaux. Si l'on emprunte à l'organisation catholique, on dirait qu'il s'agit d'une sorte de cathédrale qui transcende les sanctuaires familiaux. Dans ces sanctuaires sont données des offrandes par des personnes qui viennent des royaumes voisins. C'est là que le roi officie comme le grand prêtre, parce que c'est à lui d'ordonner des séances de

---

[90] L'apologétique est la défense de la doctrine. La bible et le coran sont à la base de cette doctrine dans les religions révélées.

[91] L'appellation varie d'une communauté linguistique bamiléké à une autre. Beaucoup d'analystes peu avisé confondent maison de Dieu et Dieu. Ils ne comprennent pas que le fait d'appeler ces maisons de Dieu, Dieu n'est qu'une métonymie ou une synecdoque.

purification dans ces lieux sacrés à toute sa population. Dans ce cas, les officiants principaux sont les devins (*Kam'si* ou *Magni'si*) assistés de diacres (*Kemgouè*).

En revanche, les sacrificateurs, les ministres de culte des lieux sacrés de familles sont les chefs de famille. Mais les *Kam'si* ou *Magni'si* sont aussi compétents pour officier à la place des chefs de famille, si ceux-ci ne se rendent pas disponibles. Dans les sanctuaires familiaux ou les sanctuaires du royaume, les devins ont ce privilège exceptionnel d'entrer en communication avec l'au-delà, de prophétiser, de voir ce que le commun des mortels ne peut voir.

Les offrandes à Dieu ne se font pas n'importe quels jours de la semaine, sauf s'il faut faire des supplications en lui offrant le jujube en attendant qu'arrive le jour indiqué. Ces offrandes sont constituées de farine de maïs et/ ou du pistaches cuites, de la viande de chèvre ou de coq, le tout mélangé dans de l'huile rouge et du sel, de poussins vivants qui sont offerts en sacrifice. Mais des offrandes en sacrifices et libations à titre symbolique sont aussi faites couramment lors des repas. Il suffit de laisser tomber quelques miettes au sol, ou de verser quelques gouttes de vin, en disant : « Seigneur, prend ta part. Chaque fois que tu donnes à manger, penses aussi à donner ceux qui vont le manger ». Cela traduit l'attachement du Bamiléké non seulement au matériel, mais aussi à l'être humain qui, même mort, mérite toujours la considération des vivants, car, ici, les morts ne sont pas morts.

En effet, le Bamiléké ne rompt pas avec ses ancêtres décédés. Il a la ferme conviction que la mort ne coupe pas les relations entre les ancêtres et les vivants. Il considère que les ancêtres sont même plus proches de Dieu et, pour cette raison, peuvent mieux poser ses requêtes au Tout-puissant. Il vénère donc ses ancêtres. Il le fait par la vénération de leurs reliques, notamment les crânes. Certains parlent de culte des crânes[92]. Le symbolisme du crâne, cage de l'âme, est que celui-ci est au sommet du squelette et est considéré comme

---

[92] Cette pratique n'est pas propre aux Bamilékés. Certains peuples de Palestine, de l'Irak, du Nigeria et du Vietnam pratiquent aussi le culte aux crânes.

impérissable. C'est le symbole de l'immortalité de l'âme. Les crânes exhumés des ancêtres sont ramenés à la maison, parfois ensevelis sous le lit, ou alors enterrés dans la case du Chef de famille. L'élément le plus banal de la vénération est le feu. Non seulement le crâne ne doit pas être exposé à la pluie, mais ceux qui en sont responsables, c'est-à-dire les successeurs, ont la responsabilité d'allumer le feu pour réchauffer la pièce dans laquelle ces crânes sont placés. Il est fait à ces crânes les mêmes sacrifices et libations que dans les sanctuaires d'adoration de famille, mais pas avec la même considération due et rendue à Dieu. En réalité, aux lieux sacrés, les sacrificateurs parlent avec plus de déférence. Ces sacrifices et libations sont offerts soit pour remercier les ancêtres et à travers eux, le Dieu, pour les remercier pour une faveur obtenue, soit pour demander des faveurs[93] (protection, santé, travail, réussite, etc.). Parmi les éléments qui font partie du sacrifice, l'huile rouge retient l'attention.

L'huile rouge joue un rôle particulièrement important dans la religion et la tradition Bamiléké. Elle est utilisée en plusieurs circonstances : bénédiction d'une fille qui va en mariage, onctions diverses, mais surtout complément à l'essentiel de la composition des offrandes à offrir en sacrifice à Dieu. L'huile de palme, dans la tradition et la religion ancestrale Bamiléké, est réputée d'être à même d'attirer des bénédictions. C'est donc une huile spirituelle au même titre que l'huile d'olive dans certains milieux chrétiens, l'huile de tournesol et l'huile d'arachide dans d'autres civilisations.

Comme le démontre très bien le sociologue Serge Zelezeck, dans un post Facebook publié pour la première fois le 23 avril 2016 sur le Forum Facebook Culture et Tradition Bamiléké et repris sur d'autres fora et notamment le forum Facebook Société Bamiléké, comme socle des valeurs ci-dessus développées, trois autres valeurs traditionnelles cardinales sont extrêmement importantes et expliquent en grande partie la vie et le succès relatif des Bamilékés.

---

[93] Extrait de l'interview de prêtre Jésuite Ludovic Lado in La *croix Africa*, du 31 octobre 2019.

Ces trois valeurs sont : (1) La méritocratie ; (2) l'entraide ; (3) la révérence.

S'agissant de la valeur de la méritocratie, Serge Zelezeck, dans ce post Facebook, note que « le modèle de méritocratie Bamiléké se rapporte aux valeurs de travail, de persévérance, de goût de l'épargne, de la prise d'initiatives indépendantes, de quête d'excellence et de soif insatiable de toujours monter dans la hiérarchie sociale qui caractérisent l'Humain Bamiléké. Elle se rapporte aussi à un modèle de société où il est admis et accepté que toute personne quel qu'en soit son statut social initial peut, au travers de son sens de l'initiative et à la force de son travail, se hisser aux sommets de la société et être reconnue, célébrée et donnée en exemple aux autres. Il s'agit donc d'une société qui valorise et célèbre toutes les réalisations et réussites de tous ses membres sans exceptions. »

En ce qui concerne la valeur de l'entraide, Serge Zelezeck écrit dans le même Facebook post que « L'entraide Bamiléké se rapporte aux valeurs de solidarité, de compassion et d'envie de se mettre en groupe (tontines, sociétés de classe d'âge (menzons en Yemba), sociétés coutumières etc.). Il s'agit d'entraide et non d'assistanat car il n'y a pas d'un côté des « donateurs » et de l'autre des « receveurs ». On s'entraide ! Il y a donc réciprocité dans l'aide. Entre amis, la logique est : je t'aide pour l'organisation de tes funérailles étant entendu que demain tu m'aideras pour les miens. *L'entraide Bamiléké est à l'image d'une tontine* disait le Jean Louis Dongmo. En direction de quelqu'un qui est nécessiteux, la logique vise à rapidement le rendre indépendant afin qu'il puisse à son tour être en position d'aider d'autres ou celui qui l'a aidé hier. La phrase-clé dans les milieux Bamilékés à ce sujet est « donner le capital » ce qui veut dire faire cette unique action qui permette à celui qu'on aide de voler de ces propres ailes. « Donner le capital » est donc l'équivalent de la sagesse chinois « La meilleur façon d'aider quelqu'un c'est de lui apprendre à pécher plutôt que lui donner du poisson ».

Quant à la valeur de révérence, Serge Zelezeck clarifie que «
La révérence Bamiléké se rapporte aux valeurs de respect,
d'obéissance voire (péjorativement) de soumission aux institutions
légitimement consacrées : La divinité, les lieux et objets sacrés, les
Ancêtres, le Fo'o (chef/ Roi) les notables, les vieux, nos parents, les
ainés, les règles et normes établies dans la communauté, etc. La
révérence Bamiléké se rapporte aussi à l'autodiscipline c'est-à-dire
le respect de soi-même. Mener une vie bien rangée, harmonieuse,
humble et souvent discrète voilà quelques aspects généralement
observés chez des notables et néo-notables Bamiléké de cette
révérence vis-à-vis de sa propre personne.

En plus de ces trois valeurs traditionnelles sacrées et
fondamentales dans la culture Bamiléké, l'honnêteté et le respect de
la parole donnée sont extrêmement importants.

Vu dans une perspective d'appropriation de moyens de
production, et pour beaucoup de sociologues, la société Bamiléké
repose également sur un subtil dosage et parfaite combinaison entre
le collectivisme et l'individualisme. Serge Zelezeck indique que «
<u>L'individualisme Bamiléké signifiait que l'individu est responsable
de lui-même, personne ne lui doit rien</u>. Il a des devoirs vis-à-vis de
la famille et du village mais presque rien qu'il peut demander de
droit. Chacun, semble-t-il, devait donc se faire lui-même, par ses
propres efforts. Même les successions n'allaient généralement qu'à
ceux s'étant déjà prouver eux-mêmes. Il y'avait donc une
stigmatisation à outrance de la médiocrité et de la paresse ».

En ce qui concerne le collectivisme Bamiléké, Serge Zelezeck
poursuit que ce collectivisme « était à l'image d'une tontine : chacun
ne reçoit de droit que proportionnellement à ce qu'il a cotisé. La
forme d'aide légitime qu'on donnait à un frère ou un fils consistait
à lui donner un petit capital afin de lui donner une opportunité de
'voler de ses propres ailes'. Après deux ou trois dons de capital, si
le bénéficiaire était toujours sans succès, celui-ci était tout
simplement catégorisé comme 'voyou', (« c'est un vaurien » entend-
on souvent) stigmatisé et souvent marginalisé. Certaines sociétés

ont eu comme héro des Samouraï (Japon) ; des chevaliers (Europe), des Sages/Guru (Inde), Prêtre/Scribe (Egypte pharaonique) etc. Le héros de la société Bamiléké était celui que le chercheur Jean-Pierre Warnier appelle 'tirelire vitale' : notables héréditaires et notables au mérite. La caractéristique première de ce héro était qu'il 'accumule', 'épargne', 'économise', 'retient' tout (biens, argent, femmes, enfants etc.) comme une tirelire et ne dépense qu'avec parcimonie. Comme quoi ce qui entre ne doit pas sortir facilement. L'anti-héros, le vilain, le voyou, est celui qui 'dilapide' »

Conclusion

Chaque communauté humaine se préoccupe de son bien-être et de la perpétuation de son espèce, non seulement en quantité, mais aussi en qualité. C'est ce que semble nous démontrer très clairement cette étude sur l'organisation économique et sociale des Bamilékés avant l'influence de la civilisation étrangère qu'apporte la colonisation. L'organisation économique, sous-tendue par l'organisation sociale, a une forte incidence sur la production et la consommation. Non seulement la main d'œuvre est suffisamment sécrétée par une politique nataliste, mais aussi la forte demande en consommation d'une population sans cesse croissante stimule la croissance de la production. Dans la foulée, une évolution dans les échanges s'observe avec le passage du troc à une économie monétisée. La préoccupation d'une harmonie au sein de la société est aussi observée. Non seulement la société est organisée de manière que les disparités sur le plan matériel ne soient pas un obstacle à la constitution des familles, mais aussi des formules de politesse et de respect créent une atmosphère de détente et du vivre-ensemble qui se développent. Très peu de place est laissée à des situations de défiance entre individus ou entre classes sociales. Même si la société a ses tares, l'homme y prend conscience de sa dimension de l'infiniment petit par rapport à l'infiniment grand qu'est le Dieu.

C'est ce qui explique une obsession à l'attachement à lui, parfois en sollicitant même le concours des ancêtres qui les ont précédés dans l'au-delà.

CHAPITRE CINQUIEME

LA VIE EN PAYS BAMILÉKÉ DURANT LA PÉRIODE COLONIALE ET LE CHOC DE LA COLONISATION

(Par Dr. Fankem)

Introduction

L'ère coloniale au Cameroun commence officiellement en 1884 avec la signature du traité germano-Douala. Mais l'administration coloniale ne s'établit effectivement et définitivement dans chaque partie du pays qu'après des conquêtes militaires et des pacifications d'éventuelles résistances à la colonisation. Pour ce qui est du plateau bamiléké, le contact colonial avec l'Allemagne ne commence qu'en 1890. L'administration allemande n'a à peine commencé à se consolider que les Allemands, vaincus à la première guerre mondiale, quittent le Cameroun, soit 26 ans seulement de présence dans la région bamiléké. Les nouveaux maîtres qui les ont chassés, notamment les Français, pour ce qui est du plateau bamiléké, prennent possession du territoire pour poursuivre l'œuvre coloniale jusqu'en 1960, date d'accession du Cameroun à l'indépendance. Ils auront donc passé au total 44 ans sur le sol camerounais, soit presque le double du temps mis par les Allemands. Durant toute cette période, les Camerounais en général et les Bamilékés en particulier vont expérimenter un mode de vie différent, une administration différente, bref, une civilisation nouvelle. Les colons se disaient d'ailleurs en « mission civilisatrice ». Il y aura ce que Samuel Huntington appelle « choc des civilisations[94] ». Pas seulement la civilisation des nouveaux arrivants, car avec la colonisation, les routes s'ouvrent, les sociétés éclatent et vont à la

---

[94] C'est le titre qu'il a conféré à un ouvrage paru en 1996 et traduit en 1997 en Français.

rencontre les unes des autres. Cette rencontre de civilisation offre un champ d'observation du changement social[95], car il y aura forcément des changements « *de* » la structure de la société, ou des changements « *dans* » la structure de la société. L'original, l'authentique tend à disparaître au profit de l'hybride ou du nouveau, le traditionnel au profit du moderne. Brassage, coexistence, juxtaposition des cultures vont s'observer. Mais que ce soit sous *l'imperium* allemand ou français, le mobile colonial étant le même, tout ce qui se faisait, les impérialistes veillaient à ce que ce soit d'abord pour le profit du colon. S'observe alors comme un viol de l'identité du colonisé (Bamiléké) dans la nouvelle politique qui s'introduit à travers la nouvelle administration qui se met en place, l'éducation qu'apporte la colonisation, la religion nouvelle et même le système de sécurité dont est porteuse la colonisation.

Section A. Le Bamiléké et le système colonial au Cameroun

L'administration se caractérise par un maillage territorial des services dans différents secteurs de la vie publique. Elle se construit et se met en place en fonction de l'action publique à mener, des objectifs à atteindre par le politique. Si, par principe, l'administration fonctionne par des contraintes, celle coloniale a la particularité d'être en plus oppressive. Cette oppression peut faire l'objet de politique publique en fonction des problèmes à régler. C'est ce que l'on peut constater avec le traitement des bamilékés par les autorités coloniales.

Par 1. Le Bamiléké dans la psychologie du commandement colonial

C'est un secret de polichinelle que de dire que la conquête et l'administration des populations dans le contexte de l'impérialisme au 19ème siècle relevait de l'aventure. Bien évidemment, l'entreprise coloniale était motivée par des nécessités vitales pour le vieux

---

[95] Béraud Céline et Coulmont Baptiste, *les courants contemporains de sociologie*, Paris, PUF, 2008, p136.

continent qui faisait face aux revers des progrès de la science et de la technique du 19ème siècle. Les colons étaient certes confiants en une supériorité que leur conférait le progrès de leur civilisation matérielle, mais c'était sans compter parfois avec la détermination des peuples à dominer de préserver leur indépendance. L'angle anthropologique de la colonisation permet de garder à l'esprit que ce phénomène était aussi et avant tout une affaire de contacts et de conflits culturels entre des entités humaines aux intentions et aux intérêts très différents. Conscients de ces enjeux, les colons vont s'efforcer à comprendre au préalable ceux à qui ils devaient imposer leur volonté, leur vision du monde.

En effet, à l'époque de l'administration allemande qui va de 1884 à 1916, des chercheurs allemands ont mené des études dans ce sens qu'ils ont consignées au bureau des affaires politiques du ministère des colonies. À l'époque de l'administration française, Dugast va se faire le maître d'œuvre du prolongement et de l'approfondissement de cette étude ethnique à partir de 1935. L'essentiel des travaux menés sera publié dans le « bulletin de la Société d'études camerounaises » qui devient plus tard « Etudes camerounaises ». Il faut dire que la démarche de Dugast était motivée par un acte administratif du gouverneur colonial Repiquet qui avait décidé, le 8 juillet 1935, de procéder à « l'immatriculation ethnique[96] » de la société camerounaise. L'opération consistait en une socioanalyse « scientifique » des différentes ethnies du Cameroun. Au terme de l'analyse, et pour des besoins qui pourraient guider l'action coloniale, Chauleur a procédé à une caractérisation « physique » et « psychique » des différents groupes ethniques du pays. Les résultats de telles études étaient tout indiqués pour être mis au service de la psychologie du commandement et de l'administration du territoire en général. À titre d'exemples, les « étiquettes » suivantes issues des analyses menées ont été collées aux groupes ci-après[97] :

---

[96] Luc Sindjoun, « *la politique d'affection en Afrique Noire : société de parenté, société d'État et libéralisation politique au Cameroun* », Université de Yaoundé II, GRAPS, 1998, P.5.
[97] Ibidem.

- « *Les Douala : ils sont de taille moyenne, de couleur foncée, d'une résistance physique très limitée. Ils sont intelligents ;*
- *Les Bassas : ils sont robustes et de taille moyenne. Ils ont le nez épaté, les lèvres fortes. Leur caractère est doux mais obstiné ;*
- *Les Ngoumba et les Mabéa sont une race débile et chétive...ils sont assez intelligents, mais de tempérament très frondeur ;*
- *Les Mandara sont de taille moyenne, de teint foncé. Ils sont intelligents, rusés, menteurs et voleurs*
- **Le Bamiléké est chicaneur, retors, madré et thésauriseur...Sa race forme un bloc aussi impénétrable que ses montagnes**[98].
- *Les Babouté sont en général vigoureux, sains de corps, d'aspect robuste, de taille moyenne. D'intelligence ordinaire, ils sont d'esprit indépendant et cependant discipliné »*.

La caractérisation faite sur les aspects notamment psychiques des différents groupes ethniques présentés ci-dessus n'est toujours pas élogieuse pour les différents groupes de populations camerounaises étudiées. Mais il nous importe de nous attarder davantage sur l'étude des groupes qui nous intéressent dans ce travail, car on y trouve des embryons des éléments[99] de construction sociale que des personnes comme que le lieutenant-colonel Jean Lamberton va mieux théoriser quelques années plus tard en qualifiant le Bamiléké de « caillou dans la chaussure du Cameroun ».

---

[98] C'est nous qui soulignons pour des raisons évidentes de cette étude.
[99] Il s'agit des adjectifs attribués pour construire l'identité du groupe. Le dictionnaire français *Le petit Robert* clarifie les qualificatifs caractériels utilisés pour désigner les Bamiléké de la manière suivante :
Chicaneur : plaideur, procédurier, pointilleux, vétilleux,
Retors : plein de ruse, artificieux, malin,
Madré : qui est rusé, futé,
Thésauriseur : personne qui capitalise, économise, entasse de l'argent sans le faire circuler. Personne qui entasse de manière à se constituer un trésor.

155

Par 2. Les Bamilékés « concurrents et rivaux » des colons : la mise en évidence de la théorie girardienne du « désir mimétique »

Aristote affirmait que « L'homme diffère des autres animaux en ce qu'il est le plus apte à l'imitation ». L'historien, psychologue et anthropologue René Girad partira de ce constat pour fonder la théorie du « désir mimétique[100] ». Cette théorie cadre bien avec certaines réalités que l'on va observer dans les rapports des Français avec les Bamiléké durant la période d'occupation coloniale, Français et Bamiléké vont se comporter comme des « jumeaux violents inséparables[101] », du moins sur le terrain économique ; ce qui, plus tard, n'ira pas sans répercussion sur le plan politique. Dans ce contexte, le jeu politique ne sera lui-même que la continuation de ce que Lénine appelle le jeu de « lutte pour le territoire économique ».

Le désir mimétique repose sur le postulat suivant lequel « L'homme désire toujours selon le désir de l'Autre ». Or, Girard fait observer que les objets susceptibles d'être désirés « ensemble » sont de deux sortes : d'un côté les objets qui se laissent partager et, de l'autre, ceux qui ne se laissent pas partager parce qu'on y est trop attaché. Si, pour les individus, la carrière professionnelle ou l'amour rentre dans cette catégorie des objets que l'on n'aimerait pas partager, dans le contexte colonial, ces objets que les colons n'aimeraient pas partager, ce sont bien les richesses dont regorgent les colonies si tant est vrai que le premier mobile de l'impérialisme est économique.

La lecture des douze commandements[102] coloniaux nous édifie à ce sujet. Il y est précisé en leur article 3 qu'il faut « éviter de

---

[100] Chapitre 4 : « Du désir mimétique au double monstrueux » *de l'ouvrage La Violence et le Sacré, Paris, Hachette, 1972* .
[101] Simon de Keukelaere, in présentation de la théorie de René Girard, p. 4.http://www.rene-girard.fr/secure/zc/57/2071, consulté le 30/11/2014
[102] https://ne-np.facebook.com/permalink.php?story_fbid=220025023558365&id=100541358840066
Les 12 commandements de la colonisation française est un document extrait des archives de la sous-préfecture de Kélo, dans le Tandjilé au Tchad. Il a été publié dans le N°56 du journal Tchadien Le Temps, édition du 8 au 14 Janvier, 1997, page 7.

favoriser une économie progressiste en contradiction avec nos objectifs qui sont notre présence et notre prédominance dans tous les domaines [103]». L'article 4 affirmait, quant à lui, qu'il faut « tout faire pour qu'ils (les colonisés) ne s'enrichissent pas ». Or les terrains de compétition où on va retrouver les deux acteurs-protagonistes vont être nombreux, notamment dans les différentes sphères du domaine économique. La convergence de deux désirs, ceux des colons et ceux des Camerounais sur des objets au partage non souhaitable (richesses nationales que le colon voudrait confisquer à lui tout seul) fait que le modèle, c'est-à-dire le colon et son imitateur, le Bamiléké, ne peuvent plus partager le même désir sans devenir l'un pour l'autre un obstacle dont l'interférence, loin de mettre fin à l'imitation, la redouble et la rend réciproque. C'est ce que Girard appelle « la rivalité mimétique, étrange processus de 'feedback positif' qui sécrète en grandes quantités la jalousie, l'envie et la haine[104] ». Les rapports entre les deux communautés vont prendre l'allure d'un cercle vicieux en ce sens que le mimétisme engendre la rivalité, mais en retour la rivalité renforce le mimétisme. En fait, le contournement des mesures par lesquelles les colons voudraient tenir les Camerounais à l'écart de la mise en valeur et de l'exploitation des richesses camerounaises et l'imitation par les Camerounais des modèles qui font le succès des colons prennent des allures d'une tragédie et d'une comédie dont l'issue, redoutée, ne peut être que la violence par laquelle le modèle va viser à éteindre l'imitateur, seul moyen de le mettre à l'écart afin de jouir tout seul de l'objet tant désiré. Cette situation de rivalité quasi conflictuelle, en tout cas empreinte de tension, va s'observer surtout dans l'exploitation semi-industrielle et agricole au Cameroun.

Dans le domaine commercial et semi-industriel, l'ambition monopolisatrice française est mise à mal par les Bamilékés. La stabilité politique du Cameroun, avant 1955, et la solidité des structures économiques de ce pays avaient fait du Cameroun une

---

[103] Mingar Monodji Fidel, in Actualité et débats, le 25 mars 2011
[104] ibidem

terre où l'investissement serait rentable. Cette perspective d'investissement au Cameroun était d'autant plus heureuse que les Français venaient de connaître un échec dans leur colonie d'Indochine. « Avec ses multiples ressources, le Cameroun inspire confiance ; il devient même terre de refuge pour les capitaux disponibles[105] ». Capitaux publics, le Fonds d'Investissement pour le Développement Economique et Social[106] (FIDES), et capitaux privés des colons vont affluer vers le Cameroun[107]. Mais des stratégies étaient étudiées pour faire en sorte que ces capitaux restent entre les mains des seuls colons. L'Association des colons du Cameroun (ASCOCAM) était l'un des laboratoires où de telles orientations stratégiques se décidaient. L'une des stratégies mises sur pied était le verrouillage de l'accès au crédit. C'est cette méthode qu'appliquent les banques en filtrant rigoureusement sur la base colonisateur/colonisé les demandes de crédit introduites auprès d'elles par les différentes communautés vivant sur le sol camerounais. Cette mainmise quasi exclusive des colons européens sur les capitaux leur a permis d'investir et de chercher à se faire maîtres incontestés dans le secteur du commerce et de l'industrie. Le volet économique de la colonisation prenait par cette action toute son essence. Mais les Bamiléké réussiront à briser le fil d'Ariane comme le précise R. Joseph:

> *Seuls dans la population camerounaise les Bamiléké progressèrent considérablement dans le domaine commercial malgré ces innombrables difficultés. Il y avait à cela de nombreuses raisons, et avant tout leur dynamisme économique et leur méthodes très développées de mise en commun des ressources financières qui leur permettait de mettre leurs entreprises à*

---

[105] A. Laurence, Revue de la porte Oceana, p.10.
[106] Ces fonds publics se convertissaient facilement en fonds privés par l'entremise des marchés artificiels que les Colons gagnaient facilement et réinvestissaient dans d'autres secteurs d'activités.
[107] Richard Joseph indique que ces fonds privés montèrent au Cameroun de 4730 millions de FCFA de 1947 à 1952 contre 11841millions pour toute l'AOF à la même période, soit trois fois le total du Cameroun pour une population cinq fois plus nombreuse.

> *l'abri de la politique discriminatoire des banques et autres organismes de crédit du Cameroun[108].*

Comme on pouvait s'y attendre, ces mesures de contournement inspirées du savoir-faire local n'étaient pas du goût des colons et notamment des colons Français qui vont multiplier des blocages contre les Bamiléké, désormais ciblés comme rivaux, en faisant venir à leur secours à eux et en mettant à contribution de nombreux autres Européens, mais aussi des Libanais ou des Grecs pour faire la concurrence aux Bamilékés avec pour finalité d'anéantir leur esprit mimétique. De telles mesures participent de la construction de la dialectique Ami/Ennemi chère à Carl Schmitt, en somme une fabrication de l'ennemi dans ce contexte de guerre économique à peine voilée, qui s'accentue avec la crise économique des années 1930 dans le monde capitaliste en général et en Europe en particulier. En effet, dans ce mouvement dialectique, Schmitt considère que, pour exister, une entité politique doit se doter d'un ennemi et le combattre. Conformément à l'esprit de Girad, le rival/ennemi s'est désigné de lui-même en imitant le modèle, et parfois en trouvant des stratégies pour faire mieux que le modèle[109]. Dans la typologie de l'ennemi figure le rival[110] pour lequel on est généralement peu tolérant. Ressentiment et diabolisation ne tardent pas à s'inviter dans les relations avec « l'ennemi » dans ce contexte, dès lors que l'« affront bamiléké » « confirme » les études

---

[108] Richard Joseph, Le mouvement nationaliste au Cameroun, Paris, Karthala, 1986, p. 133-134.

[109] Comparant les approches de marketing du transport entre un Bamiléké « qui preuve très tôt d'un sens universellement reconnu du commerce et de l'initiative » et un Français de l'époque, Mongo Beti note par exemple que « *le petit transporteur Bamiléké accueillait ses clients avec une bienveillance enjouée, leur parlait dans leur langue, témoignait du respect aux vieillards, aidait les femmes à charger leur inévitable hotte, se mettaient vraiment au service des gens. Au contraire le chauffeur-mécanicien blanc de telle grande société de transports en commun, faisant en même temps office de contrôleur, ne pouvait se retenir de rudoyer les voyageurs, apostrophait les vieillards* », Mongo Beti, op.cit, p. 93.

[110] Pierre Conessa a procédé à une typologie de l'ennemi et en a inventorié neuf : **ennemi proche** (conflits frontaliers : Inde-Pakistan, Grèce-Turquie, Pérou-Équateur), **rival planétaire** (Chine), **ennemi intime** (guerres civiles : Yougoslavie, Rwanda), **ennemi caché** (théorie du complot : juifs, communistes), **Mal absolu** (extrémisme religieux), **l'ennemi intérieur**, **l'occupé**, **ennemi conceptuel**, **l'ennemi médiatique**. Lire son ouvrage : *La fabrication de l'ennemi ou comment tuer avec sa conscience pour soi*, Paris, Robert Laffont 2011.

anthropologiques et psychiques préalablement menées qui font de lui un « madré », un « thésauriseur ».

Dans le domaine agricole, en dépit de la rivalité et de l'hostilité des colons pour faire échec aux Bamilékés sur le plan industriel et commercial, non seulement ces derniers ne faiblissent pas, mais offrent des motifs supplémentaires d'aggraver le courroux des Blancs en s'affirmant aussi sur le plan agricole. À ce sujet, Richard Joseph affirme que « jusqu'à la seconde guerre mondiale, les fermiers blancs détenaient le monopole de la banane et du café que les Camerounais, essentiellement les Bamiléké, ne réussirent à entamer qu'après la guerre pour finalement en partager à égalité avec les blancs le marché de l'exportation[111] ». Une telle pugnacité des Camerounais ne pouvait évidemment être encouragée ou saluée par la France lorsqu'on sait que le mobile de l'impérialisme était avant tout économique. Engluée dans la théorie du complot, elle ne pouvait y voir qu'un motif de plus pour développer haine et animosité envers cette communauté qui se comporte comme un vrai rival mimétique. La région du Mungo est une terre volcanique propice à l'agriculture. Dans leur projet d'exploitation agricole à l'échelle industrielle, les colons n'auraient jamais souhaité partager ces terres avec des rivaux. Le pays Bamiléké va de ce fait constituer un bassin de migration assez important vers le Mungo. Pourtant rien n'entamait fondamentalement l'ardeur et la détermination de ces Camerounais. Dans le domaine agricole, un phénomène d'émancipation se produisit dans la région du Mungo notamment où les Bamilékés constituaient une réserve de main d'œuvre pour les Blancs. En effet, il s'y est quasiment développé une situation semblable à la dialectique du Maître de l'Esclave. L'« esclave » foncier en devenait le maître. Richard Joseph note à ce sujet que

Depuis que la crise économique des années trente s'était estompée, de nombreux métayers dans les rangs des prolétaires fonciers et les travailleurs Bamiléké avaient maintenant une possibilité autre qu'un travail sans débouché sur les plantations des Blancs : ils pouvaient se faire embaucher

---

[111] Richard Joseph, op.Cit, p.134.

chez un Bamiléké ou un planteur Camerounais local dans l'espoir de devenir finalement eux-mêmes planteurs à part entière[112].

Face à la politique de confiscation du crédit, donc du capital, certains Camerounais, notamment les Bamilékés, vont trouver des parades pour contourner ces mesures qui étaient destinées à les asphyxier et à éteindre leurs légitimes ambitions sur le plan économique. Il n'était pas question pour ces Camerounais d'accepter leur mise à l'écart de la compétition économique.

La première mesure a consisté à diversifier les activités afin de renforcer leur capacité financière, notamment l'investissement dans le transport. Les fonds générés par cette autre activité étaient alors injectés dans l'agriculture où il devenait possible d'embaucher de la main d'œuvre pour accroître la production agricole. La deuxième était le développement de ce qu'on a appelé, à la conférence cacaoyère de 1951, l'« esprit Bamiléké[113] ». Ce qu'on a appelé « esprit Bamiléké », « c'est la tendance des entrepreneurs Bamiléké à se grouper pour mettre en commun des ressources financières que chacun peut utiliser à son tour. Chez les Bamilékés de la région du Mungo, les coopératives sont une institution essentielle pour rassembler le capital[114] ». Dans cette région du Mungo, zone par excellence d'exploitation et de production agricole en raison de la fertilité des sols volcaniques, les coopératives faisaient florès en ce moment-là. C'était le moyen par excellence de mutualiser les efforts pour maximiser la production. Cet ensemble de mesures palliatives à la politique de confiscation du capital par les colons va porter de bons fruits, dans la mesure où il va se constituer un embryon de bourgeoisie locale faite d'exploitants agricoles hors du cercle du colonat. L'antagonisme issu du désir mimétique qui se développe entre les deux communautés va également se ressentir dans la formation de la personnalité et les croyances politiques. C'est tout

---

[112] Ibidem, p. 139.
[113] Lire rapport sur la conférence du cacao, territoire du Cameroun, Yaoundé, 4-6 juin 1951.
[114] Richard Joseph, op. Cit, p. 147.

naturellement que les Bamilékés vont massivement militer dans le parti opposé au colonialisme.

Section B. Mutation dans le domaine social : éducation et religion

La mise en œuvre des colonies obéissait à une politique bien pensée depuis la métropole. Pour ce qui est des colonies françaises, Albert Sarraut, plusieurs fois ministre des Colonies l'a affinée. Pour la métropole, la « mise en valeur » des colonies devrait reposer sur la trilogie : exploiter, contraindre et se dérober. Si les colonisés devaient profiter de cette mise en valeur, ce devrait être par ricochet, parce que rien n'est fait en premier pour eux : l'école était avant tout le centre de production des cadres subalternes qui coûteraient moins chers par rapport aux cadres importés de la métropole ; les routes devaient en premier servir au drainage des matières premières vers les côtes pour leur évacuation vers la métropole; les centres de santé pour soigner les outils de travail ; la religion pour faciliter la tâche aux administrateurs coloniaux en rendant les consciences amorphes par rapport à l'occupation coloniale. Bref, tout ce qui fait est, avant toutes choses, au profit de la métropole.

Par 1. L'éducation nouvelle et perte des valeurs traditionnelles

À cause du temps d'occupation assez court et la lenteur des Allemands à mettre en place des structures sociales, l'école allemande n'a pas particulièrement marqué les Bamilékés, comme beaucoup d'autres Camerounais. C'est surtout celle française qui va laisser ses marques. Les orientations de l'école coloniale se trouvent surtout dans les discours des politiques générales des chefs d'État français et les lois d'orientation scolaires des différents pays.

L'introduction de l'école dans les colonies est une rupture en termes de pratiques et de philosophie de l'éducation. Pour les Bamilékés, et les autres colonisés, c'est la fin de l'habitus au sens bourdieusien, c'est-à-dire la fin du « système de schèmes intériorisés qui permettent d'engendrer toutes les pensées, les perceptions et les actions caractéristiques d'une culture, et celles-là seulement[115] ». L'héritage culturel est ainsi mis en difficulté. L'école nouvelle est un vecteur de diffusion non seulement d'un savoir nouveau, mais surtout d'un mode d'apprentissage qui valorise l'écrit. Elle se formalise et s'institutionnalise. Elle n'était pas très préoccupée par la valorisation et le développement des institutions culturelles héritées de la période précoloniale, mais plutôt à la transposition des valeurs de la métropole à la colonie dans le but de parvenir à des objectifs coloniaux évidents. Selon le système scolaire colonial, au terme de leur formation, les élèves doivent « reconnaître la supériorité du Blanc, de sa civilisation qui les a sauvés de la cruauté sanguinaire des roitelets barbares[116] ». Tel peut être décliné le référentiel de l'école coloniale ! La mise en avant de ce référentiel tente de justifier la mission civilisatrice, le « fardeau de l'homme blanc », tel que proclamer au début de l'entreprise coloniale.

Sur le plan politique, cette école conçue pour les colonies avait pour finalité « la dénaturation de la culture traditionnelle et la dissolution des systèmes religieux qui y étaient associés[117] ». Par exemple, le refus de tolérer l'usage, même partiel, des langues nationales, la diabolisation des croyances ancestrales sont assez illustratifs à cet égard. Les stratèges de la colonisation étaient conscients que toute culture nationale est prise de conscience nationale[118] et de ce point de vue « elle peut devenir un moyen de résistance[119] » à la colonisation. L'historien Suret-Canal relève, pour le déplorer, que l'Institut Français d'Afrique noire (IFAN) créé à Dakar en 1938 ait été conçu comme « une base de travail pour les chercheurs français africanistes et non un centre de formation de

---

[115] Bourdieu Pierre, « « Le *sens commun* » in Panofsky Erwin, Architecture et pensée scholastique, Editions de minuit, 1967, p. 151.
[116] Jean Suret-Canal, *Afrique Noire,* l'ère *coloniale* 1900-1945, Paris, Editons Sociales, 1977, p.475.
[117] Georges Balandier, *sens et puissance, les dynamiques sociales*, Paris, PUF, 1971, p.274.
[118] Le ministre belge des colonies, Renquin, avait à cet effet clairement demandé aux prêtres en 1927 de prendre le prétexte des enseignements religieux pour se transformer en détectives avec pour mission de dénoncer tout congolais qui aurait une conscience nationale afin qu'il soit taxé de communisme et traité comme tel.
[119] Jean Suret-Canal, op. cit, p.460.

chercheurs africains[120] ». Pour les stratèges coloniaux, l'élite issue de ce moule scolaire devait être une élite de collaboration et non celle d'opposition au système colonial.

Effacer les éléments culturels du colonisé, l'« assimiler[121] » était donc une disposition prise pour assurer la pérennité de la présence et de l'exploitation coloniale dans les territoires conquis. Les méthodes brutales parfois utilisées pour parvenir à ces fins ont créé des frustrations et le complexe d'infériorité chez les colonisés qui ont perdu l'essentiel de leurs éléments d'identité : langue, culture, etc. Cela a eu pour conséquence la perte des valeurs traditionnelles ancestrales chez les Bamilékés comme chez les autres colonisés. La famille et la société tout entière ont perdu leurs repères, leurs boussoles au profit de ceux que le colon apporte. L'expression, le cri, « ohô gouong ô[122] » très souvent poussé par les plus vieux de cette communauté, est révélateur du regret de ce que les Bamiléké considèrent comme l'âge d'or perdu du peuple bamiléké. C'est en fait l'expression du regret de la perte de l'identité bamiléké.

Par 2. Une nouvelle religion qui veut forger une nouvelle identité

« Ecrivez le Dieu du Christ avec « D » et le vôtre contenu dans votre culture diabolique avec « d ». Tel est l'enseignement religieux qu'apportent les nouveaux maîtres. Les velléités de domination même sur le plan spirituel ne font plus l'ombre d'un doute. C'est depuis le 19ème siècle que l'Église protestante et catholique fait son entrée au Cameroun. Mais, ce n'est qu'en 1909 que le premier poste missionnaire protestant[123] ouvre ses portes en plateau Bamiléké. Depuis ce contact avec la religion importée de l'Occident, il y a eu une transformation de la croyance. Les nouveaux maîtres ne ménagent aucun effort pour prouver la vacuité des valeurs

---

[120] Idem, p.460.
[121] L'assimilation est la politique coloniale qui vise à transformer le colonisé à l'image du colon.
[122] Qui signifie littéralement en langue Bandenkop « adieu le monde », sous-entendu le « monde bamiléké ».
[123] Pour les détails sur l'installation de la mission protestante en région bamiléké, lire Van Slageren, l'Histoire de l'église en Afrique, Yaoundé, Editions Clé, 1969.

religieuses auxquelles les colonisés étaient attachés. Les missionnaires, alors animés d'un zèle indescriptible, ont de ce fait organisé une ruine spirituelle en jetant au feu des objets de la spiritualité qu'ils vont qualifier de « fétiches » ou « d'idoles ». L'argument massif qu'ils ont pu faire valoir et qui a fini par convaincre certains à se convertir à la nouvelle religion est l'échec de la résistance africaine face aux nouveaux maîtres. En effet, il leur était rappelé l'impuissance de leurs ancêtres, de leurs dieux et esprits protecteurs qui n'ont pu empêcher la défaite, la déchéance face à l'invasion européenne.

S'installe alors la nouvelle religion en région bamiléké qui crée une nouvelle identité, un nouveau référent. Elle suscite adhésion, opposition et cohabitation par syncrétisme. Les adhérents sont peut-être convaincus des enseignements véhiculés par la nouvelle religion et entreprennent librement de dénigrer leur ancienne religion. Ceux-là se recrutent surtout dans les classes modestes de la société et les « évolués » qui reçoivent des cours de doctrine dans des établissements scolaires confessionnels qui se sont créés dans le cadre des œuvres missionnaires.

Les opposants se recrutent surtout au sein de l'oligarchie des royaumes qui tenaient le pouvoir politique et gardiens de la tradition avant l'arrivée des colons. Il s'agit essentiellement du roi et de sa cour, c'est-à-dire les notables. En effet, la monogamie à laquelle le christianisme astreint les convertis ou les aspirants à la conversion a suscité de vives oppositions au sein de cette classe, dans une région où le premier prestige social d'un homme était d'abord le nombre de ses femmes et de ses enfants. Ce nombre étaient aussi gage de sa richesse matérielle, eu égard au rôle que jouaient femmes et enfants dans le contexte de l'économie rurale. En plus, dans ce contexte culturel, on imagine mal un roi ou même des notables monogames. Ils trouvent dans la nouvelle religion un piège, un vecteur de la perte de leur identité et rechignent à y adhérer.

Entre partisans et opposants à cette nouvelle religion imposée de l'extérieur, va naître une nouvelle catégorie, les adeptes du

165

syncrétisme dont la caractéristique première est de jouer à l'équilibrisme. Cette catégorie n'abandonne pas la religion ancestrale et embrasse en même temps la nouvelle religion. Parfois c'est un mélange des deux ; parfois, c'est l'une après l'autre. Cela veut dire qu'aller à l'église ne l'empêche pas de se livrer aux pratiques anciennes de la religion ancestrale et vice-versa. Même si ce syncrétisme n'est pas, dans sa forme, la plus élaborée comme celui qu'on a vu avec le roi Njoya des Bamun ou même Kibangou en Centrafrique, il n'est pas rare d'entendre invoquer le nom de Jésus Christ dans le culte ancestral, ou des pratiques de la religion ancestrale au cours des liturgies chrétiennes. Cette catégorie a fortement contribué à ne pas faire disparaître la religion ancestrale, à sa résilience face au choc des civilisations.

Conclusion

Le mobile premier de l'impérialisme était économique. Même si d'autres facteurs étaient mis en avant par les Européens, l'entreprise coloniale visait avant tout à régler les problèmes des matières premières et des débouchés qui se posaient à la grande industrie naissante de ce vieux continent. Au sein même des colonies, l'élément le plus important était la mise sur pied de l'organisation de l'économie de traite. C'est la période où l'on voit se mettre en place des grandes concessions et des sociétés monopolistiques de traite. Mais aussitôt l'exploitation du Cameroun commencée, les colons, et surtout les Français, vont se heurter à une frange du peuple camerounais, les Bamilékés, qu'ils vont considérer comme des parasites par rapport aux richesses du pays dont ils voudraient accaparer de manière exclusive. Nait alors un antagonisme remarquable entre colons, maîtres de l'exploitation, et les Bamilékés, bien décidés à imiter les colons et à s'essayer à la production de richesses, non seulement pour acquérir une indépendance financière vis-à-vis des colons, mais aussi pour sortir du prolétariat organisé dans le territoire par l'occupant. Mais cette économie nouvelle n'était pas le seul facteur à mettre le Bamiléké en situation de défi par rapport à son être profond. Il y avait aussi l'éducation et la religion nouvelle. L'éducation nouvelle vise avant tout l'assimilation du Bamiléké au Blanc ; ce qui saperait sa personnalité profonde en le détachant de ses valeurs ancestrales auxquelles il y est pourtant si attaché, de même que la nouvelle religion, qui tente de remettre en cause des valeurs comme la polygamie et l'attachement à la vénération des ancêtres. Il est donc clair que tout ce qui arrive de nouveau avec le colonialisme est avant tout à l'avantage du nouvel occupant.

CHAPITRE SIXIEME

LA VIE EN PAYS BAMILÉKÉ APRES LES INDÉPENDANCES

(Par Dr. Fankem)

Introduction

Parmi les éléments absolument nouveaux qu'apporte la colonisation, on compte la rénovation des infrastructures et des moyens de transport. Aux sentiers et pistes ruraux vont se substituer les routes carrossables et parfois d'autres voies de communication comme le chemin de fer et la voie aérienne. Ces infrastructures amorcées à la période coloniale vont se poursuivre après l'indépendance. Cette mutation sur le plan infrastructurel aura un impact profond sur et l'organisation et le système social. Les sociétés vont se voir éclater, favorisant ainsi une assez grande mobilité des personnes et des biens et l'urbanisation de certains espaces jusque-là ruraux. C'est une réelle révolution sur les plans économique et social, car désormais, il est possible de découvrir des contrées voisines et surtout lointaines du même pays ou des pays et des continents lointains. Ce décloisonnement/ouverture des sociétés implique le brassage culturel qui a pour corollaire l'adoption des modes de vie différents, la dilution de certains éléments d'identité primaire, mais aussi le dépeuplement et la perte progressive de la tradition. De plus, cette réalité se double de l'adoption sans filtre des valeurs véhiculées par le colon, généralement considérées comme supérieures, au point où l'on s'interroge sur ce qui reste de la personnalité africaine. Le peuple Bamiléké n'échappe pas à cette réalité. Mais depuis quelques décennies déjà, des prises de conscience s'affirment çà et là,

168

notamment en pays Bamiléké pour s'interroger, à défaut de remettre entièrement en cause, sur les conséquences d'une appropriation quasiment sans réserve de modèles culturels importés. Ce sursaut dans le domaine culturel conduit les autorités traditionnelles et les élites bamilékés à tenter, par de multiples initiatives, d'aller à la reconquête d'un « paradis » en voie d'être perdu. C'est la manifestation du postmodernisme qui est un courant de pensée qui considère que le projet historique de la modernité est épuisé et que nous sommes en train d'entrer dans une nouvelle phase.

Le présent chapitre tente, en sa première partie, de s'intéresser aux conséquences des rencontres des civilisations sur les peuples bamilékés. La seconde partie s'intéressera aux efforts entrepris par ceux-ci pour la préservation de certains éléments de leurs marqueurs identitaires.

Section A. La dilution culturelle au contact des autres

L'une des révolutions indéniables, peut-être parmi les plus importantes depuis les progrès de la science et de la technique au 19ème siècle, est celle des systèmes de transport. Les différents modes de transport, terrestre, aérien et maritime vont bouleverser les manières de se déplacer des personnes. Une quantité importante de biens peut également se déplacer. Cette mobilité, de plus en plus fluide en fonction du niveau des maillages territoriaux, nationaux ou continentaux en système de transport, va bouleverser inéluctablement les sociétés qui sont désormais obligées de se décloisonner, de s'ouvrir aux influences extérieures ou même d'influencer d'autres sociétés. Mais dans ce concert mondial, l'Afrique semble avoir subi plus l'influence de la civilisation des sociétés extérieures. En revanche, elle semble n'avoir pas beaucoup influencé la culture des autres. La société bamiléké n'a pas échappé à cette réalité si on en juge par la transformation de cette société et la dilution de sa culture au contact avec l'extérieur.

Par 1. Transformation sociale et l'inévitable brassage culturel

Bien avant la révolution des transports, les civilisations étaient bien séparées géographiquement et l'interpénétration entre elles était lente, du fait des faibles capacités à s'exporter[124]. Mais avec l'ouverture des frontières des États et des territoires par les voies de communication, va s'amorcer le phénomène de mondialisation, qui, selon le sociologue Mac Luhan, a fait du monde « village planétaire ». C'est un processus de transformation de la société qui s'est affirmé comme un changement lent mais irréversible jusqu'à ce que le développement de nouvelles technologies de la communication ne vienne lui donner un coup de fouet dès la fin du XXème siècle. Il ne se caractérise pas seulement par massification de la mobilité des personnes, mais des échanges des biens matériels, mais aussi des biens immatériels, y compris des biens culturels. C'est pourquoi on va parler aussi de la « mondialisation de la culture » qui désigne la circulation des produits culturels à l'échelle de la planète. Dans ce contexte de brassage culturel, les cultures jadis géographiquement et historiquement situées se délocalisent ou s'étendent, créant de nouvelles appartenances des personnes qui les embrassent, par conviction, par nécessité ou par force.

Dans ce processus de circulation et d'échange de produits culturels, toutes les sociétés n'ont pas eu d'égales chances de voir leurs biens culturels se déployer de manière significative hors de leurs contextes historique et géographique. D'autres, en revanche, celles que Huntington qualifierait de « sociétés phares[125] », ont développé des outils qui ont permis aux leurs de circuler et même de s'imposer aux autres sociétés par la violence ou par la séduction (*soft power*). Parmi ces outils, on peut particulièrement mettre en avant la technologie qui, couplée à la politique d'expansion territoriale de l'époque coloniale, a permis aux « sociétés phares » d'exporter leur **religion** et leur **langue** qui constituent le socle de

---

[124] Il faut reconnaître avec Mauss que les cultures ont toujours été en contact et en relation d'échange les unes avec les autres.
[125] S. Huntington parle plutôt d'« États phares ».

toute civilisation. Il s'agit notamment de la mise au point des machines à fabriquer des produits culturels et de moyens de diffusion de grande puissance.

Durant la période coloniale, par l'institution de l'administration pour mieux gérer les territoires conquis, se consolidait la base du brassage culturel, car, avec elle, naissait un nouveau projet national dont s'approprieront les acteurs de l'indépendance. Avec l'État-nation en construction après l'indépendance, chaque Camerounais peut s'installer où il le désire. Le discours politique officiel ainsi que la loi fondamentale du pays rappellent d'ailleurs que « chaque Camerounais doit se sentir chez lui partout au Cameroun ». Et, dans la pratique, c'est ce qui se passe effectivement. Désormais donc, un Camerounais, et même un non-Camerounais (en vertu de certaines conventions internationales) peut s'installer en pays bamiléké, tout comme un bamiléké peut s'installer dans toute autre partie du territoire nationale. Ainsi s'intensifie le brassage culturel, car chacun vient à la rencontre de l'autre avec sa culture pour rencontrer la culture de l'autre. Il s'observe alors une interpénétration de peuples et de cultures, comme dans un rendez-vous du donner et du recevoir, créant ainsi un cocktail culturel dans lequel il serait difficile d'isoler et de reprendre en considération une culture telle qu'elle se présentait dans son milieu originel. Des Bamilékés parlent la langue de leurs compatriotes et vice versa, mais surtout, en sus des langues nationales vont se parler et même s'imposer les langues du colon que sont le français et l'anglais qui deviendront, de par la constitution camerounaise, les langues officielles.

Mais le fait marquant est la culture ou les éléments de civilisation qu'ont apportés les colons et qui auraient dû connaître des révisions avec l'indépendance. Malheureusement, il semble exister une telle similitude entre l'école postcoloniale et l'école coloniale que l'on n'hésiterait pas à penser à une dépendance au sentier (*path dependence*) de la première à la deuxième. Pourtant, le processus de décolonisation supposé encadrer le phénomène postcolonial était censé ouvrir le procès de l'école coloniale comme passage obligé de l'affirmation des ex-colonies par la modification de sa trajectoire. À ce titre l'école postcoloniale devait figurer en première ligne des instruments de libération des ex-colonies et s'imposer aussi comme instrument de l'affirmation de la « personnalité africaine[126] » nouvellement accédés à la souveraineté nationale et internationale. L'école, ce nouvel outil de socialisation ayant manqué à sa vocation de construction de la personnalité africaine, a fortement contribué à éroder ce qui restait encore de la culture africaine, donc bamiléké, qui va se traduire par une grande dilution de son identité culturelle.

Par 2. Délayage de l'identité culturelle Bamiléké

Dans l'immersion des turbulences de l'histoire, les cultures et les langues subissent des changements, des altérations ou des enrichissements. L'*habitus* (ainsi que sa critique), peut servir de théorie explicative à cette évolution **dans** (à l'évolution **de**) la culture bamiléké dont le résultat aujourd'hui est marqué par sa forte dilution par rapport à la période précoloniale qui marque le début de grands bouleversements dus au contact plus ouvert avec d'autres peuples. La théorie de l'habitus et sa critique nous permettraient ainsi de démonter et de comprendre les mécaniques de comportement et de l'appréhension du monde bamiléké tels qu'ils découlent du changement social.

Le sociologue Bourdieu, initiateur de la théorie de l'habitus, définit celui-ci comme étant le « système de schèmes intériorisés qui permettent d'engendrer toutes les pensées, les perceptions et les actions caractéristiques d'une culture, et celles-là seulement[127] ».

---

[126] L'expression « personnalité africaine » (*african personnality*) aurait été employée pour la première fois par Edward Blyden lors de l'inauguration d'une église protestante indépendante au Nigeria en 1902. Par cette expression, il entendait exalter la « *spécificité* » et la « *créativité* » des Africains, menacées par les dominations étrangères. A ce propos, il déclara en substance : « *chaque race a son génie et le génie d'une race trouve une expression dans ses institutions ; tuer ces institutions, c'est tuer le génie, c'est commettre un crime terrible* ». Cité par Elikia M'Bokolo, l'Afrique au XXème siècle, le continent convoité, Paris, Edition du Seuil, 1985 : 348.
[127] Pierre Bourdieu, "Sens commun", 1967, P 151.

Cette conception de l'habitus est soutenable surtout dans le contexte de civilisations bien enracinées, comme l'a été la culture bamiléké avant la colonisation ou, en tout cas, avant le projet de construction de la nation camerounaise. Elle se distinguait par des valeurs qui lui sont remarquablement propres. Dans ce contexte, la définition bourdieusienne ci-dessous de la culture gardait sa pleine signification avec des éléments primaires d'identification d'un peuple dans un cadre de socialisation assez homogène.

> *La culture n'est pas seulement un code commun, ni même un répertoire commun de réponses à des problèmes communs, ou plutôt un ensemble de schèmes fondamentaux, préalablement assimilés, à partir desquels s'engendrent, selon un art de l'invention analogue à celui de l'écriture musicale, une infinité de schémas particuliers, directement appliqués à des situations particulières[128].*

Depuis « l'ouverture des frontières » par la révolution des transports et la colonisation, l'habitus des peuples bamilékés est devenu moins homogène (critique de la théorie de l'habitus) parce que travaillé par « des formes de socialisations plurielles, hétérogènes, parfois antagonistes[129] ». Ces formes de socialisations plurielles découlent de la rencontre du bamiléké avec l'autre, qui a pour conséquence l'altération de sa culture et qui se traduit par « l'intériorisation de l'extériorité » à l'intérieur ou à l'extérieur de son terroir. Dans la durée, ce phénomène a profondément altéré l'identité du bamiléké. Sa langue, ses croyances religieuses, son système de production et son organisation économique, ses valeurs sociales, ses habitudes alimentaires et vestimentaires, etc. Bref, une part de ses marqueurs identitaires primaires s'éloigne de lui, faisant de lui un hybride culturel à la recherche de sa vraie identité. Parfois-même, sans s'en rendre compte, il s'oppose à ses propres éléments d'identité d'autrefois dont il ne souhaite plus qu'ils soient les référents par lesquels on le distingue. Par exemple, il récuse la

---

[128] Ibid, pp 11-152.
[129] Il s'agit là des arguments qu'avance le sociologue Bernard Lahire pour critique le caractère assez statique que Bourdieu voudrait donner à l'habitus.

religion de ses ancêtres et préfère être identifié comme chrétien ou musulman, il a adopté la langue française au point d'oublier sa langue maternelle, socialement la richesse matérielle est valorisée par rapport à l'appartenance à une classe sociale comme la classe nobiliaire jadis très prisée, il semble avoir honte de ses habitudes alimentaires, il a du mal à se retrouver jusque dans les pas de danse de sa culture parce qu'il aura appris la danse des autres ou parce qu'il aura appris à danser autrement, etc.

Il est donc difficile de trouver le bamiléké aujourd'hui, vivant avec les mêmes valeurs culturelles que celles connues à la période antérieure à la colonisation, tellement l'environnement culturel a changé. Le processus de mondialisation et d'intégration nationale a profondément érodé la culture bamiléké. Il n'en est resté qu'un résidu pour lequel il nécessite un travail pour en garder un peu d'originalité. En effet, l'immense travail de socialisation plurielle a fini par créer un nouvel habitus en tant que produit intériorisé, car l'habitus est durable mais pas immuable.

Sur le champ de la socialisation, l'école occidentale a mis le Bamiléké en situation sociale nouvelle. Elle y a joué un rôle particulièrement déterminant. L'écrivain Cheikh Hamidou Kane l'avait déjà perçu, lorsqu'il affirmait par la voix d'un personnage que

L'école où je pousse nos enfants tuera en eux ce qu'aujourd'hui nous aimons et conservons avec soin, à juste titre. Peut-être notre souvenir lui -même mourra-t-il en eux. Quand ils nous reviendront de l'école, il en est qui ne nous reconnaîtront pas. Ce que je propose c'est que nous acceptions de mourir en nos enfants et que les étrangers qui nous ont défaits prennent en eux toute la place que nous aurons laissée libre[130].

L'école a, en effet, obligé les apprenants à ajuster leur manière d'être et de faire, leur savoir, leur savoir-faire et leur savoir-être de manière à en sortir des êtres presque nouveaux, avec des modèles différents de ceux qui avaient cours avant son installation. Elle a rendu au Bamiléké, comme aux autres peuples colonisés, un retour sur soi difficile. Elle a plutôt favorisé l'intégration de l'ailleurs qui va

---

[130] Cheikh Hamidou Kane, *L'aventure ambiguë*, Julliard, 1961, P53

constituer une force de transformation qui fera perdre ou, du moins, diluer ses marqueurs identitaires.

Samuel Huntington a intitulé un sous chapitre de son ouvrage : « civilisation africaine (si possible) ». Il y affirme que « À l'exception de Fernand Braudel, la plupart des grands spécialistes des civilisations ne reconnaissent pas la spécificité de la civilisation africaine[131] ». Ce qui reste aux africains, pense-t-il, ne serait que de petites identités tribales, qui peinent à résister devant les civilisations importées. Des initiatives se multiplient depuis quelques temps dans des communautés camerounaises et africaines pour conserver ne serait-ce que ces identités tribales.

Section B. Tentative de récupération d'un « paradis » en voie de perdition

L'idée de retour aux sources ou, chez certains, de recours aux sources ou de la renaissance africaine, chez d'autres, renforce le projet postmoderniste dont la principale force est la remise en cause de la domination du discours rationnel. C'est, par exemple, au nom de cette rationalité que Senghor a bâti sa formule de « l'émotion est nègre et la raison est hellène » ; formule qui a quelque peu tétanisé les Africains et qui ont cru devoir « embrasser hellène », pour ne pas rester dans le carcan de l'émotion. Mais aujourd'hui, il se dégage chez les Africains en général et chez les Bamiléké en particulier les besoins de réappropriation de leur identité ou, du moins, ce qui peut en rester. C'est dans ce sillage que se multiplient des initiatives pour la reconquête de cette identité. Les Bamilékés le font dans deux principales directions : l'organisation des festivals et l'apprentissage de la langue dans des centres dédiés.

Par 1. La valse des festivals culturels

Le brassage culturel mais surtout les dominations étrangères ont sérieusement mis à mal la créativité et la spécifié africaines, donc

---

[131] S. Huntington, *Le choc des civilisations op.cit.*, p.45.

Bamilékés. Cette situation se traduit par la dénaturation ou même la perte des institutions qui leur étaient propres. Or comme l'affirmait le Pasteur Edward Blyden, « Chaque race a son génie et le génie d'une race trouve une expression dans ses institutions ; tuer ces institutions, c'est tuer le génie, c'est commettre un crime terrible[132] ». Une prise de conscience des Africains par rapport à la mort de leur génie, à la déconnexion de leur passé s'amorce depuis quelques temps. Le Maréchal Mobutu, Président du Zaïre, en son temps, avait popularisé l'idéologie de « l'authenticité » dont il avait fait l'idéologie officielle de son pays. Pour lui, cette idéologie se justifiait par « le devoir de penser et de faire par nous-mêmes[133] ». Mais comment y parvenir ? Certains ont pensé qu'il faudrait opérer un retour au passé de l'Afrique. Mais, devant la marche apparemment irréversible du monde, d'autres ont estimé qu'il faudrait préconiser plutôt le recours au passé. C'est dans ce dernier sillage que l'on situerait les initiatives entreprises par les Bamilékés pour sauvegarder ce qui peut encore l'être de leur culture, marque de leur identité.

Il est aisé, de nos jours, de constater à l'échelle mondiale dans la vie quotidienne tout comme dans le réseaux sociaux, les revendications à l'appartenance à une culture Bamiléké, et la manifestation de la prise de conscience par les Bamilékés la nécessité de reconquérir leur identité. Cela s'observe, par exemple, par la revalorisation de leur costume traditionnel fait du *tissu de Ndop*, de couleur bleu-blanc, devenu un objet de fierté et un outil de communication politique[134]; un engouement pour les parents d'encourager leurs enfants à prendre part aux danses initiatiques telles que le *Kang (Nekang, Kaing[135]*, etc). Mais, il nous semble que l'un des phénomènes les plus marquants dans cette bataille est

---

[132] Blyden, cité par Elikia M'Bokolo, op.cit, p 349.
[133] Mobutu cité par Elikia M'Bokolo, op.cit, p351.
[134] Dans un contexte où le tribalisme refait surface de manière plus virulente et tente de se sédimenter, les ressortissants de certaines communautés non-bamilékés et qui n'approuvent la stigmatisation des Bamilékés arborent publiquement des tenues faites du tissu emblématique de ndop, symbole de leur rejet de la « bamiphobie ».
[135] Kang est en langue Bandenkop ; Nekang est en langues Bamedjou, Bamougoum et Bansoa ; Kaing en langues Bandjoun, Baham et Bayangam.

l'organisation des festivals culturels, à des intervalles propres à chaque village, comme moyens de réappropriation et de sauvegarde de l'identité bamiléké. Ci-dessous, la liste non exhaustive de ces festivals pour quelques villages.

Villages	Noms du festival	Grandes lignes des activités culturelles déployées
Bachingou	Gah'Tchou	Célébration du savoir-faire Bachingou, valorisation des différents aspects de la culture du village
Bafang	Nzingu	Promotion de la langue Nufi, et des danses patrimoniales
Bafou	Lemou	Valorisation de la culture ancestrale Bafou
Bafoussam	Nyang-Nyang	Introduction des jeunes à la danse initiatique qui coïncide avec la fête des récoltes, imitation du cri des corbeaux qui assistent les femmes pendant la récolte, familiarisation à l'endurance et à l'engagement patriotique
Baham	Lié La' Tatomdjap	Culte de fécondité, évocation des forces ancestrales pour le bien-être de la population, accent sur les confréries guerrières
BAHOUOC	Ngobù	Promotion de la culture, valorisation des richesses, du savoir-faire et du savoir-être BAHOUOC
Baleng	Ngou Ngouong	Initiation des jeunes aux us et coutumes Baleng, valorisation de l'artisanat local et des danses patrimoniales
Bameka	Kaande	Exposition des œuvres d'art, parade des sociétés secrètes, danses patrimoniale
Bamena	Festival de la chèvre	Consolidation de la légende des Bamena en tant que « voleurs » des chèvres, valorisation de la culture traditionnelle
Bamendjida	Fête du taro/ Nekou	Célébration du taro comme met des sociétés secrètes totémiques
Bamendjou	Chepang	Réappropriation de l'Histoire et de la langue (Nganbé) du royaume

Bamendou	**Nguim nu**	Promotion des danses patrimoniales, sortie de la copie des masques mystiques (les originaux ayant été volés par les colons), purification du village par des rites.
Bamougoum	**Nekang**	Initiation des jeunes à la danse initiatique Nekan
Bandenkop	**La' Fé Bouagang**	Initiation à l'histoire et aux origines des Bandenkop, parade des sociétés secrètes, danses patrimoniale, notamment la danse mythique du « Zeu ».
Bandjoun	**Sem Todjom**	Découverte des sites touristiques, exhibitions du patrimoine culturel.
Bangangté	**Medumba**	Promotion de la langue, de l'artisanat et de la danse locales. Apprentissage des comtes et des légendes des habitants des 14 villages concernés.
Bangou	**Kebouh Pouagniep**	Célébration de la force de la banane comme source de revenu ayant permis aux hommes de doter les femmes.
Bangoua	**Fête du macabo**	Célébration du retour d'exil du Chef Nono. C'est surtout le macabo qui lui était offert durant sa période d'exil à Dschang. Ce festival devient donc une foire économique et socio-culturelle
Bansoa	**Ngwon'Ngwon**	Consolidation des valeurs d'unité et de prospérité des Bansoa, parade des confréries secrètes et danses patrimoniales
Batié	**Metchou**	Ascension du Mont Metchou, promotion des danses patrimoniales
Bayangam	**Lalie Messu**	Présentation des richesses culturelles, sur le plan guerrier et mystique. Valorisation des danses patrimoniales.
Bazou	**Nzouh-Mbigoup**	Reconstruction matérielle et culturelle du village, promotion des valeurs culturelles telles que les funérailles
Foto	**Ndwoueto**	Exhibition des danses sacrées, promotion du tourisme local, valorisation du patrimoine culturel.

Tonga	**Fête du riz**	Promotion du riz comme exception culinaire des Tonga (« ce qu'on ne mange pas avec les mains »), promotion des danses patrimoniales

Source: Fankem Fankem, sur la base des enquêtes de terrain et d'exploitation documentaire

Mais, ce phénomène de festival n'est pas propre seulement aux Bamilékés. D'autres peuples s'y font aussi, avec les mêmes objectifs. Nous pouvons citer, à titre d'exemples, le festival **Ngouon** chez les populations du Noun et le **Lela** chez les Bali.

On a l'habitude de trouver des similitudes entre les Juifs et les Bamiléké. L'un des ponts qu'ils ont en commun, c'est d'abandonner difficilement leur culture. C'est ici le lieu de relever la contribution de la diaspora bamiléké, à l'intérieur ou à l'extérieur du continent africain, à la lutte contre la disparition de la culture bamiléké. En effet, beaucoup quittent le terroir avec leur idéologie et biens culturels qu'ils essaient tant bien que mal de reproduire dans leurs nouvelles terres d'accueil, parfois au grand bien des communautés qui les y ont accueillis. Il en est ainsi des pratiques de tontine dans ses différents méandres, des danses patrimoniales, de l'art culinaire, etc. Cela a un double avantage : contribuer à la civilisation universelle et perpétuer des pratiques culturelles, contribuant ainsi empêcher leurs risques d'extinction.

Par 2. La production littéraire et les écoles d'apprentissage des langues nationales comme moyens de lutte contre la disparition de l'identité bamiléké

« Publish or pérish » (publier ou mourir), telle est la réalité mondialiste qui se concrétise sous nos yeux. L'Afrique n'a pas fini de payer la facture très salée de sa civilisation essentiellement orale depuis la chute de sa brillante civilisation égyptienne antique. En effet, la civilisation orale qui est celle de l'Afrique à travers des millénaires n'a pu s'imposer face à la civilisation écrite. La maxime selon laquelle les paroles s'envolent et les écrits restent n'a jamais été aussi vraie qu'avec l'évolution de l'histoire de l'humanité. Face

179

aux civilisations reposant sur l'écriture, l'Afrique n'a pu imposer grand-chose. À regarder de près, on dirait même que c'est ce manque de support écrit qui a empêché la civilisation africaine de « s'exporter », d'affronter victorieusement et éventuellement de s'imposer dans le territoire géographique des autres civilisations.

De toute évidence, l'Afrique est en train de rectifier cette trajectoire de son histoire, même si elle n'écrit toujours pas son histoire dans une langue qui est sienne. Dans la bataille contre la disparition du patrimoine culturel de ce continent, un éveil s'observe. Au Cameroun par exemple, le gouvernement a créé à l'Ecole normale supérieure (ENS, d'abord de Yaoundé, puis dans les autres) une filière « langues et cultures nationales ». Des professeurs y sont formés pour enseigner ces disciplines aux jeunes Camerounais. Les langues par lesquelles le gouvernement a voulu commencer sont les *l'Ewondo*, le Bassa, le *Douala* et le *Ghomala*. À l'Ecole normale de Bertoua, d'autres langues nationales sont en train de faire leur entrée dans les programmes de formation des élèves-professeurs. C'est dire si ressources humaines et ressources pédagogiques sont en train de prospérer.

`Les Bamilékés, quant à eux, prennent également à bras le corps cette problématique de reconquête de leurs langues et de leurs cultures menacées d'extinction par la domination étrangère. Ils travaillent donc pour leur pérennisation. C'est dans ce sillage que l'on peut observer que des productions littéraires dans le domaine font florès. Des ouvrages généraux tels que les dictionnaires ainsi que des ouvrages spécialisés dans le domaine de la religion[136], de la langue et de la culture se publient et se diffusent. Ces ouvrages permettent de garder des connexions culturelles avec le terroir, même si on en est éloigné.

À côté de cette production littéraire, se développent des centres d'apprentissage de leurs langues et de leur culture. Des

---

[136] On peut citer à ce titre l'ouvrage de Maître David, La Religion Bamiléké réformée, ce que nous devons retenir de nos traditions, Yaoundé, Editions plage, 2016, ou encore du même auteur, L'Afrique a sa propre religion : cas des Bamiléké du Cameroun, Yaoundé, Editions Plage, 2012.

logiciels[137] sont aussi créés à cet effet. Mais d'une manière générale, l'apprentissage se fait en présentiel, même si, avec la pandémie du corona virus, des cours en ligne sont en train d'être aussi expérimentés. Les vacances scolaires semblent le moment propice, lorsque cet apprentissage ne se fait pas dans des centres formels d'instruction. C'est ainsi qu'il devient quasiment à la mode que l'on trouve ces centres notamment dans les villes de Yaoundé, Bafoussam et Douala. Il est probable que dans un futur proche, le phénomène gagne en ampleur et se généralise. À titre d'illustration, l'initiation à la langue *ghomala* se fait régulièrement pendant les vacances dans les villes de Bafoussam, Yaoundé, Douala. Durant la période d'apprentissage, les jeunes sont aussi initiés à des aspects de la culture bamiléké, tels que les danses patrimoniales. À cette initiative locale s'ajoute celle gouvernementale, car le ghomala s'enseigne dans des établissements publics à l'instar du Lycée de Tsèla à Bandjoun. Même s'il est ouvert à tous les Camerounais, cet apprentissage vise particulièrement les ressortissants des départements du Khoung-Ki, des Hauts Plateaux et de la Mifi. Dans la même veine, les jeunes sont initiés au ghomabé pendant les vacances dans villes de Douala et de Yaoundé, et vise surtout les ressortissants des villages de cette communauté linguistique que sont Bapa, Bandenkop et Batié dont il est la langue commune. Dans des grandes villes est aussi enseignée la langue Ngemba. Elle vise particulièrement les ressortissants des villages Bamedjou, Bameka, Bamoungoum et Bansoa. Cette langue s'enseigne aussi dans certaines écoles primaires de ce village. À Bafou, la langue Yemba s'enseigne de manière assez structurée. Cet enseignement se fait sur la base d'un programme certifié par les Nations Unies et Kwa'alà. Le Fee'Fee, langue parlée dans la plupart de villages du Haut-Nkam, s'enseigne dans beaucoup d'écoles de la localité. Elle est aussi enseignée dans des centres spécialisés, comme l'École de la Renaissance. Ces initiatives suscitent beaucoup d'engouement et

---

[137] C'est l'exemple du logiciel « Pèfia noh ghomabé », inventé par l'informaticien Shamir Fétcheping.

semblent porter des fruits, si on en juge par les quelques transformations observées chez les apprenants.

Conclusion

La trajectoire culturelle des Bamilékés semble obéir à un double flux : du particularisme à la mondialisation et de la mondialisation à la recherche du particularisme[138]. En effet, la culture bamiléké s'est ouverte aux influences extérieures dès lors qu'avec la colonisation elle a été confrontée à une resocialisation plurielle. Elle s'est érodée, effritée, diluée, déboussolée, faisant du bamiléké, un métis culturel. Certes, il est aujourd'hui difficile de vivre dans une tour d'ivoire culturelle, c'est-à-dire replié sur soi-même, sans interaction avec les autres cultures. Mais hors d'Afrique, en Asie, en Amérique, en Europe, on voit comment des peuples consolident leur culture et cherchent à l'exporter, à l'étendre vers d'autres peuples. À titre d'exemple, on peut citer l'indologie, la sinologie (qui s'étend avec les Instituts Confucius dans le monde) qui sont des sciences ayant pour finalité de faire mieux connaître l'Inde et la Chine dans le monde. C'est la technique du *soft power*. Des initiatives se multiplient pour promouvoir leurs langues, véritables vecteurs de leurs cultures. Dans le domaine de la culture comme dans bien d'autres domaines, ils sont des modalisateurs, producteurs et exportateurs des biens culturels, face à l'Afrique, mondialisée et consommatrice de ces biens culturels. La tendance est-elle réversible ? C'est à cela que les Bamiléké (mais pas seulement eux) s'attèlent depuis un certain temps. Ils en ont pris conscience et sont résolus à ne plus être des simples consommateurs passifs des biens culturels importés, à redonner de l'intérêt et de l'attraction à leurs socles culturels. Pour y parvenir, le patrimoine culturel est désormais valorisé. Beaucoup retournent sans complexe à leur religion ancestrale et surtout, il est consigné par écrit les fondements et les pratiques de ladite religion. Des festivals sont organisés çà et là, afin d'exhiber et de promouvoir

---

[138] Nous empruntons ces termes du politologue Bertrand Badie.

les richesses culturelles du terroir et susciter une adhésion à l'envie de recourir à la source. Comme l'ont fait les juifs à leur retour à la terre promise dans les années 1930, ils manifestent désormais un intérêt particulier pour la langue qui s'écrit et s'enseigne dans des structures formelles d'éducation et dans d'autres centres créés par des communautés.

ARBRE GÉNÉALOGIQUE DES TEIHOCKBEUMTANGS.

Parce que notre vie ne commence pas avec notre vie et qu'elle s'étend au-delà de la vie même de ceux qui nous ont mis au monde et bien au-delà de nos ancêtres et arrières ancêtres, cette troisième partie du livre synthétise l'arbre généalogique de la très grande famille Teihockbeumtang, ce dernier en étant l'ancêtre commun le plus lointain connu ayant vécu il y a environ deux cents années. Les Teihockbeumtangs, quant à eux, sont définis comme les enfants, petits-enfants, arrières petits-enfants et bien au-delà, garçons et filles, descendants du prince Teihokbeumtang. Cet arbre généalogique, qui a été reconstitué à partir de nombreux entretiens avec différents membres de la grande famille Teihockmbeutang déjà décédés et/ou encore en vie, permettra de déterminer les rapports lignagers, les lignées généalogiques de tous les enfants, petits-enfants et arrières petits-enfants et, bien au-delà, de la grande famille des Teihockbeumtangs.

L'un des objectifs de ce livre étant de promouvoir la fraternité, l'amour et la coopération entre les descendants de Teihockbeumtang à l'image du très grand amour qui a prévalu entre les enfants de Teihockbeumtang qui vivaient dans une très grande symbiose et fraternité renforcée. En ancrant les descendants de Teihockbeumtang dans un héritage génétique commun, le livre permettra également de s'éloigner de l'anonymat générateur des sensations éventuelles de manque de repères, d'absence d'ancrage, ou de déracinement pour un meilleur épanouissement individuel.

Le premier chapitre de cette partie décrit la vie du Prince Teihokbeumtang et ses enfants ainsi que le contexte dans lequel ils vivaient il y a plus d'un siècle, loin des téléphones cellulaires portables sans fils, loin des poteaux électriques, loin des miroirs, loin des verres de glass, loin des montres, loin de la civilisation de l'automobile et de l'économie pétrolière. Le second chapitre décrit la vie des petits enfants et arrières petits-enfants du Prince Teihockbeumtang.

CHAPITRE SEPTIEME

LE CONTEXTE DE LA VIE A L'ÉPOQUE DU PRINCE TEIHOCKBEUMTANG ET DE SES ENFANTS

Introduction.

Ce chapitre décrit la vie en pays Bamiléké Bangangté, Bahouoc avant le contact avec la colonisation Européenne. Il s'agit grosso modo, d'une vie paisible et monotone où tous les jours ou presque se ressemblent et ne sont perturbés que par les contingences naturelles et les implications de la vie (cultures, récoltes, célébrations, vie et mort). Dans cette Afrique précoloniale, les royaumes Bamilékés contrairement aux grands royaumes du mali, du Songhai ou du Ghana, étaient de taille relativement réduite contrôlant une aire géographique relativement limitée. Ces royaumes tiraient leur subsistance de l'agriculture et de l'élevage, produisant pour leur autosubsistance avec des échanges limitées sur les marches locaux sans grande connexions avec les réseaux régionaux ou transcontinentaux.

La première section de ce chapitre décrit le cadre et le contexte de la vie à Bangangté, / Bahouoc au début du 19ème siècle. La deuxième section décrit la vie à Bangangté, Bahouoc à l'époque du Prince Teihockbeumtang.

Section A : Cadre, environnement et contexte de la vie à Bangangté / Bahouoc au début du 19ème siècle

Entre le 7ème et le 19ème siècle après JC, l'Afrique a été fortement marquée par le double contact avec le monde arabe en provenance du Nord de l'Afrique à partir du 7ème siècle et le contact avec l'Europe à partir du 15ème siècle par les parties maritimes du golfe de Guinée. Les contacts avec les Arabes dès le 7ème siècle ont exposé l'Afrique au Sud du Sahara aux ravages de l'islamisation forcée par de nombreux raids et jihads islamiques, ainsi qu'à un commerce très intense des esclaves, de métaux précieux (or, bronze, cuivre) et du sel. Les contacts violents avec l'Europe à partir du 15ème siècle, ont profondément déstructuré l'organisation des États africains en raison des profonds dommages de la traite des esclaves qui a démarré vers le milieu du 15ème siècle. Le contact brutal avec l'Europe, ainsi que les velléités d'expansionisme des nations colonisatrices par le renforcement de la présence coloniale à l'intérieur de l'Afrique après la conférence de Berlin de 1884-85 au cours de laquelle l'Afrique a été officiellement disséquée et partagée entre les nations colonisatrices ; ont également profondément et durablement transformé l' Afrique.

En raison du commerce intense des esclaves et des métaux précieux depuis les contacts avec le monde arabe à partir du 7ème siècle, ainsi qu'à partir des contacts avec l'Europe à partir du 15ème siècle, les régions géographiquement situées sur les grandes routes des trafics commerciaux très intenses ont connu une relative urbanisation. Pendant que le regroupement des populations dans de grands centres aux carrefours de courants commerciaux ont facilité l'amélioration des conditions de vie des populations ouvertes et exposées, les régions moins exposées aux courants d'échanges avec les Arabes ou les pays européens sont restées relativement plus rurales. C'est ainsi que les empires du Mali, du Ghana, du Kanem (étendu du Sud de la Lybie, à l'Est du Niger, Nord-Est du Nigeria, Nord du Cameroun et parties du Sud Soudan), et du Bornou (Sud Est du lac Tchad) ont connu leur apogée avec le commerce transsaharien de l'or avec les pays Arabes. En raison des opportunités permises par les différences d'écosystèmes à travers les déserts, savanes et forets, les populations des régions agricoles forestières vendaient aux marchands arabes de la viande, des fourrures, et des produits agricoles en échange du sel.

En plus des forts trafics de commerce, l'amélioration des techniques agricoles/ (domestication de produits agricoles comme le mil et le sorgho), ou l'introduction de la culture du maïs ou le manioc par le commerce avec les Portugais ont également joué un rôle capital dans l'augmentation des populations ainsi que leur sédentarisation, et la relative sophistication des sociétés. Cela explique en partie la montée en puissance de nombreuses civilisations et royaumes. Les Bamilékés s'étant soustraits des jihads islamiques et ayant traversé le fleuve Noun pour se réfugier dans les montagnes et hauts plateaux de l'ouest du Cameroun se sont relativement soustraits de l'influence et des trafics commerciaux avec le monde arabe. Bien que les Bamilékés à l'exception de leurs cousins les Bamouns se soient extirpés et soustraits des ravages de l'l'islam, ils seront rattrapés plus tard dans leurs montagnes par les ravages de la traite des esclaves avec l'Europe (comme l'illustre la présence de nombreux marchés d'esclaves au pays Bamilékés), à partir du 15ème siècle. En somme, entre le 7ème et le 19ème siècle, l'Afrique a été prise doublement en tenaille et violée de deux côtés, sur deux fronts : d'une part à partir du Sahel / Sahara et les côtes d'Afrique de l'Est et Zanzibar avec les invasions et attaques islamiques ; et d' autre part par les invasions Européennes à partir côtes maritimes du golfe de Guinée.

Section B. Vie et Socio environnement en pays Bamiléké de 1825 à 1900

Avant le contact avec l'Europe au 15ème siècle, et dans l'ensemble, le pays Bamiléké était un conglomérat d'entités politiques composé de nombreux villages/ royaumes. Un village/ royaume était constitué de groupements de familles et maisons éparpillées sur un espace de plusieurs kilomètres carrés. Les familles habitaient des maisons (huttes) aux toits coniques comme sur les images ci-dessous.

Photo 26 : Vue de l'entrée de la chefferie Bangangté en 1930

Source : F. Clement V. Egerton : "African majesty : a record of a refuge at the court of the King of Bangangté" Charles Scribers's Sons, New-york, 1939, P.58

Photo 27 : Grande entrée Cour du palais de Bandjoun

Source : Wikipedia.org

Photo 28 : Entrée chefferie Bandjoun en 2022

Source : pininterest.com

Photo 29 : Entrée Chefferie Bamendjou

Source : Facebook.com

Comme démontré dans la deuxième partie de ce livre, chaque royaume, comme les royaumes de Bangangté ou de Bahouoc, était considéré comme une entité politique autonome et indépendante avec un leader connu et reconnu à la tête d'une ou de plusieurs populations/familles, désigné par un nom spécifique, constitué d'un territoire bien délimité et des marques de frontières reconnues et acceptées par les contrées voisines. Bien que reposant sur des normes, standards, et pratiques non-écrites, ces royaumes avaient leurs propres systèmes de gouvernance/gouvernement politique, leur propre système judiciaire et juridique, et leur propre système de défense et des armées. En fonction des rapports de forces, des circonstances et des intérêts de l'époque, un village pouvait, dans une perspective d'expansion et de conquête, envahir un autre village par la force, la ruse, la diplomatie, ou la négociation pour le vassaliser, pour contrôler son espace géographique ou obtenir des tributs. Un royaume relativement plus petit pouvait, pour préserver sa souveraineté vis-à-vis d'un royaume voisin plus puissant, accepter de payer régulièrement un tribut ; ou par pragmatisme de se soumettre dans un souci d'autoprotection et de préservation de son existence au regard des rapports de force en présence.

Un recensement de l'administration coloniale française dans la circonscription de Bangangté comprenant le royaume de Bangangté et plusieurs autres royaumes révèle qu'en 1933 le royaume de Bangangté à, lui seul, était peuplé d'à peu près 13.065 habitants (F. Clement V. Everton Page 74.) avec environ le même nombre de ressortissants de Bangangté ayant émigré vers Douala, Yaoundé ou Nkongsamba où il y avait de meilleures opportunités de travail et d'emploi. Dans l'ensemble, un village pouvait regrouper environ une cinquantaine de maisons ou concessions de familles clôturées éparpillées dispersées sur des larges espaces avec une densité d'environ 30 personnes par kilomètre carré, les densités de population étant plus fortes dans la région bamiléké de Bafoussam où elle pouvait, en 1933, atteindre des centaines d'habitants par kilomètre carré. Les villages qui comprenaient environ 40 huttes coniques / maisons par village étaient à habitat généralement dispersé et habituellement éloignées les unes des autres, et des grandes routes de trafic. Les villages étaient reliés entre eux par des pistes, des vallées et des montagnes. Ce n'est qu'avec la colonisation que certaines routes en terre battue construites par travaux collectifs forcés dans le cadre des premiers travaux d'infrastructure des pays colonisateurs avec l'apparition de premiers véhicules motorisés introduits par le colonisateur. Un royaume était constitué de plusieurs villages. La chefferie du royaume de Bangangté, par exemple, comptait en 1930 environ 20-30 maisons sous formes de huttes aux toits coniques comprenant le palais du roi, sa grande cour, le lieu des cérémonies occasionnelles, et les maisons/huttes de ses nombreuses épouses

Avant la colonisation et aux toutes premières décennies de la colonisation, les femmes étaient presque toujours nues ou portaient de légers cordons de feuilles autour de leurs tailles (voir photos), tandis que les hommes portaient de légers vêtements sur le corps et de petites culottes traditionnelles en coton entre les jambes. La colonisation imposera progressivement le port de cotonnades par les femmes qui, avant le contact avec la colonisation, étaient généralement nues comme l'attestent ces photos prises en 1930 par l'anthropologue anglais F. Clement V. Egerton.

Durant la période précoloniale, l'éducation des enfants ne se faisait pas à l'école parce qu'il n'y avait pas d'école formelle. Au démarrage de la journée au lever du soleil, les enfants filles passeront toute la journée avec leurs mères, leurs grandes sœurs, tantes ou cousines pour apprendre à cultiver les champs et à préparer le repas de la famille. Les petits garçons passeront leur temps avec leur père, leurs oncles ou grands frères pour apprendre les métiers de l'artisanat, de l'élevage, de la chasse, des cueillettes, ou d'assistance à leurs mères pour des taches considérées comme un peu plus ardues dans le désherbage des plantations à cultiver ou le ramassage du bois de cuisine.

Pendant plusieurs siècles, avant la colonisation et aux premières décennies après la colonisation, d'un siècle à un autre, la vie en pays bamiléké a été quasiment la même : une vie simple quasi fermée sur elle-même et non exposée aux grands courants commerciaux sur de très longues distances régionales ainsi qu'aux progrès technologiques révolutionnaires. C'était une vie relativement simple, structurée et organisée autour d'un système social et traditionnel qui a toujours fonctionné sans avoir jamais été remis en question pendant plusieurs siècles. Avant la période coloniale et aux premières décennies de la période coloniale, il y avait très peu d'échanges et d'interactions entre villages. Le système économique était très simple, reposant sur la production et la consommation de produits essentiels à la vie, et notamment l'agriculture, l'élevage et l'artisanat dans une quasi-autarcie limitée aux frontières des villages ; avec néanmoins des marchés hebdomadaires pour échanges les produits de l'agriculture, de l'élevage, ou de l'artisanat avec d'autres villages environnants.

Photo 29 A : Vue de scènes d'un marché à Bandjoun en 1930

Source : F. Clement V. Egerton : "African majesty : a record of a refuge at the court of the King of Bangangté" Charles Scribers's Sons, New-York, 1939, P.133

Dans la région de Bangangté où les températures oscillent entre de 14 degrés Celsius et 25 degrés Celsius) le travail et la vie sociale sont rythmés essentiellement par les quatre saisons (une grande saison sèche (Novembre-Mars) et petite saison sèche (Juillet-Août), une grande saison des pluies (Septembre -Novembre) et une petite saison des pluies (Avril-Juin). Les espaces étaient larges, faits de savanes parsemées et de marigots avec des troncs d'arbres en guise de ponts.

La notion de temps est très vague : il y a des années, des mois, des semaines, et des jours, mais il n'y ni heures ni minutes. Il n'y a pas de montres et la position du soleil sur les têtes est l'indicateur de l'heure. La semaine compte huit jours avec deux jours réservés l'un pour le petit marché et l'autre pour le grand marché. La notion de distance est également vague, la société n'ayant pas de mesure ni de distance.

L'agriculture de survie avec des outils rudimentaires était l'activité principale de la presque totalité des habitants. Dans un jour typique de routine, le travail dépendant de la saison, les femmes cinq jours sur sept se lèvent à environ six heures du matin pour préparer le petit déjeuner (petit gâteau de maïs ou ignames ou des restes de nourriture de la veille pour leurs maris et pour les enfants, avant de prendre la direction des champs vers 7 heures du matin pour les cultures des champs (mais, arachide, ignames, haricot et taro). Elles retournent des champs vers 17 heures le soir pour préparer le repas du soir, avant de se coucher vers 9 heures le soir. Elles se reposent pendant un jour et vont au marché un autre jour du weekend, les jours de marché sont les jours préférés des femmes pour rompre avec la routine des travaux champêtres.

Les hommes sont généralement de petits rois, ils travaillent relativement moins que les femmes. Leurs occupations dans les champs se font avec leurs enfants garçons. Les activités des hommes portent généralement sur le ramassage du bois, la poterie, la sculpture, la confection des produits textiles Ndop, la construction et l'entretien de la clôture de la concession et des plantations pour maintenir les animaux à distance, la collecte du vin de palme ou les occupations du petit élevage de moutons, de porcs et de poules pour les reventes au marché de la semaine, le produit des ventes servant généralement à acquérir d'autres femmes. Pour alléger le poids du travail, un système de rotation du travail au sein d'une communauté (tontine ou « tchouak » en langue locale) était systématique pour alléger le poids du travail. Cette pratique de Tontine ou "Tchouak en langue locale" a été imposée et généralisée dans la région de Bangangté par le Roi Nya II, Roi des Bangangté ayant régné entre 1840 et 1885. Il y a des saisons de lourd labeur pour la culture des champs, et des saisons de détente pour les récoltes et danses et célébrations. Comme chef de famille, l'homme avait l'obligation de veiller à l'alimentation, à la protection et à l'habillement de sa femme. Sans romantisme, le sexe était généralement sur la base des rapports et d'échanges mutuellement avantageux pour consolider des relations d'affaires ou de rapports d'amitié dans la société. Le port du textile de coton dans l'habillement vestimentaire des femmes sera imposé par l'administrateur colonial pour éviter que les femmes se pavanent nues.

Durant les saisons de lourd labour, le travail est consacré aux cultures ou aux récoltes faites surtout par les femmes et leurs filles. Les hommes se focalisent sur le désherbage autant que possible. Les saisons de moindre labeur sont généralement concentrées pour les cérémonies funéraires, mariages et autres où les danses au rythme des musiques et d'instruments de musique traditionnelle sont au cœur des menus des activités.

Dans ce système précolonial, il y a très peu d'accumulation de richesse dans une économie ultra simple avec très peu d'échanges entre individus d'un même village produisant presque tous les mêmes biens ; les richesses se mesuraient par le nombre des femmes, de petits bétails (chèvres, canards et poulets), de cauris, et autres bijoux de parure. Les productions étant essentiellement pour la consommation et non le marché ; le surplus était gardé aux greniers pour prévoir les périodes de vache maigre.; la production agricole dépendant de la nature (environnement, climat, fertilité du sol). Dans une économie de subsistance agraire, la capacité de production agricole se mesure par le nombre d'enfants utilisés comme main d'œuvre. A l'apogée de sa gloire, il est établi que le tout puissant Menmaveun Ketcha avait plus de 300 enfants.

Photo 30 : Les femmes du Roi de Bangangté après
une séance de danse en 1930

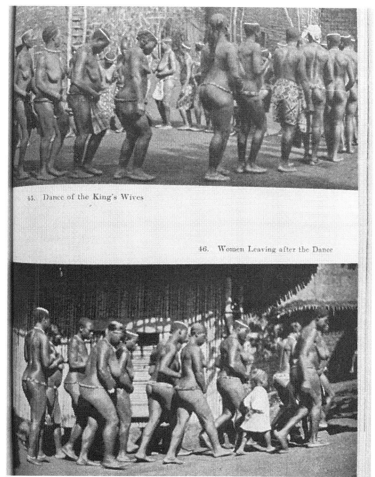

Source : F. Clement V. Egerton : "African majesty : a record of a refuge at the court of the
King of Bangangté" Charles Scribers's Sons, New-York, 1939, P.154

Conclusion

Ce chapitre a pu fournir une vue d'ensemble de la vie à l'époque du prince Teihockbeumtang avec quelques détails sur la culture et la tradition fournis dans la deuxième partie de ce livre.

En mettant l'accent sur les événements clés qui ont guidé la vie au 19ème siècle, l'accent a été mis dans la première section de ce chapitre sur les contacts doublement brutaux avec les Arabes depuis les 7eme et 9eme siècles, ainsi que sur l'impact de la violente traite des esclaves. Imposée par les Européens aux Africains depuis le 15eme siècle, avant la prise de contrôle totale de l'Afrique par les Européens à la suite de la conférence de Berlin de 1884 qui la divisa en morceaux. La deuxième section de ce chapitre a mis en évidence, à l'aide d'illustrations photographiques, comment était la vie à l'époque du prince Teihockbeumtang au 19ème siècle.

CHAPITRE HUITIEME

LA VIE DU PRINCE TEIHOCKBEUMTANG DE BAHOUOC ET DE SES ENFANTS

Introduction.

Ce chapitre retrace la vie du prince Teihockbeumtang et la vie de ses enfants et descendants jusqu'à aujourd'hui. Parce que le prince Teihockbeumtang était l'un des enfants de Petang I qui a régné sur le royaume Bahouoc Nfeutchieumtchou de 1846 à 1881, le prince Teihockbeumtang avait en effet plusieurs autres frères et sœurs étant donné la pratique généralisée et systématique de la polygamie. Dans ce livre, l'accent est mis uniquement sur les descendants du prince Teihockbeumtang qui ont réussi à rester ensemble en tant que membres de la même famille pendant sept générations malgré le passage du temps.

La première section de ce chapitre se concentre sur le prince Teihockbeumtang et la deuxième section se concentre sur la vie des enfants de Teihockbeumtang et de leurs descendants, en commençant par ses cinq premiers enfants, en soulignant autant que possible leur rôle dans la société, leurs activités et leurs interactions avec leurs congénères. A partir de l'arbre généalogique à différents niveaux, l'arbre généalogique de la famille étendue Teihockbeumtang peut être généré en juxtaposant les différents arbres généalogiques.

Section A. La vie du Prince TEIHOCKBEUMTANG

Issu de la dynastie Bahouoc des Nveuntcheumtchou, le prince Teihockbeumtang est né vers l'année 1825 dans le royaume de

Bahouoc. Son vrai nom, Teihockbeumtang, vient de Tei= diminutif de Tagni= père des jumeaux, Hock=diminutif de Hocktcho, Mbeum Tang=parures dorées et étincelantes portées en signe de richesse. Mbeumtang était également le nom du premier roi Bahouoc de la dynastie des Bahouoc Mveun Hag qui était toujours paré de métaux précieux. Né du Roi Pettang I, 19ème Roi Bahouoc de la dynastie Nfeuntcheumtchou et de Noumba, le Prince Teihockbeumtang a vécu sous les règnes du roi Nfeunhtchemtchou Mveun Yimti (roi Nfeuntchemtchou de 1826 à 1846) et du roi Bahouoc Nfeuntcheumtchou Petang I de 1846 à 1881. Le prince Teihockbeumtang était également congénère du roi Njiki I (roi des Bangangtés de 1805 à 1840), du roi Nya II (roi des Bangangtés de 1840 à 1885), et du roi Ngassam II, Yomi, et Tchatchoua. Il s'insère ainsi dans la descendance de plusieurs générations de premiers habitants descendus du pays Bamoun vers le 16ème siècle et bien avant au 14ème siècle.

Aux dernières années de sa vie, le Prince Teihockbeumtang a été certainement impliqué dans la guerre de 1896 entre les Bahouocs et les Bangangtés. Cette dernière s'est terminée avec la défaite des Bahouocs et la perte des vastes terres Bahouoc sur lesquelles est actuellement bâti le centre commercial de la ville actuelle de Bangangté. À la suite de cette guerre fratricide de 1896, entre les Bangangtés et les Bahouocs, on assistera à un exode massif des Bahouocs des terres que leurs ancêtres avaient occupées pendant plusieurs siècles. Tous les enfants du prince Teihockbeumtang feront partie de cet exode massif vers de nouvelles terres et, notamment, vers Mabit (pour Tei Petang), vers Bagnou (pour Backha Tchapnga), vers Bamena (pour Mbeu Nyambey), vers Babitchoua (pour Mbeu Kwibo Nzotta), et chez son mari (pour Ngontcho Teukam).

Comme décrit dans la section précédente, le prince Teihockbeumtang a vécu dans un contexte du 19ème siècle précolonial où, pendant plusieurs siècles auparavant, et d'un siècle à un autre, la vie en pays Bamiléké a été stable; le seul grand choc ayant déstructuré la vie rurale en pays Bamiléké a été le choc du commerce transcontinental des esclaves au cours duquel le pays Bamiléké, à partir de pistes étroites reliant l'intérieur du pays à la côte maritime, a servi de grande source d'approvisionnement des esclaves au port d'embarquement des esclaves de Bimbia comme l' attestent les nouvelles technologies de tests ADN de milliers de noirs Américains.

Comme membre de la dynastie régnante à Bahouoc, le prince Teihockbeumtang assistera régulièrement la dynastie dans l'exercice des fonctions du roi. Le Roi incarnait le pouvoir politique, la source de richesse, de loyauté et de prestige social sous plusieurs dimensions. Dans ce sens, le roi était l'autorité judiciaire. La cour du roi arbitrait tous les conflits et disputes ; et la cour du roi était la cour de dernier ressort. Le roi avait également un contrôle étendu sur les richesses du royaume ; avec l'obligation d'accumuler les richesses du royaume (augmentation et encouragements des productions agricoles pour prévenir la faim et les disettes). Ayant un fort contrôle sur les terres, le roi pouvait les repartir et les allouer équitablement pour utilisations en tant que de besoin. Le roi pouvait également confisquer les propriétés et ressources du royaume et redistribuer équitablement les richesses et trésors de guerre dans le royaume pour l'intérêt de tous ». Pour préserver la survie du royaume, le roi avait l'autorité pour la défense du royaume ou pour l'engagement du royaume dans une guerre. Pour la préservation de son royaume, le roi avait également autorité pour la bénédiction des mariages avec interdiction des mariages et unions au sein des mêmes clans pour prévenir des maladies congénitales

Au cœur de l' intense période de l'esclavage qui avait commencé avec le Portugal depuis le 15ème siècle, et parce que les royaumes de l'intérieur aux très fortes fertilités et densités de population étaient des sources importantes d'approvisionnement des régions côtières en esclaves destinés au départ vers l'Europe et plus tard au commerce triangulaire transatlantique, le Prince Teihockbeumtang vivra aux côtés de son père, le roi Pettang I de la dynastie des Bahouocs Nfeuntchemtchou, qu'il assistera pour le contrôle et l'approvisionnement des esclaves aux rois de la côte maritime camerounaise et, notamment, du port de Bimbia au Cameroun ; de nombreux tests d'ADN ayant démontré que beaucoup de noirs américains ont été embarqués du port de Bimbia sous le contrôle des capteurs et collecteurs d'esclaves européens. Même après la proclamation de la fin de l'esclavage destiné vers les Amériques, l'esclavage établi par les pratiques et habitudes séculaires se poursuivra entre les régions de l'intérieur et notamment le pays Bamiléké et les régions côtières autour de Bimbia qui était le principal port d'embarcation des esclaves au Cameroun

Comme tous les enfants de sa génération, et en l'absence d'école formelle structurée, le prince Teihockbeumtang sera également formé sur le tas aux responsabilités des garçons et futurs hommes de son époque (apprentissage de travaux champêtres, au petit élevage, chasse et cueillette, à l'artisanat, au maniement des instruments traditionnels de musique, à la diplomatie, et aux techniques de défense guerrière des espaces géographiques, à la préservation et à l'expansion du territoire royal de Bahouoc).

L'éducation précoloniale était essentiellement informelle. La connaissance était transmise aux jeunes non pas dans des écoles structurées mais informellement par l'exposition et l'imitation des ainés. Une bonne partie de la retransmission de l'histoire du clan se faisait autour du feu, tandis que l'apprentissage se faisait par la pratique et l'observation. Cette éducation était destinée à produire des hommes équilibrés, bien adaptés à la société avec un accent sur la décence et le comportement moral et social. Il était instillé aux enfants, les coutumes, les traditions, les meilleures valeurs morales, les meilleurs comportements sociaux, le respect et la révérence des aînés et du chef. Cette éducation informelle était parfois spécialisée (initiation à la médecine traditionnelle, aux métiers artisanaux comme la poterie, la construction, comment construire une maison, ou une clôture, comment chasser ou cultiver, comment défendre et protéger le territoire). L'éducation informelle préparait les hommes et les femmes à se prendre en charge à comprendre, accepter, et appliquer les traditions et normes sociales et la culture de la société. L'éducation informelle permettait également entre autres objectifs de :préparer les jeunes à pratiquer et perpétuer les traditions et cultures de la société, mettre en valeur la sagesse des ainés, apprendre l'histoire des ancêtres,; 2/ instiller les traditions orales et les coutumes de la société ; préparer les jeunes à être des leaders bien éduqués et maitrisant les connaissances ; apprendre aux enfants a maitriser le langage de la société pour leur permettre de mieux communiquer ; apprendre aux enfants la préservation de la culture et l' amour du travail

Le prince Teihockbeumtang a été le père géniteur de 5 enfants (4 garçons et deux filles). Les garçons étaient dans l'ordre : 1/ le prince Bahka Tchapnga, 2/ le prince Tei Petang, 3/ le prince Mbeu Kwibo Nzotta Job, 4/ Mbeu Nyambey. La fille était ; 5/la princesse Ngontcho Philomène Teukam. Une esquisse de la vie de ces enfants est ébauchée dans la section suivante.

Photo 31 : L'arbre des descendants du Roi Pettang I et le Prince
Teihockbeumtang

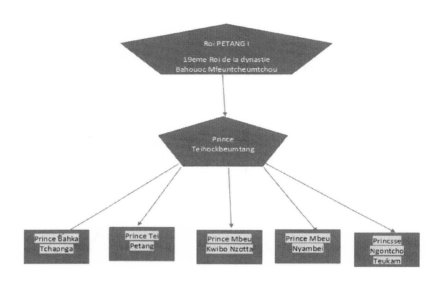

Section B : La vie des enfants du Prince TEIHOCKBEUMTANG et leurs descendants

À un moment où les mobilités sur longues et moyennes distances étaient extrêmement limitées du fait de l'absence des routes, tous les enfants du prince Teihockbeumtang sont nés dans le royaume de Bahouoc. À la suite de la guerre fratricide de 1896 entre le royaume Bangangté et le royaume Bahouoc, le royaume Bahouoc sera démantelé ; ses terres disloquées et redistribuées entre les royaumes de Bangangté, de Balengou, de Bamena et de Bangoua qui se sont coalisés pour vaincre le jusqu'alors tout puissant royaume Bahouoc. À la suite de cette guerre fratricide, le colonisateur allemand prendra fait et cause pour le royaume Bangangté et pénalisera Bahouoc par le démantèlement du grand royaume Bahouoc, et la diminution de ses vastes terres. Il s'en suivra un exode massif des populations Bahouoc vers d'autres destinations. Les princes Teihockbeumtang iront chacun vers sa direction. Le prince Bakha Tchapnga émigrera vers ses oncles maternels au village Bagnoun. Le prince Tei Petang émigrera vers Mabit à Batoum. Le prince Nzotta Job récemment élevé à la dignité de Mbeu Kwuibo Nzotta (Mbeu Kuibo = 1er adjoint au Roi/Chef) au royaume de Bahouoc Nfeuntcheumtchou sera affecté à Babitchoua par le Roi Njiki II Salomon comme Ambassadeur de facto/ représentant personnel du royaume de Bangangté représentant la dynastie des Nfeun Ngah; et le prince Mbeu Nyanbey ira vers Bamena, tandis que la fille Ngontchou Teukam continuera sa vie avec son mari.

Par 1. La vie du prince BHAKA TCHAPNGA et de ses descendants

Le feu prince Bahkha TCHAPNGA était le fils ainé du prince TEIHOCKBEUMTANG. À la suite de l'invasion du village Bahouoc MFEUCHEUMTCHOU, par le chef Bangangté à la suite de la guerre Bahouoc -Bangangté de 1896, et avec l'accaparement des terres Bahouoc par les Bangangtés avec la complicité des Allemands, le feu prince BHAKA TCHAPNGA décida de retourner à BAGNOUN où se trouvaient ses oncles maternels. Orphelin de mère très top, le feu Prince BHAKA TCHAPNGA sera marié à deux femmes à savoir : Tchoksan Tapita TCHOUTA MVEUNZWEU et MARIA NANA (originaire du village Bamoun). Il finira sa vie dans une maison hantée qui lui avait été donnée par ses hôtes à BAGNOUN. À sa mort, l'un de ses petits frères, Mbeu Kwibo Nzotta, tentera en harmonie avec la tradition de l'époque de prendre son épouse Tchoksan Tapita Tchouta en veuvage de mariage, mais Mami Tchoksa Tapita refusa énergiquement en raison de ses amitiés avec Magni Douffo qui était la femme de Mbeu Kwibo Nzotta. Mami Tchoksa qui était matrone traditionnelle assista sa fille Anna Nya à accoucher son premier enfant Magni Justine Keutcha Nguegna après plusieurs tentatives d'accouchements sans succès dans un contexte de très forte mortalité infantile. Mami Tchoksa Tapita mourut en février 1969. Après la mort de feu Bhaka Tchapnga, sa femme Tapita Tchouta MVEUNZWEU mettra au monde un enfant du nom de THIFOCKEUEH qui mourut malheureusement à un très jeune âge.

Du mariage du Prince BHAKA Tchapnga 5 enfants sont nés à savoir : 1/NGASSAM SAMUEL, 2/PETANG MARTHE, 3/WATCHOU LAZARE, 4/NYA ANNE, et 5/PHILLIPE FEUYANG

Photo 32 : L'arbre des descendants du Prince Backha Tchapnga

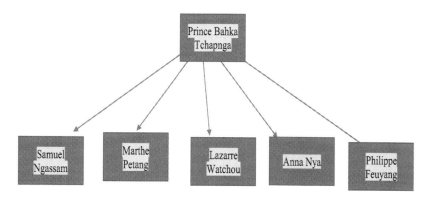

Par 1.1 : la vie de Papa SAMUEL NGASSAM:

SAMUEL NGASSAM est le seul petit fils du prince Teihockbeumtang qui prit part à la 2ème guerre mondiale aux cotés de soldats français de l'armée coloniale pour la libération de la France. Au retour de la guerre et auréolé de ses médailles de guerre, il était fort respecté dans la communauté, il et s'installera à Bamena où il fera un premier mariage avec Antoinette Konteu avec qui il aura six enfants dont seulement deux sont vivants au moment où nous écrivons ces lignes. Il divorcera de son premier mariage et épousera Magni Kouamen en deuxièmes noces. Il aura avec elle quatre enfants ; un seul est encore en vie en ce moment et se trouve à Santchou. Un des enfants de Papa Samuel Ngassam, petit fils de Mbeu Nyambe, s'est installé à Bamena non loin de feu Tangueun Pierre. Le petit fils de Mbeu Nyeunbei a eu des enfants dont Albert Nouyim et un certain Zacharia. Papa Samuel Ngassam s'installera plus tard à Makénéné, les colonisateurs ayant rassemblé les populations au bord de la route nouvellement créée en direction de Yaoundé, route bâtie par le colon français pour concentrer les populations autour des routes pour un meilleur contrôle administratif et militaire.

Photo 33 : L'arbre des descendants de Samuel Ngassam

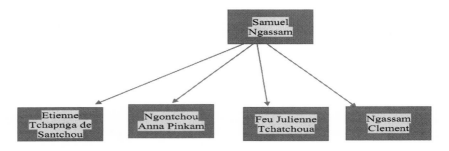

Par. 1.2 : La vie de Mère MARTHE PETTANG

Feu mère MARTHE PETANG fut l'ainée des filles de BHAKA TCHAPNGA. Feu Mami Marthe, comme on l'appelait affectueusement, s'était mariée à Bamena où elle fit un seul enfant, feu Njindam Pierre, décédé le 10 décembre 2016 à l'hôpital Central de Yaoundé. Après un court moment dans son mariage à Bamena, elle obtiendra officiellement le divorce de son mari et émigrera à Makénéné pour y retrouver son frère cadet, Lazare Watchou, qui y résidait et travaillait pour un riche propriétaire de nombreuses plantations de café (le richissime Jean Ndengue). Lazare Watchou accueillera Mami Martha Petang et son fils Tangueun Pierre Njindam. Elle quittera Makénéné pour se rendre à Douala. Après Douala, elle retournera à Makénéné, avant de se retrouver, plus tard, à Yaoundé au quartier Tsinga à la demande en début de la carrière de son fils Pierre Njindam, récemment retourné des études supérieures de bâtiment en France. Elle vivra plusieurs années aux côtés de son fils et sa sœur Mamy Madon Anna Nya. Cette dernière rejoindra plus tard son fils Tagni Amos au quartier Efoulan à Yaoundé où elle décèdera.

Photo 34 : L'arbre des descendants de Mère Martha Pettang

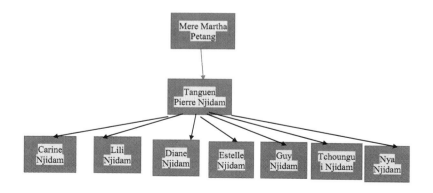

La vie de Papa Njindam Pierre Flaubert. Né à Bangangté vers 1941 de Tchoudjan Djoni de Bamena et Marthe Pettang, **Papa** Njindam commence ses études à l'Ecole adventiste d'Obala et à l'Ecole Principale d' Obala ou il vit près de sa tante Mère Anna Nya. Il poursuit ses études secondaires à Douala au Centre de Formation Soppo Priso pour apprendre un métier. Il fait l'Ecole Préparatoire à Paris et termine ses études universitaires à l'Université Paris-Dauphine comme Ingénieur de génie civil urbaniste. A la fin de ses études, il retourne au Cameroun et commence une carrière professionnelle au Ministère de l'Equipement où il démissionne comme Chef de Service de l'Entretien et crée sa propre entreprise, Entreprise Nouvelle de Bâtiments (ENNOB) qui a construit de nombreux immeubles privés à Yaoundé et dans les régions environnantes au Cameroun. A un moment où il n'y avait pas de téléphone, il était le centre de la famille et le seul de la famille avec un téléphone et une boite postale où tout le monde pouvait recevoir un coup de fil ou une lettre postale. Ayant été l'homme de la famille le plus éduqué et avancé intellectuellement, il a aidé tous les enfants de le grande famille Teihockbeumtang sous des formes diverses et variées. Il a été le fondateur de la réunion de la grande famille Teihockbeumtang qu'il a reçu à son domicile régulièrement pendant plusieurs années. Il meurt le 10 décembre 2016 à l'hôpital central de Yaoundé.

Photo 35 : Papa Njindam Pierre Flaubert

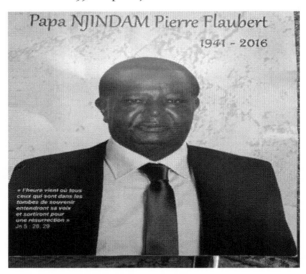

Photo 36 : Carine Njindam , fille ainee de Papa Njindam et ses enfants.

Par 1. 3 : La vie de Papa WATCHOU LAZARE

WATCHOU LAZARE fut un autre fils de BHAKA TCHAPNGA. Il a été élevé par son oncle Mbeu Kwibo Nzotta qui « achètera » / dotera sa première femme. Après la dislocation de Babitchoua où il vivait avec son oncle Mbeu Kwibo Nzotta, il s'installera à Makénéné où il passera la grande partie de sa vie. Il fut le plus lettré de sa génération, car ayant étudié jusqu'au cours élémentaire de l'école primaire. Cette scolarité lui permit de lire et écrire correctement et d'obtenir un emploi comme secrétaire général du riche propriétaire des plantations Jean Ndengué qui, plus tard acquerra, l'hôtel Aurore de Yaoundé au quartier Briqueterie. Watchou Lazarre épousa en premières noces Hélène NGNINEMI avec qui il aura un garçon, Isaac Nkomga, et sa première fille, Jeanne Ndengué, dénommée après son patron le richissime Jean Ndengué. Dans un contexte où les jeunes filles étaient mariées contre leur gré aux personnes qu'elles n'ont pas choisies mais surtout aux personnes qui ont payé le prix fort de la dot, le père Lazare Watchou forcera sa fille à épouser un homme dont elle ne voulait pas. Sous la pression de son père qui avait déjà obtenu l'argent de la dot pour acheter des tôles en vue de la construction de sa maison, il forcera sa première fille d'épouser contre son gré un homme relativement plus âgé et riche de Makénéné. Par la suite, cette fille sera amenée à s'évader de son mariage forcé pour aller se réfugier chez sa cousine Maria Noumba qui, elle aussi, s'était évadée à Minta après Nanga Eboko quelques années auparavant dans les mêmes conditions après avoir connu le même sort de mariage forcé. Avant son évasion, elle sera en attente d'un enfant qu'elle accouchera à Minta. La première femme de Lazarre Watchou, Hélène NGNINEMI, fut tuée par un arbre tombé au champ lorsqu' elle y travaillait. La troisième femme de feu papa Lazare Watchou, c'était Madeleine Djeugni Noudou avec laquelle il a eu Robert Njiké, Fernand, Njindam et huit autres enfants tous déjà décédés. Robert Njiké faisait partie d'une église de réveil avec la croyance qu'en cas de maladie, la prière suffit à la guérison.

Photo 37 : L'arbre des descendants de Lazarre Watchou

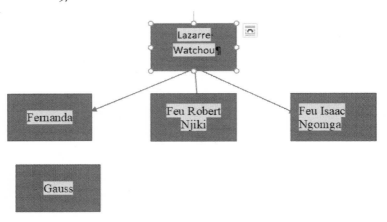

Par 1.4 : La vie de la mère NYA ANNE

La mère **NYA ANNE,** née vers 1928, fut la deuxième fille de feu BHAKA TCHAPNGA et sœur cadette de mamy Martha Pettang. Après sa jeunesse à Bamena, elle rejoindra sa sœur, Martha Pettang, à Makénéné où elle rencontrera son mari, Lazare Pinkam. Le mariage scellé, elle s'installa par la suite avec son mari à Bafia ; le voyage de Makénéné à Bafia ayant été fait à pieds. Avant la naissance de son premier enfant devenue plus tard Magni Justine

Keutcha, elle aura plusieurs enfants tous morts dans un contexte de très forte mortalité infantile. Au regard de la compétence de sa mère Tchoksa Tapita qui était infirmière/ matrone/ sage-femme traditionnelle spécialisée dans l'accouchement des enfants à hauts risques, sa mère exigera que Anne Nya vienne accoucher auprès d'elle à Makénéné où elle venait de s'installer après Bamena. Cela permettra à Anne Nya d'accoucher son premier enfant, Justine Ketcha (plus tard Magni Justine Ketcha Nguegna), vivant et dans une relative plus grande sécurité auprès de sa mère. Son mari Lazarre Pinkam donnera le nom de sa première fille, Justine Ketcha, à un très grand ami, vraisemblablement le père de la Ministre Ketcha Courtes, ancienne maire de Bangangté et actuellement membre du gouvernement Camerounais actuel. Après son accouchement, mère Anne Nya retournera à Obala où elle passera quelques années avant de déménager plus tard à Ngoulémakong avec son mari. Elle aura deux autres enfants Amos Nkamgna et Odette Tchouta et passera plusieurs années de sa vie à Ngoulémakong avant de retourner, plus tard, à Yaoundé où elle passa plusieurs décennies de sa vie commerçante de produits vivriers avant de mourir en 2009. Son mari Lazarre Pinkam, né vers 1924, avait fait des études primaires élémentaires. Il sera commerçant à Bafia, ensuite à Obala. Il s'installera plus tard à Ngoulémakong à son propre compte où il mènera une longue carrière de commerçant.

Photo 38 : L'arbre de la mère Anna Nya

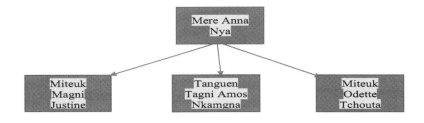

Photo 39 : Magni Justine Keutcha, Tagni Amos Nkamgna, et Maman
Odette Tchouta Tchinda

Photo 40 : L'arbre des descendants de Magni Justine Keutcha Nguegna

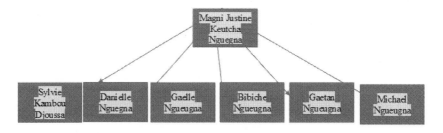

Photo 41 : L'arbre des descendants de Tagni Amos Nkamgna

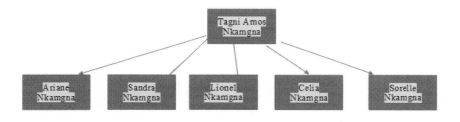

Photo 42 : L'arbre des descendants d'Odette Tchouta Tchinda

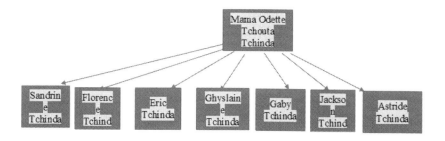

Par 1.5 : La vie de Papa PHILLIPE FEUYANG

FEUYANG PHILLIPE a été le 5ᵉ et dernier enfant de la fratrie de BHAKA TCHAPNGA issu du mariage avec Maria Nana venant de Bamoun. Il vécut dans le Mungo, précisément à Penja. Il partira de Penja plus tard pour la ville de Yaoundé et Obala ou il hébergea Papa Pierre Njindam pendant un temps. Philippe Feuyang est aussi passé brièvement chez son cousin Tei Jean Nana à Mokolo Yaoundé.

Photo 43 : L'arbre des descendants de Philippe Feuyang

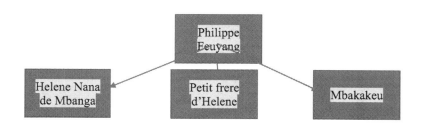

Par 2. La vie du prince TEI PETANG et ses descendants

Le feu prince Tei Petang a été l'héritier désigné du prince Teihockbeumtang. Élevé dans la plus grande tradition de l'époque, il acquiert comme tous les enfants garçons de l'époque les rudiments de la vie en milieu rural acquis auprès de son père par la maitrise de l'agriculture de subsistance, l'apprentissage de la cohésion sociale et la gestion des conflits. À la suite de la guerre Bangangte-BAHOUOC de 1896, et l'exode massif consécutif des BAHOUOCs vers de nouveaux horizons, il s'installera dans les plaines de Mabit (Batoum actuel) où il mourut ; après avoir passé l'essentiel de sa vie à BAHOUOC. Il était marié à deux femmes notamment MAGNI KOUMGA comme première épouse et NGOUN ZWEU YADAM comme seconde épouse.

TEI PETANG était père de huit enfants. Avec MAGNI KOUMNGA, il a eu les enfants suivants : 1/ LAZARE DJEUPA, 2/ Tei NANA JEAN, 3/Ngontcho ELISABETH ZOTTA, 4/SAMEN ZACHEE, 5/ Ngontcho CHRISTINE NGAMI. Avec NGOUN ZWEU YADAM, Tei Pettang a eu quatre autres enfants : 1/TANKO JACOB TANKOUA, 2/TANKO MAURICE YOMI, 3/TANKO JEAN NYATCHA, 4/NGOUNTCHOU MBAKOP (de Loum)

Photo 44 : L'arbre des descendants du Prince Tei Pettang

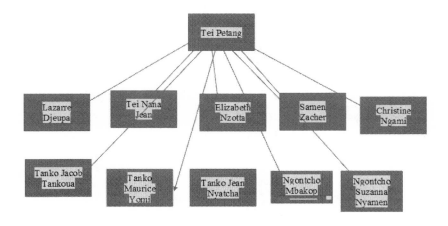

215

La vie des enfants nés du mariage avec la mère Magni Komnga

Par 2.1 : la vie de Papa LAZARE DJEUPA

Doté d'une force physique exceptionnelle, Lazarre Djeupa n'échappera pas à l'exode rural massif des jeunes partis des montagnes et hauts plateaux de l'ouest pour les nouvelles destinations de Yaoundé, Douala et le Moungo. Après ses premières années à Mabit sans éducation scolaire, il fait les premières années de sa jeunesse à Douala. Aprés Douala, il s'installera à Nanga-Eboko au milieu des années 50s. Malgré sa force physique et son esprit de travailleur, il ne fit pas assez d'enfants comme ce fut le cas pour ses autres frères commerçants. Il possédait un vélo Hercule qui lui permettait d'aller de Nanga-Eboko, sa ville de résidence, à Lembe Yezoum pour se consacrer à ses activités agricoles dans ses plantations de cacao et de café. Vivant uniquement de l'agriculture, LAZARE DJEUPA n'a pas accumulé beaucoup de richesses par son travail. Sa femme Tchoksan Madeleine Nzinou, en revanche, avait assez prospéré dans le commerce. Elle partageait très peu le fruit de son commerce avec plusieurs enfants qui, loin de leurs parents, avaient été confiés à sa charge pour les études. À sa mort, LAZARE DJEUPA laissera une maison construite en tôles et terre battue (une performance remarquable) qui a abrité pendant plusieurs années beaucoup d'enfants de la famille. Parmi les enfants de ses frères et cousins, Salomon Samen y a passé quatre années d'études au Collège d'Enseignement Secondaire (CES) de Nanga-Eboko. La défunte Julienne Tchatchoua, Joseph Kamen de Paris, Bienvenue Wahane en service à Eséka, Adèle Ndjamen de Yaoundé y ont également passé au moins une année chacun ; tandis que d'autres enfants de la famille comme Odette Tchouta y ont séjourné de temps en temps lors des vacances scolaires. Cette hospitalité et ouverture aux enfants de la famille, en permettant d'abriter plusieurs enfants de la famille, a également aidé au renforcement des relations de fraternité et d'amour entre plusieurs enfants de la famille.

Ainsi, lorsque les enfants de Tei PETANG étaient descendus des montagnes de l'ouest pour s'installer à Yaoundé et Douala en quête d'opportunités d'emplois pour améliorer leurs conditions de vie. LAZARE DJEUPA lui était descendu à Douala non pas pour y chercher un petit métier qui aurait pu l'occuper au quotidien comme son frère TANKO JACOB TANKOUA, qui fut à l'époque employé en service à la CCC pendant plusieurs décennies. N'ayant pas pu trouver du travail à Douala, il émigrera à Nanga-Eboko vers le milieu des années 50s, où il se consacrera à une vie d'agriculteur. À sa mort, il laissa une fille, Ngontcho Odette Ndamja, actuellement résidant à Batoum, et un garçon, Pierre, décédé il y a quelques années.

Photo 45 : L'arbre des descendants de Lazarre Djeupa

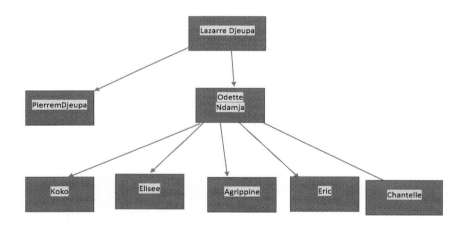

Photo 46 : Lazarre Djeupa, sa fille Odette Damja, Blaise et Flore fille d' Odette Damja

Par 2.2 : la vie de Papa Tei NANA JEAN

Photo 47 : Tei Nana Jean et Magni Madeleine Watat

     Tei NANA Jean (Tei=Tagni=père des jumeaux) arrive à Yaoundé très tôt vers 1953, c'est-à-dire très jeune encore, probablement dans sa vingtaine. Il s'installa dans les nouveaux quartiers populaires accueillant en grande partie les ressortissants des régions de l'Ouest tandis que le quartier briqueterie accueillait en grand partie les ressortissants des régions septentrionales du Cameroun. D'un terrain acquis, une maison fut bâtie ; et cette maison fut pendant plusieurs années le point de transit de plusieurs membres de la famille élargie. Cette maison reçut presque tous les parents, grands-parents, les enfants, frères et sœurs, les amis et autres proches de la famille une fois en séjour, ou en transit dans la ville de Yaoundé. Située au quartier Mokolo, cette maison de NANA Jean aura battu le record en termes d'accueil dans la grande famille TEIHOCBEUMTANG. Le mode de vie était celui d'une famille africaine dans laquelle l'amour était au centre de tous les débats. Au départ tailleur, commerçant par la suite, NANA Jean fut un père exemplaire pour tous, que ce soit pour les défunts d'hier ou les vivants d'aujourd'hui. À sa mort NANA Jean fut beaucoup regretté au regard de sa grande générosité vis-à-vis de tous les bénéficiaires. Malgré tous les efforts consentis de son vivant, NANA Jean partit dans une pauvreté extrême. Les affres de la crise économique dont il a été l'une des victimes l'avait réduit à un simple tailleur de sacs pour ménagère qu'il fournissait à de nombreux commerçants ambulants qui s'approvisionnaient à son domicile au quartier Mokolo.

2ème fils de PETANG, second après Lazare DJEUPA de Nanga Eboko, NANA Jean, comme tous les jeunes de son âge à leur époque, s'était lancé très tôt dans le commerce. Ce fut à l'Est-Cameroun, précisément à Nguélemendouka non loin de Nanga Eboko, Abong-Mbang ou encore de Minta où bon nombre de jeunes de l'époque allaient chercher fortune dans l'économie du cacao/ café encouragée par l' ancien colonisateur. Il effectuait régulièrement la navette entre Yaoundé et Nguélemendouka pour l'achat des produits de première nécessité qu'il allait revendre en milieu rural, avant de retourner régulièrement pour voir femme et enfants et le reste de la grande famille TEHOCK à Yaoundé. Son esprit de rassembleur avait marqué la majorité des parents dans la famille TiehockBeumtang.

Tei NANA Jean fut, durant plusieurs décennies, le double héritier et successeur de son père et de son grand père. En ce qui concerne la succession de son grand père Teihockbeumtang au milieu des années 50s, Tanko Jacob Tankoua de Douala à qui la succession avait été donnée par désignation testamentaire de Teihockbeumtang la refusa en raison en grande partie des contraintes de son emploi à la CCC-Complexe Chimique Camerounais (1ère usine de fabrication de savons et huiles de cuisine (Finoline) du Cameroun Douala). Au regard de ce désistement, Tei Nana, en bon père de famille accepta la succession de son grand père sur proposition de son oncle Mbeu Kwibo Nzotta. De même, lorsque la succession de son père Tei Petang avait été donnée à son petit frère cadet MenmaMveun SAMEN Sakio Zachée, ce dernier le refusa énergiquement probablement en raison également de ses occupations professionnelles trop chargées. Également en tant que bon père de famille, Tei NANA Jean accepta la succession de son père Tei Petang après le désistement de son petit frère SAMEN Sakio Zachée. Ce double désistement à la succession à la fois de son père Tei Petang et de son grand père Teihockbeumtang fit de Tei Nana un double successeur à la fois de son père et de son grand père pendant près de 60 ans.

NANA Jean eut pour épouse Magni WATAT Madeleine. 8 enfants naîtront de leur union à savoir 04 garçons et 04 filles :1. PETANG Adolphe, 2. DJAMEN Adèle, 3. TCHADJI Nicole, 4. TCHAMBA Angèle, 5. NDJINDAM Flaubert 6. YOMI Silas 7. TCHATCHOUA Hubert 8. TAMBA Liliane

Photo 48 : L'arbre des descendants de Tei Nana Jean

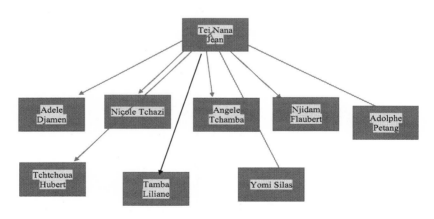

Tei Jean NANA quitta Nguélemendouka pour regagner Yaoundé, d'abord pour des raisons de santé, ensuite de succession de son grand-père TEIHOCKBEUMTANG et même du trône de son propre père Téi PETANG. Soucieux de continuer dans une

activité pour survenir aux besoins de sa famille, il décida de confectionner lui-même ses sacs de marché pendant des années durant. Asthmatique de son état pendant longtemps, cette maladie aura raison de lui. Il se déplaça pour le village Mabit Bangangté pour les rites coutumiers soupçonnés sous l'angle traditionnel comme étant la cause de tous les malheurs. Jean Nana va demeurer au village pendant toute sa maladie et décéda le 23 juin 1997 à Mabit où il sera enterré/ inhumé.

Compte tenu du poids de l'âge et de son état de santé dégradant, il fût obligé de quitter Nguelémedouka dans l'Est-Cameroun, son lieu de résidence commerciale, pour revenir à Yaoundé auprès de sa famille. La maladie et les rites traditionnels imposeront un retour au village, à Mabit où il va demeurer avant de décéder le 23 février 1997. Une semaine plus tard, il sera inhumé dans le même village. 24 ans plus tard, il sera rejoint par son épouse Magni WATAT Madeleine décédée le 25 décembre 2016. Cette femme est, comme son ami, celle qui a vu tous les membres et autres personnes chez elle pour un séjour à Yaoundé. Elle embrassait ses enfants comme tout le reste. Elle s'en est allée dans la misère absolue, malgré tous les efforts du quotidien pour donner aux uns et aux autres la bonne humeur.

Quelques enfants de feu Tei Jean Nana

Photo 49 : Hubert Tchatchoua, Silas Yoya et sa fille Morgan Samen Silas

Par 2.3 : Ngontcho ELISABETH ZOTTA.

Ngontcho Elisabeth Nzotta eut plusieurs enfants parmi dont un fils, Gilbert Kwamen, ancien mécanicien.

Par 2.4 : La vie de Papa Menmaveun Sackio SAMEN ZACHÉE

Photo 50 : Sakio Zacher Samen

MENMAMVEUN SACKIO SAMEN ZACHÉE arrive à Yaoundé en 1955 tout jeune dans sa vingtaine. Il va y passer un peu de temps avant de servir comme aide chauffeur/ motor-boy dans les cars de transport entre Yaoundé et Bangangté. Il se rendra par la suite à Batouri où il se met à l'apprentissage de la conduite d'automobile. Il retournera à Yaoundé et servira comme taximan pendant plusieurs années avant d'y trouver un emploi de chauffeur dans le secteur dans l'administration agricole. Il va y rester jusqu'à l'obtention de son permis de conduire des poids lourds qui lui permettra de se retrouver par la suite dans le transport des engins lourds en commun. Il a épousé TONTANE ROSE KWIDJEU vers 1957. De ce mariage vont naitre plusieurs enfants, six précisément (Bienvenu Wahana, Komnga Fernand, Leopoldine Mbiaga, Nzotta Rigobert, Suzie Flore Samen Nkuidjeu, Serge Samen). Lors de son apprentissage comme aide chauffeur sur la ligne Yaoundé -Bangangté, il aidera sa petite sœur / cousine Maria Noumba à s'évader du mariage que lui avait imposé le père Mbeu

Kui Nzotta. En reconnaissance au rôle que MenmaMveun Zacher SAMEN a joué dans son évasion, elle donnera le nom de SAMEN à son premier fils issu du mariage éphémère à lui imposé par son père Mbeu Kwuibo Nzotta. Au plan professionnel, son dernier employeur fut la défunte SOTUC (Société des transports Urbains du Cameroun) où il officia comme chauffeur de bus. La crise économique ayant miné l'entreprise camerounaise poussa la SOTUC à fermer ses portes et à licencier son personnel ; ce qui le déstabilisa financièrement.

MENMAMVEUN SACKIO ZACHER SAMEN avait une identité remarquable, sa pipe toujours sur les lèvres. À ses heures perdues, il tirait et rejetait la fumée. Bon conseiller, il se comportait en bon père de famille très généreux envers tous les membres de la famille. Une cruelle maladie précipita sa mort, après le décès de son frère ainé Tei NANA JEAN. Menmaveun Sakio Zacher SAMEN était tellement prémonitoire que dès la naissance du premier enfant de sa génération dont le nom lui a été donné par ma mère, il appellera cet enfant depuis sa naissance Docteur, et l'appelait toujours Docteur toute sa vie. Etrangement, cet enfant 26 ans après sa naissance sera Docteur d'Etat en Sciences Economiques en France, bien que Menmaveun Sakio Zacher SAMEN aurait certainement souhaité qu'il soit Docteur en médecine

Photo 51 : L'arbre des descendants de Zacher Samen

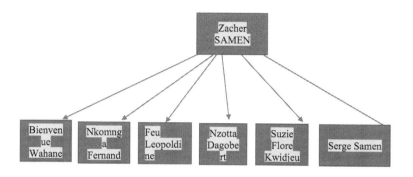

Photo 51 A : L' arbre des enfants de Léopoldine Mbiakga Samen

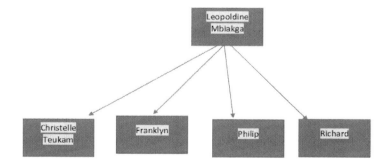

Photo 52 : Jolie Flore Samen et feu Dagobert Dsotta de Zacher Samen

 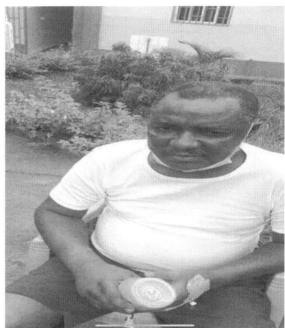

Par 2.5 : La vie Mama Ngontcho Christine NGAMI.

Mama Ngontcho NGAMI a eu deux filles : Miteuk christine Djeutat (Miteuk de Komkana Yaoundé) et Miteuk MADELEINE NGASSAM (Miteuk de Nlongkak Yaoundé) et un garçon qui a vécu jusqu'à sa mort en 2018 à Bangoua.

Miteuk Madeleine Ngassam a eu plusieurs filles (Brigite Tcheutgna, Rose Sylvie Tchatchou, Marie Claire Ngahan, Alice Nkamdam, Adèle Tchounou) et plusieurs garçons (Désiré Djeukba, René Nganou, Iodrique Aimé Nana, Jean Collince Tchapnga).

Photo 53 : L'arbre des descendants de Miteuk Longkak Madeleine Ngassa

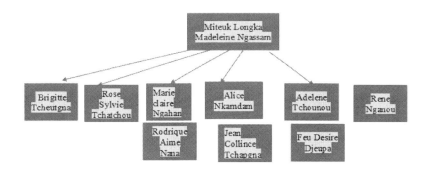

228

Photo 54 : Miteuk Longkak Madeleine Ngassam, sa fille Brigitte
Tcheutgnia et Desire Djeupa

**Miteuk Christine Djeutat (Miteuk de Komkana
Yaoundé)** a eu 6 enfants (Nana Brigitte et Mbiapo Bertrand
décédés, les filles Wandja Delphine et Leugna Narcisse ; et les
garcons Ngassam Samen Valery, Keutcha Théodore, et Mbiapo
Bertrand)

Photo 55 : L'arbre des descendants de Miteuk Komkana Christine Djeuta

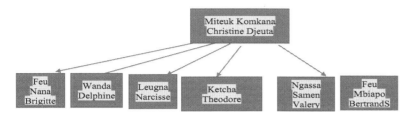

Photo 56 : Miteuk Komkana Christine Djeutat et sa fille Narcisse

La vie des enfants nés du mariage avec la mère
NGOUN ZWEU YADAM,

Par 2.6 : La vie de Papa TANKO JACOB TANKOUA

Tanko Jacob Tankoua a été le premier de la très grande famille Teihockbeumtang à s'installer en milieu urbain à Douala. Ses aptitudes à servir et sa docilité ayant été détectées par un Français en voyage touristique dans la région de Bangangté, il sera transporté

230

par ce visiteur français à Douala et gagnera sa sympathie. Il servira dans un premier temps comme employé au service de ce blanc Français. Ce blanc Français lui trouvera plus tard un emploi à la CCC (Compagnie Chimique Camerounaise). Il passera toute sa vie professionnelle à la CCC ou il sera couronné de nombreuses médailles de travail. À la mort de son père Tei Petang, il sera désigné successeur testamentaire. Il refusa d'accepter la charge de succession de son père en raison de ses grandes responsabilités professionnelles. Il mourut à Douala.

Photo 57 : L'arbre des descendants de Tanko Jacob Tankoua

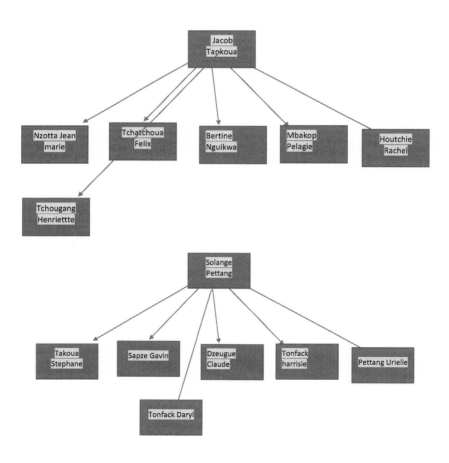

Photo 58 : Tanko Jacob Tankoua et Mme Mme Jacob Tankoua

Par 2.7 : La vie de Papa TANKO MAURICE YOMI

Avec Pierre Njindam, Tanko Maurice Yomi étaient les plus instruit de la grande famille Teihockbeumtang dans les années 60s. Après le Certificat d'Études Primaires Élémentaires (CEPE) et l'interruption de sa scolarité en classe de 4ème au Collège Madeleine de Yaoundé (pour défaut de pension scolaire) et après plusieurs tentatives de passer des concours administratifs, il choisit de se lancer dans le commerce et rejoignit pour ce faire son frère ainé Tei Jean NANA à Nguélemendouka à l'Est du Cameroun. Comme capital de démarrage de son commerce à Nguélemendouka, Papa Tangueun Pierre Njindam, qui était de la même génération que lui, lui remettra un fonds de commerce de 600.000 FCFA (six cent mille francs CFA des années 60s., ce qui vaudrait à ce jour environ 9 millions de Francs CFA) provenant de ses petites économies avant son départ en France pour poursuivre des études supérieures au milieu des années 60s. L'un de ses cousins du village, le très

232

richissime père Jean Dzeuntchep qui avait sa base de commerce à Minta, donnera à Tanko Maurice Yomi un fonds de commerce dans sa perspective d'expansion dans la région de l'Est. Très passionné de nouvelles d'information, Maurice Yomi était surnommé « SONY » car inséparable de son poste de radio transistor SONY collé à son oreille. Cette habitude a laissé aux générations suivantes qui l'observaient le goût effréné pour la curiosité du savoir, de la nouvelle et des informations. Il était également fou amoureux de la musique rumba congolaise dominant tout le continent africain dans les années 60s. Après plusieurs années à Nguélemendouka dans le petit commerce, il s'installera à Bélabo où il prit un travail de cheminot à la Régie des Chemins de Fer du Cameroun, à la gare de Bélabo nouvellement créée dans le cadre du chemin de fer Trans camerounais reliant Yaoundé à Ngaoundéré au Nord Cameroun.

Photo 59 : Tanko Maurice Yomi

Photo 60 : L'arbre des descendants de Tanko Maurice Yomi

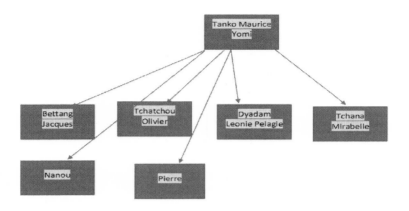

Par 2.8 : La vie de Papa TANKO JEAN NYATCHA

Tanko Jean Nyatcha était le plus jeune des frères Tanko. En dehors de quelques déplacements fréquents pour rendre visite à ses frères à l'Est du Cameroun et à Douala, il passa l'essentiel de sa vie au village. Il savait lire et écrire. Il fit construire une grande maison familiale au village sur la grande concession de son père Tei Petang où reposent en ce moment les crânes des ancêtres de la famille Teihockbeumtang. Il fut marié à deux femmes avec lesquelles il eut une dizaine d'enfants : 1/Olivier Nzouakeu, 2/Germaine Noumba,3/ Yankam, 4/Blaise Tankoua, 5/Zephirin Petang, 6/Adele Mbeuffa, 7/Lazarre Nkamdoum, 8/Fabrice Watat, 9/Charly Mbakop et 10/Yves Tchapda)

Photo 61 : Tanko Jean Nyantcha après une séance de danse et avec sa femme Maria Tchapda

Photo 62 : L'arbre des descendants de Tanko Jean Nyantcha

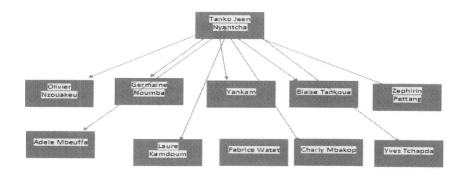

Photo 63 : Blaise Yannick Tankoua fils de Jean Nyatcha

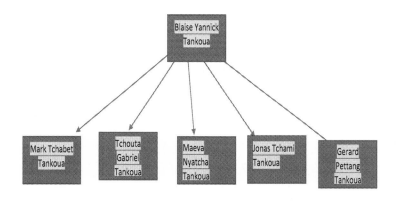

Par 3 : La vie du prince MBEU KWIBO NZOTTA Job et ses descendants

Photo 64 : Le Prince Mbeu Kwibo Nzotta Job

Troisième garçon du prince Teihockbeumtang, le prince Mbeu Kwibo Nzotta serait né vers 1890 aux premières années de la présence du colonisateur allemand au Cameroun avec les signatures le 11 juillet 1884 des accords de Bimbia à 40 Km de Limbe actuel. Les chefs indigènes King Akwa et King Bell cèdent leurs droits sur leurs terres à la Maison commerciale allemande Woermann qui rétrocédera ces terres immédiatement au Reich et à l'empereur allemand. Dans sa jeunesse, le prince Mbeu Kwibo Nzotta fait régulièrement le commerce dans la région de DIHEP/ Moya/YABASSI dans la cour du roi où il se rend régulièrement pour son commerce. A Dihep/ Moya, il y vend des produits de l'agriculture (Kola et autres) et y achètera des produits de consommation rares en provenance de la côte de Douala ou

Bimbia. À DIHEP/ Moya, il fera la connaissance de ma grand-mère, Anna Douffo, qu'il enlèvera plus tard du royaume de DIHEP pour la ramener et l'épouser à Bahouoc.

Études de médecine traditionnelle à Lagos. Ayant expérimenté lui-même de sérieux problèmes de très forte mortalité dans la région de Bangangté, sa première épouse n'ayant pas elle-même pu avoir un enfant, et très soucieux des problèmes de santé au sein des populations de Bangangté, il entreprendra d'aller étudier la médecine traditionnelle à Lagos au Nigeria. À son retour de Lagos, il s'installera à Bahouoc plusieurs années après la guerre Bangangté Bahouoc où il commencera à exercer la fonction de médecin traditionnel. Au regard de ses distinctions dans la société, il sera élevé à la dignité de Mbeu Kwibo (adjoint au chef) du Roi Tcheutkoa Albert, 22ème Roi de la dynastie Bahouoc Nfeuntcheumtchoo, l qui regna entre 1926 et 1977.

Mission d'ambassadeur de « facto » / représentation diplomatique à Babitchoua. À la suite de la quasi-vassalisation du royaume Bahouoc par le royaume Bangangté, et parallèlement au départ massif des populations Bahouocs, Mbeu Kwi Nzotta s'éloigna de Bahouoc à la suite de la défaite de Bahouoc lors de la guerre Bangangte/ Bahouoc ainsi que des abus et excès de Men MaMveun Keutcha, l'oncle du roi de Bangangté Njiki II. Parti de Bahouoc à la demande du roi de Bangangté Njike II Salomon, Mbeu Kwibo Nzotta sera posté comme envoyé spécial / Consul du roi Bangangté à Babitchoua. Il secondera à ce poste le propre fils du Roi Njike II Salomon, Mbeu Kwamen, jugé relativement mou par son propre père le Roi Njike II. Mbeu Kwibo Nzotta de ce fait détiendra la réalité du pouvoir à Babitchoua en tant que représentant personnel du Roi Njiki II Salomon à Babitchoua. Il y connaitra une grande renommée en matière de diplomatie, d'efficacité dans l'action, en règlement de conflits et médecine traditionnelle. Cette renommée sera fort étendue bien au-delà de la région de Babitchoua, Bangangté, Banounga,Tonga, et MaTchou

Sieu Mveun (actuel Maham/ Batoum III). La représentation diplomatique de Babitchoua serait aujourd'hui considérée comme un acte d'amitié et de coopération entre les deux royaumes voisins Babitchoua et Bangangté pour vivre dans la paix et éviter des conflits. En contrepartie de cette co-existence pacifique, un tribut en termes de chèvres moutons et autres était régulièrement prélevé sur le royaume Babitchoua en faveur du royaume de Bangangté.

Fin de sa mission de représentation à **Babitchoua et affectation à Maham (Ma Tchou Tsieu Mveun**, Apres la représentation diplomatique à Tchapla/ Babitchoau, le roi de Bangangté le postera à Ma Tchou Sieu Mveun (actuel Maham / Batoum III) aux frontières avec la région de Babitchoua/ Tonga dans une perspective d'avant-poste militaire pour le contrôle des frontières, des territoires du royaume Bangangté. Sa mission de représentation du chef Bangangté à Babitchoua dans la région de Tonga Maham consacrait ainsi la légitimité du royaume Babitchoua et son alliance avec le roi des Bangangtés ; le royaume Babitchoua étant en sédentarisation progressive à Tchapla/ Babitchoua après la descente de ses populations, il y a plusieurs siècles de Pitoa près de Garoua Cameroun ; d'où le nom Ba Pitoa (les gens de Pitoa) devenu plus tard Babitchoua ; ces populations s'étant refugiées dans les montagnes de Bangangté suites aux raids et poussées islamiques violentes d'Ousmane Dan Fodio, ou des Bali-Tchamba (armées de cavaliers islamiques brutaux venus de la Haute Bénoué vers l'actuel Nord du Nigeria). Durant son séjour à Babitchoua, naitront : Jacques Mbetntang, Marie Noumba, Martine Yimga et Jeanne Pettang.

Fin du séjour à Tchapla Babitchoua et Départ pour/ Installation à Maham (Ma Tchou Sieu Mveun).
Au regard de l'accélération de la violence anticoloniale pour la libération du Cameroun menée par l'Union des Populations du Cameroun (UPC) fortement implantées à l'Ouest du Cameroun et dans les régions Bassa, les autorités coloniales françaises décideront

d'évacuer massivement les populations, jusqu'alors dispersées à l'intérieur dans de vastes savanes vers les nouvelles routes coloniales où les populations seraient plus exposées, mieux contrôlées et tenues a l' œil, pour des raisons sécuritaires et une meilleure collecte de l'impôt. Cette décision de rassembler les populations autour des routes coloniales au début des années 50s contrairement à leurs pratiques était destinée à mieux les contrôler, mieux prélever les impôts (impôt de capitation) , et mieux les avoir à l' œil au regard de la montée des mouvements nationalistes qui avaient fait leur lit dans la région Bamiléké. Ceci sera renforcé par les autorités françaises à la suite de la proclamation de l'illégalité de l'UPC par une décision du conseil des Ministres des autorités françaises du 13 juillet 1955. Ce déplacement massif des populations de Babitchoua vers Makénéné, Ndikiminiki, Nyngou, Baban, Tonga, sonnera la fin du séjour de Mbeu Kwibo Nzotta à Babitchoua.

De ces faits, Mbeu Kwibo Nzotta sera rappelé par le roi Bangangté de l'époque, le roi Pokam Njiké Robert (roi de 1943 à 1974), et posté à Ma Tchou Sieu Mveun (source de l'eau du roi Bangangté où l'eau à boire du roi était puisée – actuel Maham à Batoum III, aux lisières de Tonga et des royaumes Babitchoua, Badounga. A Maham (MatchoutsieuVeun) naitront Joseph Kamen et Julienne Tchatchoua.

Lorsque Mbeu Kwibo Nzotta s'installe à Ma Tchou Sieu Nfeun (aujourd'hui Maham à Batoum III), au début des années 1950, il est accompagné de nombreux amis, sympathisants, et parents dont Félix Tchatchoua (le père de Joseph Yimga Tchatchoua un ancien professeur de lycée technique, Jeanette Ngassam, Clémentine), Pierre Ngatchoua (le grand-père d'une ancienne star de la Radiotélévision Camerounaise CRTV) et beaucoup d' autres avec qui ils ont formé le village Ma Tchou Sieu Nfeun (aujourd'hui Maham) autour de la frontière Tonga/Babitchoua. La fin de la mission Babitchoua entre 1950 et 1955 et son départ de Tchapla/Babitchoua (Tetla Babitchoua) pour la création de Maham (Bangangte) au lieu-dit Tchou Sieu Nfeun (d'où est tirée l'eau du chef Bangangte) ont marqué les dernières années de sa vie. Il vivra à Ma tchoutsieuveun pendant environ une vingtaine d'années avant de mourir le 13 janvier 1971.

L'arrivée et l'installation de Mbeu Kwibo Nzotta de Tetla/Babitchoua à Maham entre 1950 et 1955 coïncidera avec la volonté de l'administration coloniale française de chasser/déguerpir les populations de Babitchoua et Badounga pour les concentrer autour des routes coloniales pour mieux les contrôler et les isoler du mouvement nationaliste pré-indépendance. Ces populations de Babitchoua seront dans leur grande majorité déplacées massivement (second exode massif des populations) de Tchapla Babitchoua et Badounga vers Tonga, Makénéné, et Ndikiminiki) après le premier exode massif à la suite des massacres allemands de 1914 au marché de Babitchoua. [Source : Ange Bergson Lendja Ngnemzue (2016) : Les Babitchoua, L'Harmattan, Paris].

Pendant que les populations étaient massivement déplacées de Tchapla Babitchoua vers Makénéné, Tonga, et Ndikiminiki, le roi Bangangté, le Roi Pokam Njiki Robert, demandera à son lieutenant, Mbeu Kwibo Nzotta de s'installer à la lisière avec Tonga/ Babitchoua dans une perspective de territorialisation, de cadrage géospatial de l'espace territorial du royaume de Bangangté par la dynastie des Nfeun Nga.

Carrière et réputation de médecin traditionnel. La réputation d'excellent médecin traditionnel de Mbeu Kwibo Nzotta ira largement aux delà des frontières de Bangangté. La mission de représentation du Roi Bangangté à Babitchoua ainsi que la médecine traditionnelle à Babitchoua (dans la région de Tonga, Maham et Bangangté) lui vaudront une place importante dans la société de l'époque. Cette représentation du chef des Bangangté auprès du Chef Babitchoua consacre la légitimité du Chef Babitchoua et son alliance avec le roi des Bangangté, peut-être parce que le royaume Babitchoua était toujours dans un processus de sédentarisation a Tchapla/Babitchoua après la descente de ses populations, il y avait plusieurs siècles de Pitoa près de Garoua-

242

Nord Cameroun (d'où le nom Ba Pitoa devenu BaBitchoua) suite aux poussées et conquêtes islamiques d'Ousmane Dan Fodio (armées de cavaliers islamiques brutaux venus de la Haute Bénoué).

Durant sa vie, Mbeu Kwibo Nzotta épousera 4 femmes. Avec la première femme (Tapia), ils n'auront pas d'enfants ; ce qui provoquera certainement son divorce. À la suite des difficultés de fécondation de sa première épouse, il rencontrera sa deuxième épouse qui tombera amoureuse de lui lors de ses mouvements de commerce dans la région de DIHEP/ Moya /YABASSI. Il l'enlèvera de la cour du roi de Dihep/ Yabassi pour BAHOUOC, ensuite Babitchoua et plus tard Maham. L'enlèvement de Anna Douffo d'une cour d'un roi de la région de DIHEP/ Moya YABASSI lui vaudra de sérieuses difficultés diplomatiques et le remboursement d'une dot importante au roi de DHEP/ Moya/YABASSI. Cette question sera définitivement tranchée officiellement devant les tribunaux Allemands de Bangangté où mon grand-père s'acquittera d'une somme importante en guise de remboursement de la dote devant les tribunaux Allemands pour conserver ma grand-mère Anna Douffo.

Maman Anna Douffo, 1ère épouse du Prince Mbeu Kwibo Nzotta

Anna Douffo, ma grand-mère maternelle est née à Moya/ DIHEP/ YABASSI. Son père TABAMEN et sa mère LAKOUDAM vivaient à Moya dans la cour du roi de Moya. Ainsi mon arrière-grand-mère maternelle, s'appelait LAKOUDAM. Bien que née à Batcha Bangangté, mon arrière-grand-mère arriva et grandira dans la cour du Roi de Moya à partir de l'âge de 13 ans. Arrivée dans la cour du Roi de Moya vraisemblablement dans le cadre de la traite des esclaves en direction de Bimbia, le Roi de Moya la gardera dans sa cour en raison probablement de sa beauté, sa force physique, et de son potentiel de procréation. Lorsque LAKOUDAM sera en âge de procréer, elle sera donnée en mariage à TABAMEN. C'est avec TABAMEN que LAKOUDAM mettront au monde Anna Douffo, ma grand-mère maternelle. A la mort de

TABAMEN, LAKOUDAM sera remise en mariage à un autre homme BOUKAZIM. Avec BOUKAZIM, LAKOUDAM mettra au monde NYAMSI, le demi-frère de ma grand-mère. Epinglée dans cette servitude involontaire orientée vers la traite Négrière, en dépit de l'abolition de l'esclavage, Anna Douffo sera remise en mariage à d'autres hommes avec lesquels elle aura fait près d'une douzaine d'enfants qui seront tous morts dans un contexte de très forte mortalité infantile. Lasse de cette vie sans enfants dans un contexte de très grande mortalité infantile, Anna Douffo va fuir les chaines de sa captivité à Moya pour se réfugier à Bahouoc chez son oncle maternel BOUKA CHAKOUNGA résident à Bahouoc près de Bangangté. Après avoir refusé tous les jeunes Bahouoc qui la courtisaient au regard de sa beauté, et ayant auparavant rencontré mon grand-père Mbeu Kwibo Nzotta lors des voyages de commerce de ce dernier dans la cour du Roi de Moya, elle réclamera et portera son choix sur Mbeu Kwibo Nzotta qui malheureusement était en poste à Babitchoua. Le grand frère de Mbeu Kwibo Nzotta, Tei Pettang, sous la pression du Roi Bahouoc, ira manu militari chercher son petit frère Mbeu Kwibo Nzotta à son poste à Babitchoua pour l'informer qu'il y avait une très belle femme qui le cherchait et refusait tous les autres enfants du Roi Bahouoc Nfeuntcheumtcho. Mbeu Kwibo Nzotta s'exécutera et acceptera de la prendre en épouse. Mais cette union entrainera la furie du Roi Moya qui vint personnellement à Bangangté rentrer en possession de sa marronne qui venait juste de s'extirper et de briser les chaines de sa servitude involontaire. Le Roi Njiké II Salomon sera personnellement impliqué dans cette affaire qui fut réglée devant les tribunaux coloniaux de Bangangté en contre partie du paiement d'une très forte amende, payée avec fierté et en cash par mon grand-père Mbeu Kwibo Nzotta, comme indiqué précédemment

Avec Magni Anna Douffo, mon grand-père Mbeu Kwibo Nzotta aura 2 enfants (Jacques Mbetntang et Maria Noumba) et un enfant décédé après ma mère. Magni Anna Douffo aura au total au cours de sa vie fait une quinzaine d'enfants, mais il n'en survécut que deux, en raison de la très forte mortalité infantile de l'époque. Avec la troisième femme, Paulina Sibenou, il aura 4 enfants (Martine Yimga, Jeanne Pettang, Joseph Kamen, et Julienne Tchatchoua). Avec sa quatrième femme Feu Tapia Ngatcha veuve remariée, il aura deux enfants (Marceline Nzigna et Madeleine Leunga). Durant sa vie et comme indicateur de sa puissance, il aura épousé/ acheté contre dote environ 11 femmes ; mais toutes n'auront pas fait d'enfants avec lui, ce qui laissera plusieurs de ces 11 femmes dans un certain oubli historique.

Influence, charisme, et pouvoirs dans sa société. Très influent et puissant socialement et financièrement, Mbeu Kwi Nzotta avait un très fort caractère, très sévère, et réputé pour sa tendance à imposer ses vues partout, et principalement dans les relations de mariage où par expression de sa puissance financière, il payait la dote de ses neveux et réclamait en contrepartie le remboursement de dotes payées pour les descendants filles la plupart du temps par mariage forcé. Il tentera d'épouser la femme de son grand-frère en secondes noces comme le voulait la tradition de l'époque, mais cette dernière, Tchoksan Tapita Tchouta, s'y opposa fermement ; ce qui lui valut un séjour à la prison de Dschang, capitale régionale, et siège des institutions/ tribunal de la région Bamiléké. Comme c'était la pratique généralisée à l'époque (mariage forcé des jeunes filles de 14-16 ans aux notables et riches dignitaires capables de s'acquitter du paiement de la dote). Il tentera également d'imposer par la force, mon père biologique, Jean Teukga, riche tailleur et possesseur de plusieurs machines de couture et plusieurs apprentis tailleurs. Mon père biologique, saxophoniste et trompettiste à ses heures perdues, originaire du village de Dzuidjon près de Bangangté, résident à Babitchoua à l'apogée de Babitchoua, s'acquittera et payera la dote d'acquisition de ma mère, Maria Noumba âgée alors d'environ 16 ans à l'époque. Après un long refus et beaucoup de résistance, ma mère acceptera sous contrainte le principe d'un mariage avec mon père qu'elle abandonnera immédiatement après m'avoir conçu sans le savoir. Mon père mourut quelques années plus tard.

Après une longue vie active et digne, Mbeu Kwibo Nzotta mourut le 13 janvier 1971 à environ 80-90 ans emportant avec lui, sans transfert significatif aux générations suivantes, tout le bagage et capital éducationnel d'études médicales traditionnelles acquises à Lagos au Nigeria.

Photo 65 : L'arbre des descendants du Prince Mbeu Kwibo Nzotta

La vie des enfants nés du mariage avec la mère Magni ANNA DOUVO

Par 3.1 : La vie de Tagni SOP Jacques MBETNTANG

Photo 66 : Tagni SOP MBETNTANG et sa 1ᵉʳᵉ femme Jacqueline Banankeu Mbetntang

Naissance et vie en pays Bamiléké. Né vers 1930, à Babitchoua du Prince Mbeu Kwibo Nzotta et Magni Anna Douffo, et dans un contexte de très forte mortalité infantile, il est l'un des deux survivants des 15 enfants de Magni Anna Douffo. Comme tous les jeunes garçons de sa génération, il est initié aux premières années de sa vie aux travaux agricoles et champêtres, à la chasse, et à l'artisanat. Son père ayant été affecté en mission de représentation du roi Bangangté à Babitchoua, il quittera ses parents à Babitchoua pour se rendre à Makénéné chez ses cousins Sameul Ngassam/ Lazarre Watchou où il s'inscrira à l'école primaire coloniale encouragé en cela par son cousin Lazare Watchou qui était le plus éduqué de la famille. Il passe quelques années à l'école primaire qu'il abandonnera après avoir maitrisé l'écriture de la langue française et les techniques élémentaires de calcul. Doué de talents particuliers en ingénierie mécanique, il fabriquera le premier vélo à Patin de toute la région de Bangangté, vélo à patin utilisé pour faciliter le transport des produits agricoles vers les marchés d'écoulement. Ces dons d'ingénieries techniques lui serviront plus tard lorsqu'il pourra tout seul démonter et remonter les moteurs à essence et moteurs diesel absolument tout seul.

Départ des hauts plateaux de l'Ouest vers Yaoundé. En raison de sa maitrise de la langue française et des rudiments de calculs, il émigre à Yaoundé où il travaille comme aide commerçant dans les magasins tenus par les Grecs (Papadhópoulos). Au passage, il passera le concours de la gendarmerie, mais renoncera à s'engager à la gendarmerie nationale, ayant été contacté au préalable par son frère du village Bahouoc Mveun Tchieum Tcho Jean Nzeutchep alors plus grand commerçant installé à Minta. Jean Nzeutchep était spécialisé dans la collecte des produits et l'économie du cacao et du café en contrepartie de la vente des produits de consommation alimentaires de base (farine, huile, sel, allumettes, couteaux et machettes, produits d'habillement, lait sucre et autres).

Départ de Yaoundé pour Minta. Il partira de Yaoundé et rejoindra Minta en 1954 pour entamer un métier d'aide-commerçant, comme premier gérant du fonds de commerce de Nzeutchep. Après quelques années au service de ce dernier, il se mettra à son compte personnel comme petit commerçant. Il prospère relativement dans le petit commerce, construit deux maisons et fonde sa famille à Minta où il passera l'essentiel de sa jeunesse et âge adulte en faisant les marchés périodiques dans plusieurs villages de la région de Minta (marchés rotatifs saisonniers de Nsem, Bibey, Meyak, Ngombe Wall, Meba et autres).

Départ de Minta pour Bélabo. Son implication dans le petit commerce dans la région de Minta connaitra un grand choc négatif vers la fin des années 1960s lorsqu'il sera victime d'un grand coup de vol de plusieurs millions de francs CFA de l'époque. Ce coup de vol détruira son capital commercial, l'affaissera et arrêtera provisoirement son commerce. Cela l'amènera à explorer d'autres horizons et activités alternatives pour continuer à subvenir aux besoins de sa petite famille qui s'était entre temps agrandie. La perte de son capital commercial l'amènera à explorer la possibilité de fournir d'autres services et notamment les produits de meunerie motorisée du maïs et du manioc aux populations des environs de la région de Minta et alentours (Meba et autres). À la faveur de la construction du chemin de fer Trans camerounais (tronçon Yaoundé-Bélabo) et de la création de la ville gare de Bélabo qui y accroîtra le regroupement des populations rurales, il s'installera à Bélabo en 1967-68, où il poursuivra son petit commerce des produits de consommation et des services de meunerie motorisée du maïs et du manioc. Il y passera environ une quarantaine d'années avant de mourir des suites d'une hépatite B au CHU de Yaoundé en 2008. Il était marié à deux femmes (Jacqueline Banankeu et Christine Pokop, toutes décédées). Avec Jacqueline Banankeu il a eu 5 enfants (Jean Omer Dzeutchep, Célestine Yimga, Lisette Douffo et deux autres enfants aujourd'hui décédés). Avec Christine Pokop, il a eu 7 enfants. Il aura d'autres enfants avec Claire de Meba par Minta et d'autres femmes.

Photo 67 : L'arbre des descendants de Tagni SOP MBETNTANG

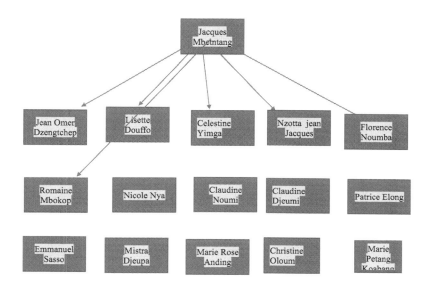

Photo 68 : Jean Omer Dzengtchep et sa famille

Photo 69 : L'arbre des descendants de Jean Omer Dzengtchep

Photo 70 : L'arbre des descendants de Lisette Douffo

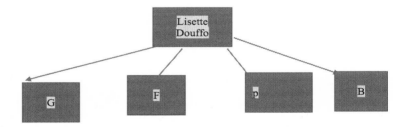

Photo 71 : L'arbre des descendants de Célestine Yimga

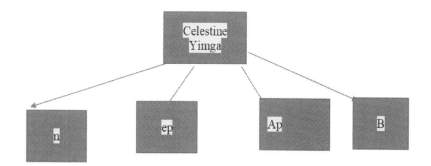

Par 3.2 : La vie de Mama Magni Maria Noumba

Photo 72 : Magni Maria Noumba

Née à Babitchoua vers 1936 lors de l'affectation de son père Mbeu Kwibo Nzotta à Babitchoua, Magni Maria Noumba y grandit auprès de sa mère Anna Douffo qui l'initiera aux travaux champêtres de subsistance et à la cuisine traditionnelle. À environ 18 ans, et sous les pressions physiques de son père Mbeu Kwibo Nzotta, elle sera forcée d'épouser mon père Jean Teukga comme c'était la pratique fort répandue à l'époque en 1956. Elle s'échappera de ce mariage forcé après avoir conçu l'enfant que je serai, et s'éloignera de l'Ouest Cameroun pour se mettre à l'abri des troubles sociaux violents liés aux mouvements de libération devenus plus intensifiés et dominant tout le pays Bamiléké en forte ébullitions indépendantistes quelques années avant l'indépendance du Cameroun.

Après Babitchoua, et aidée dans la fuite de son mariage par son frère/ cousin Samen Sakio Zacher, apprenti chauffeur, à qui elle donnera le nom de son premier enfant, elle se réfugiera à Njombé dans sa famille maternelle chez son cousin maternel Tanou Albert Mbiakop, instituteur certifié récemment sorti du centre de formation des instituteurs de Ndoungué. Vu son état physique de grossesse soupçonnée, ce cousin maternel l'amènera pour une consultation médicale chez un médecin français à Douala. Ce médecin l'informera qu'elle était enceinte. À la suite de cette information, elle se résoudra à aller accoucher dans une plus grande sérénité, loin des troubles sociaux des revendications indépendantistes, chez son frère Jacques Mbetntang en service à Minta comme gérant des commerces du richissime Jean Nzeutchep. Le frère ainé de Tanou Albert Mbiakop était Augustin Yontcha qui était marié dans la famille du richissime Jean Ndengué grand propriétaire des plantations de café et propriétaire de l'hôtel Aurore à la briqueterie à Yaoundé. Cet enfant qui naitra en 1957 à Minta, loin de son père naturel, sera adopté par le frère ainé de sa mère qui s'en occupera personnellement comme son propre enfant pendant plusieurs années. Elle donnera à son premier enfant le nom de son frère/ cousin qui l'a aidé à s'évader du mariage involontaire avec mon père. À la suite du mariage forcé avec mon père qui mourut quelques temps après, elle vivra à Nkongsamba pendant quelques années avant de rejoindre, une nouvelle fois, son frère ainé à Minta. Elle vivra plusieurs années à Minta avant de se mouvoir à Belabo dans les années 80s. Elle passera environ une dizaine années de sa vie aux États-Unis pour porter appui à la naissance de jumeaux de l'une de ses filles qui y avait émigré vers la fin des années 90s. Elle fera plusieurs enfants (Salomon SAMEN, Dieudonné Nzotta, Hubert Yimen, Ferdinand Tchieujeun décédé, Patricia Nana, Martin Douffo, Didier Petang, Albertine Djeumi et Albert Kwimi). Après les États-Unis, elle retourna volontairement au pays de ses ancêtres pour prendre sa retraite. Elle aura passé plusieurs années de sa vie dans le petit commerce, la petite restauration, la couture, et l'agriculture de subsistance pour survenir aux besoins de ses enfants.

Photo 73 : L'arbre des descendants de Magni Maria Noumba

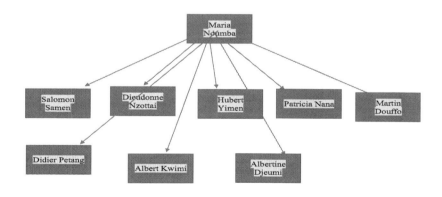

Photo 74 : Salomon SAMEN et sa famille

Photo 75 : L'arbre des descendants de Salomon Samen

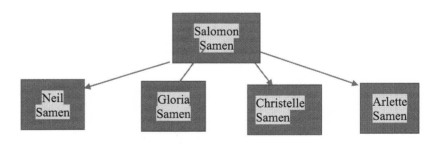

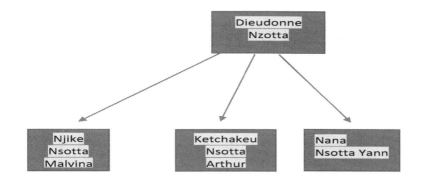

Photo 76 : L'arbre des descendants de Dieudonne Nzotta

Photo 77 : L'arbre des descendants de de Patricia Nana

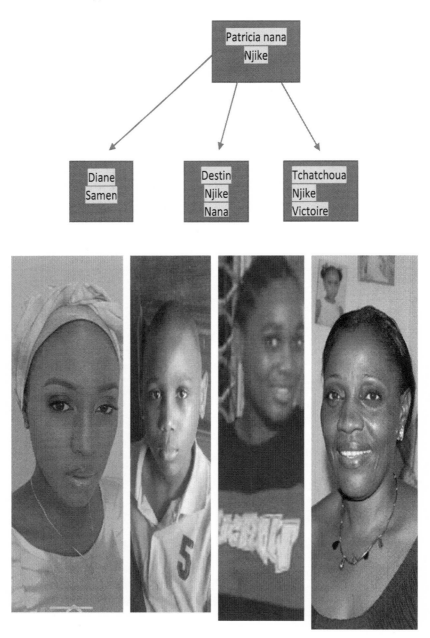

Photo 78 : L'arbre des descendants de Hubert Yimen

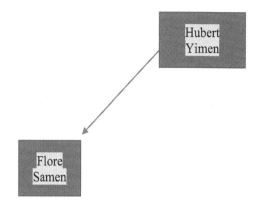

Photo 79 : L'arbre des descendants de Martin Douffo

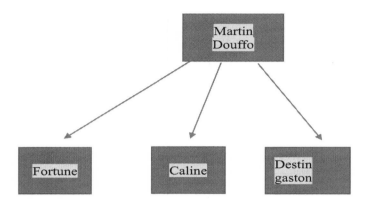

Photo 80 : L'arbre des descendants de Didier Petang

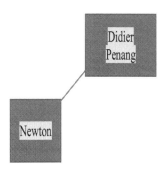

Photo 81 : L'arbre des descendants de Albert Kwimi

Photo 82 : L'arbre des descendants de Magni Albertine Djeumi

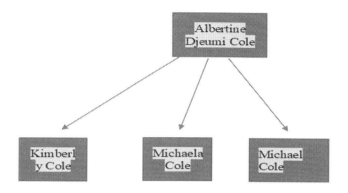

Photo 82A : Magni Albertine Djeumi, and children Makayla Samen
Cole, Kimberly Tchana Cole, and Michael Deshawon Cole

La vie des enfants nés du mariage avec Mama PAULINE SIBENOU

Photo 82 B : Mama PAULINE SIBENOU

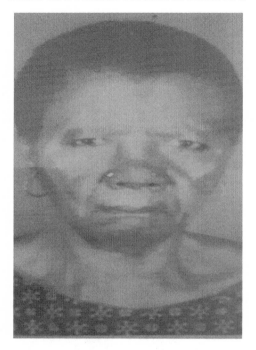

Par 3.3 : La vie de Mama MARTINA YIMGA

Née à Babitchoua, elle a bougé à Matchoutsieuveun (Maham I actuel) avec son père au début des années 50s et vit depuis plusieurs années à Batoum

Photo 83 : Martine Yimga

Photo 84 : L'arbre des descendants de Martine Yimga

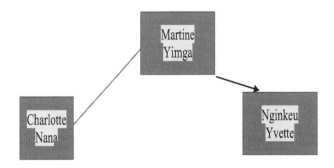

Par 3.4 : La vie de Mama JEANNE PETANG

Photo 85 : L'arbre des descendants de Jeanne Petang

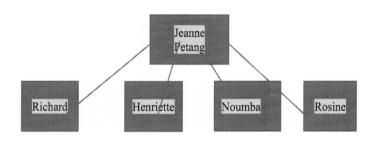

Par 3.5 : La vie de Papa JOSEPH KAMEN

Il est le successeur désigné de son père Mbeu Kwibo Nzotta et vit à Paris depuis plusieurs années.

Photo 86 : L'arbre des descendants de Joseph Kamen

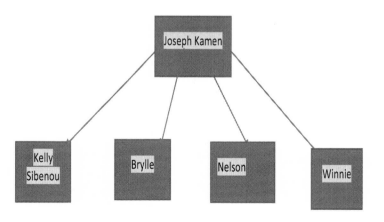

Par 3.6 : La vie de Mama Maveun JULIENNE TCHATCHOUA

Née à MatchousieuVeun (Maham I actuel), elle vit plusieurs années à Yaoundé et est installée depuis plusieurs décennies à Paris.

Photo 87 : Maveun Julienne Tchatchoua

La vie des enfants nés du mariage avec la 4eme femme Tapia Ngatcha

Par 3.7 : La vie de Mama MARCELINE NJIGNA. Elle a eu quelques enfants avant sa mort.

Photo 88 : Marceline Njigna

Par 3.8 : La vie de MADELEINE LEUNGNA

Photo 89 : Madeleine Leunga

Par 4. La vie du Prince MBEU NYAMBEY et ses descendants

Après la dislocation du royaume Bahouoc, le Prince Mbeu Nyambey émigra à Bamena où il formera sa famille. Ses descendants se trouvent en ce moment à Bamena, non loin du lieu où Tangueun Pierre Njindam et sa mère, Martha Pettang, reposent éternellement. Le prince Mbeu Nyambey eut plusieurs enfants. L'une de ses filles était Ngontchou Nyambeyeun Petang qui a eu trois enfants feu Tangueun Andre Njiki, Miteuk Tatzi Nyamen de Batoum et Miteuk Teukam . Miteuk Tatzi Nyamen de batoum a eu trois enfants Jean Ketchagtang, Helene et Marceline Tchouta. Jean Marie Tagni Keutchagtang, exerça pendant plusieurs années dans une compagnie de distribution de cigarettes à Bertoua dans les années 80-90s. Papa Andre André Njiké de Kololou Douala, a été ancien chauffeur professionnel l' essentiel de sa vie. Il est le père de Jerry Idrice Nana Njiké de New-York.

268

Photo 90 : L'arbre des descendants du Prince Mbeu Nyambey de Bamena

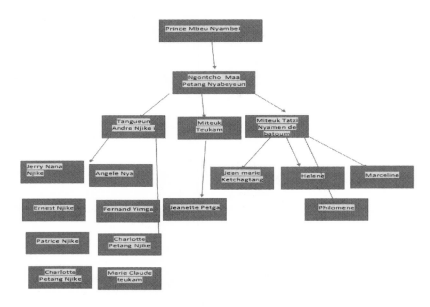

Par. 4.1 : La vie de Papa André Njiké

Photo 91 : Papa André Njiké

Photo 92 : L'arbre des descendants de André Njiké

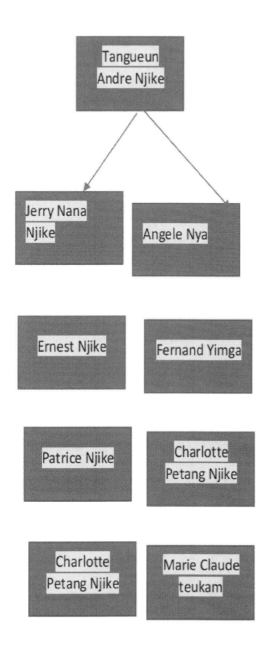

Par. 4.2 : La vie de Papa Jean marie Ketchaktang

Photo 93 : L'arbre des descendants de Jean Marie Ketchagtang

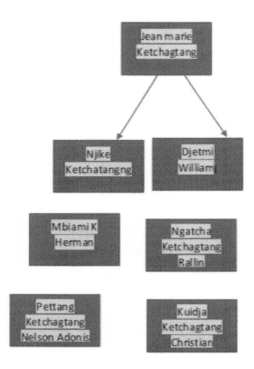

Par. 4.3 : La vie de Mama Miteuk Tatzi de Batoum

Par. 4.4 : la vie de Mama Miteuk Marceline Tchouta

Par 5. La vie de la princesse NGONTCHO PHILOMENE TEUKAM et ses descendants

La princesse Ngontcho Philomène Teukam eut plusieurs filles. L'une de ses filles donna naissance à Tatchap Noa Petang, père de Léonie résidant actuellement à Bangangté. Le frère cadet de Tatchap Noa Petang, c'est Jean Niami qui a passé plusieurs années de sa vie à Yaoundé et réside actuellement à Douala.

Par 5.1 : la vie de Papa Tatchap Noa Pettang

Par 5.2. La vie de Papa Tatchap Jean Nyami

Photo 94 : L'arbre des descendants de la Princesse Ngontcho Teukam

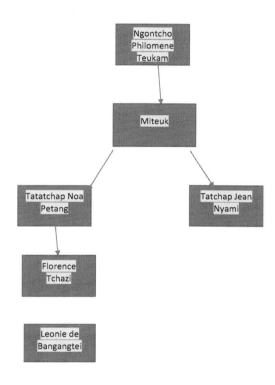

Conclusion

Ce chapitre a décrit les liens lignagers entre les descendants des 5 enfants du prince Teihockbeumtang (le prince Bahka Tchapnga, le prince Tei Pettang, le prince Mbeu Kwibo Nzotta Job, le prince Mbeu Nyambey et la princesse Ngontcho Philomène Teukam). Un arbre généalogique complet de la très grande famille Teihockbeumtang mettrait sur une seule page plus de 500 personnes ; ce qui serait fastidieux. Ce même arbre généalogique pour toute la famille Teihockbeumtang pourrait être obtenu en juxtaposant les différentes tables généalogiques présentées dans ce livre, les unes à côté des autres.

Les erreurs ou omissions seront corrigées dans les prochaines éditions de ce livre.

CONCLUSION GENERALE

Ce livre avait pour objectif de répondre à trois ensembles de questions : 1/ D'où viennent les Bamilékés ? Qui étaient les arrières-ancêtres très lointains des Bamilékés il y a environ 5000 ans ? 2/ Comment vivaient nos ancêtres les Bamilékés avant la période coloniale, durant la colonisation et après la colonisation/période postindépendance du Cameroun ? 3/ Qui était le Prince Teihockbeumtang, ce fils du Roi Pettang I, 19ème roi de la dynastie Bahouoc Nfeuntcheumtchou ? Quels sont les descendants du Prince Teihockbeumtang ?

En ce qui concerne le débat sur l'origine des Bamilékés, ce débat semble clos. Sur la base de nombreuses recherches, il semble avoir un consensus que les Bamilékés viennent originellement des berges du Nil en Egypte. Poussés de façon répétitive vers le Sud par les harassements violents d'islamisation Arabes qui se sont imposées en Egypte depuis l'invention de l'islam par Mahomet Ali au 7ème siècle, les ancêtres des Bamilékés (les Balladis) auraient été les derniers Egyptiens autochtones à partir de l'Egypte vers le 9ème siècle pour se soustraire de l'islam. Partis des berges du Nil en Egypte et après avoir traversé le Dar-Fur, l'empire du Ouaddaï, l'empire du Baguirmi, et contourné le lac Tchad, les Bamilékés se seraient établis au pays Tikar vers le 11ème siècle. Les Bamilékés auraient ensuite passé environ 200 années au pays Tikar ; d'où ils seraient repartis vers la fin du 14ème siècle sous les pressions d'islamisations forcées et brutales pour s'installer dans les montagnes et hauts plateaux de l'Ouest Cameroun actuel. Partis du pays Tikar à la suite de la mort de leur dernier Roi, le Roi Ndeh, les Bamilékés s'installeront sur les montagnes de l'Ouest Cameroun par vagues successives d'abord en trois grands groupes (Bafoussam, Bansoa/Bamenda et Bamoun). En dehors du Royaume des Bamouns qui est resté unifié et centralisé sous l'autorité d'un souverain unique centralisé et organisé sous forme de sultanat (type de califat) avec pouvoirs administratifs et militaires centralisés, les autres Bamilékés se sont atomisées et disloqués pour des raisons diverses (mésententes suite à une question d' héritage mal réglée, conflits sur l' occupation de l' espace et autres) en une multitude de regroupements (environ 126) sous forme de royaumes/ sous royaumes/ roitelets, Chefferies, villages ou groupements de populations aux traditions et cultures vibrantes et dynamiques. De ces 126 groupements/ royaumes/roitelets/ chefferies/ villages/ regroupements, les royaumes/ chefferies les plus proéminents sont les chefferies/ royaumes de Bafang, Bafoussam, Bangou, Bandjoun, Baham, Bangangte, Bawaju, Dschang, et Mbouda.

En ce qui concerne les modes d'organisation sociales, économiques et politiques, les traditions et us et coutumes des Bamilékés avant, durant et après la colonisation Européenne, il est clair que le contact avec la colonisation Européenne a entrainé des bouleversements aux conséquences profondes et durables sur le tissus social, économique et politique des sociétés Bamilékés. Avec la création de grandes plantations coloniales (régions du Mungo Nkongsamba), la création de nouveaux centres économiques (Douala, Nkongsamba) et politiques (Yaoundé), et l' instauration par le colonisateur de nouvelles cultures d' exportation (cacao et café dans plusieurs régions), l' une des conséquences directes de la colonisation Européenne a été l' exode rural massif des jeunes populations Bamilékés des montagnes et hauts plateaux de l' Ouest Cameroun vers les nouveaux centres économiques et politiques (Yaoundé, Douala, Nkongsamba et alentours) crées par le nouveau colonisateur. Ces mouvements massifs de populations à partir de la fin de la deuxième guerre mondiale auront d'autres effets démographiques sur le brassage des populations, le développement de nouvelles offres/ demandes de produits de consommation, et de nouveaux modes de vie (y compris introduction de l'école et nouveaux modes d'ascension sociale). Une autre conséquence dramatique de la colonisation Européenne a été la profonde déstructuration des pouvoirs traditionnels des Rois/ Chefs Bamilékés. La destruction et déstructuration de l'image de la puissance et de l'autorité des Rois Africains a commencé avec le changement de leur appellation (remplacement de la terminologie de Roi par celle de Chef) pour les rendre plus petits et impuissants dans le subconscient collectif des populations, en les extirpant dans les faits de la grande partie de leurs anciens pouvoirs sur les populations sous leurs autorités. D'autres conséquences de la colonisation Européenne, portent sur le remplacement ou juxtaposition d'une économie agraire simple reposant sur la production/ autoconsommation de biens de subsistance à une économie significativement extravertie au service de l'Europe (production de cacao, café, caoutchouc, et consommation de produits manufacturés venant du pays colonisateur).

En ce qui concerne l'ascendance et la descendance du Prince Teihockbeumtang, ancêtre commun de tous les Teihockbeumtangs, il est établi que le Prince Teihockbeumtang était l'un des fils du Roi Pettang I, 19ème Roi de la dynastie Bahouoc Nfeuntcheumtchou. A partir des 5 enfants du Prince Teihockbeumtang (le prince Bahka Tchapnga, le prince Tei Pettang, le prince Mbeu Kwibo Nzotta Job, le prince Mbeu Nyambey, et la princesse Ngontcho Philomène Teukam) les liens lignagers entre leurs descendants ont été clairement établis dans ce livre et synthétisés dans l'arbre généalogique de la grande famille Teihockbeumtang disponible sur le site Geni.com aux divers membres descendants de cette grande famille. Un simple courriel e-mail adressé à l'auteur de ce livre par les descendants de la très grande famille donnera accès au site Geni.com de la très grande famille Teihockbeumtang.

Ce livre n'a pas la prétention d'avoir répondu à toutes les questions. Bien que le débat sur l'origine des Bamilékés semble être clos, de nombreuses recherches pourraient raffiner les sentiers suivis et la vie, l'anthropologie des Bamilékés sur les parcours empruntés entre les berges du Nil en Egypte et les montagnes et hauts plateaux de l'Ouest. Bien que le temps de mobilité entre l'Egypte et les montagnes de l'Ouest Cameroun paraisse long, ce temps est néanmoins réaliste lorsqu' on considère par exemple que les Bamilékés partis des montagnes et hauts plateaux de l'Ouest vers 1945-1950 et vivant dans d'autres localités du Cameroun jusqu'à ce jour y sont depuis plus de 80 ans. Ce temps (près d'un siècle pour déplacer le centre d'une famille de l'Ouest Cameroun vers le Moungo, Douala ou Yaoundé et ailleurs) répété successivement par plusieurs générations les unes après les autres peut très bien expliquer la longueur du temps mis pour le long voyage des berges du Nil aux hauts plateaux et montagnes de l'Ouest Cameroun.

La destruction/ déstructuration de la place du Roi dans la chefferie traditionnelle pourrait bien être reconfigurées dans le cadre des réaménagements des pouvoirs entre les chefferies traditionnelles actuelles et les administrations centrales et locales gouvernant les communautés locales actuelles.

De nombreuses photos et noms des membres de l'arbre généalogique de la très grande famille Teihockbeumtang manquent dans ce livre et pourraient être complétés lors des prochaines éditions de ce livre. Toutefois, je suis convaincu que le jour qu'un descendant de Teihockbeumtang occupera des fonctions élevées dans un pays quelconque (comme Barack Obama descendant Kenyan à la tête des Etats-Unis il y a quelques années), la valeur de ce livre augmentera du jour au lendemain et beaucoup de descendants de Teihokbeumtang souhaiteront voir leurs noms ou photos dans ce livre.

De même, l' arbre généalogique avec plusieurs centaines de membres (environ 400 en l' an 2022) pourrait mieux être mise au service des membres de cette grande famille (site internet, compte Facebook, WhatsApp et autres sites communs de toute la très grande famille pour l' échange et la collaboration dans la très grande famille) pour accroître les partages d' informations, l' amitié, l' amour, l' entraide collective (organisation des formes d' entraide par l'assurance, l'épargne ou les investissements), assistance des uns pour les autres en se reposant sur la force des nombres , et la collaboration sous diverses formes (tontines et investissements sous différentes échelles, projets collectifs pour se soutenir les uns les autres) entre plusieurs membres d' une très grande famille.

En guise de conclusion, j'émets tout simplement le vœu que tout ce qui n'a pas pu être fait dans ce livre soit repris et poursuivi par les prochaines générations pour l'intérêt et la consolidation de la force de tous.

BIBLIOGRAPHIE

Asombang (R.), (1998) : « Ten years of archaeological research in the Bamenda Grassfields », in DELNEUF (M.), ESSOMBA (J.M.), FROMENT (A.) éds., Paléo-anthropologie en Afrique centrale. Un bilan de l'archéologie au Cameroun, Atelier National de l'Université Yaoundé I et du Réseau PALEANTHRAC (24-27 novembre 1994, Yaoundé), L'Harmattan, Paris, pp.193-202

Aletum Tabuwe, Michael (2001) : Sociologie politique, Yaoundé, Patoh Publishers, 2001

Amnesty International (1988) : Déclaration universelle de droits de l'homme, Bruxelles, collection Folio, 1988,

Badie, Bertrand (2002) : La diplomatie des droits de l'Homme, Paris, Fayard, 2002,

Badie, Bertrand (1996) : Entre mondialisation et particularisme, Sciences Humaines, n°61, mai, pp. 22-25, 1996,

Badie, Bertrand (1995) : La Fin des Territoires, Paris, Fayard, 1995,

Balandier, Georges (2004) : Sens et puissance, Paris, Puf, 4ème édition, juin 2004,

Béraud, Céline et Coulmont Baptiste (2008) : les courants contemporains de sociologie, Paris, PUF, 2008

Bourdier Pierre (1967) : « Le sens commun », in Panofsky Erwin, Architecture et pensée scolastique, Editions de Minuit, 1967,

Brand, Denis et Durousset, Maurice (1991) : Dictionnaire thématique Histoire, Géographie, 2ème édition, Editions SIREY, 1991

Brown, Eric (2018) : « Ancient History : A concise overview of Ancient Egypt, Ancient Greece, and Ancient History including the Egyptian Mythology, the Byzantine Empire and the Roman

Chevalier, Jacques et Loschack, Danièle (1978) : science administrative, Tome 1, Théorie générale de l'institution administrative, Paris, LGDP, 1978,

Crhi, Jean -Claude (2013) : "The Truth with Capital T and The Divine words have the shape of a Beautiful Knife", written and told by an ancient Egyptian"

David, Alcaud et Al (2010) : Dictionnaire de Sciences politiques 2ème édition, Paris, Dalloz, 2010.

Dika-Akwa, Nya Bonambela (1982) : les problèmes de l'anthropologie et de l'histoire africaines, Yaoundé, Editions Clé, 1982,

Diop, Cheik Anta (1954) : « De l'antiquité nègre égyptienne aux problèmes culturels de l'Afrique noire d'aujourd'hui, Nations nègres et culture », Presence Africaine, 1954, Paris

Diemer, Arnaud (2001) : Formation continue, mondialisation et spécificités socio-culturelles, Université d'Auvergne, mai 2001,

Diop, Birago (1960), Leurres et lueurs, éditions Présence Africaine, Paris

Denis, Brand et Durousset Maurice (1991) : Dictionnaire thématique Histoire, Géographie, 2ème édition, Editions SIREY, 1991.

Elikia, M'Bokolo, l'Afrique au XXème siècle, le continent convoité, Paris, Edition du Seuil, 1985,

Egerton, F. Clement (1939) : « African Majesty : A record of Refuge at the court of the King of Bangangté in the French Cameroons » Charles Scribner's Sons, 1939, New-York

Fankem (2008), Les Bandenkop, Histoire et anthropologie culturelle, Yaoundé, CEGEIBA, 2008,

Fowler, I et D. Zeitlyn (1996) : « Introduction : The Grassfields and the Tikar » in Ian Fowler and David Zeitlyn (eds) « African Crossroads : Intersections between History and

Anthropology in Cameroon », Oxford, Berghanhn Books, p 1-16

Gerstlé, Jacques (2004) : La communication politique, Paris Armand Colin, 2004

Georges, Balandier (1971) : Sens et puissance, les dynamiques sociales, Paris, PUF, 19714

Georges Pierre (1970) : Dictionnaire de la géographie, Paris, PuF, 1970

Girad René (1972) : La Violence et le Sacré, Paris, Hachette, 1972.

Ghomsi, Emmanuel (1971) : Les Bamilékés de l'Ouest Cameroun, essai d'étude historique des origines à 1930 (Thèse de Doctorat), partie reprise dans la Revue camerounaise d'Histoire N°1, octobre 1971,

Giorgini Didier (2016) : géopolitique des religions, Paris, PUF, 2016

Gwan Fogba Mathiew et als (1988) : mécanismes et systèmes économiques du Cameroun et du monde, Yaoundé, Groupement des Arts, 1988.

Heinich, Nathalie (2002) : La sociologie de Norbert Elias, Paris, la Découverte, 2002,

Horton, Robert (1971) : « Stateless Societies in the History of West Africa » in J.R. Ade Ajayi and M. Crowder (eds) « History of West Africa », Columbia University Press, New-York

Huntington, Samuel (1997) : le choc des civilisations, Paris, Odile-Jacob, 1997

Jean, Suret-Canal, Afrique Noire (1977) : l'ère coloniale 1900-1945, Paris, Editons Sociales, 1977.

Joseph, Richard (1986) : Le mouvement nationaliste au Cameroun, Paris, Karthala, 1986

Kane, Cheikh Hamidou (1961) : L'aventure ambiguë, Julliard, 1961

Laburthe-Tolra, Philippe et Warnier Jean Pierre (1993) : Ethnologie, Anthropologie, Paris, PUF, 1993,

Lagrave, R et Guy.P (1961) : Histoire du Cameroun, de la préhistoire au 1er janvier 1961, Mulhouse, 1961,

Laburthe-Tolra, Philippe et Warnier, Jean Pierre (1961) : Ethnologie, Anthropologie, Paris, PUF, 1993,

Lagrave, R et Guy.P (1961) : Histoire du Cameroun, de la préhistoire au 1er janvier 1961, Mulhouse, 1961

Lendja Ngnemzue, Ange Bergson (2016) : « Les Babitchoua : Parente, Chefferie et résistance aux allemands dans le Sud Bamiléké », L'Harmattan, Paris,

Maître, David (2016) : La Religion Bamiléké réformée, ce que nous devons retenir de nos traditions, Yaoundé, Editions plage, 2016.

Mbembe, Achille (2020) : De la postcolonie : Essai sur l'imagination politique dans l'Afrique contemporaine, Paris, La découverte, 2020,

Mveng, Engelbert (1984) : Histoire du Cameroun, T1, CEPER, 1984

Moustafa Gadalla (1999) : « Exiled Egyptians : The Heart of Africa » Tehuti Research Foundation, 1999, Greensboro, NC 27438-9406 USA

Mongo Beti (2010) : Main basse sur le Cameroun, autopsie d'une décolonisation, Paris, La découverte, 2010

Njoya Mama, Mohamed (2014) : Une approche de la sociologie camerounaise, Yaoundé, Editions Ifrikya, 2014,

Nzali, Jean Pierre (1987) : J'ai perdu mon nom, Yaoundé, SOPECAM, 1987.

Nkam, Arnauld (2019) : « Le Peuple Bamiléké au Cameroun (interlude 1) : genèse de Baham, Bayamgam et Bahouan, google.com

Nguepe, Maurice (2020) : « Les Bamilékés, ce sont les juifs : sources historiques 4 Octobre 2020

https://www.camer.be/82470/30:27/cameroun-les-bamilékés-ce-sont-les-juifs-par-dr-maurice-nguepe-anthropologue-cameroon.html

Nguegang, Patricia Mandjudja (2006) : « L'origine Egyptienne ancienne de la langue Bamiléké : La parenté linguistique et génétique entre le Medu Neter et le medu Mba » https://www.facebook.com/notes/afro-culture/lorigine-%C3%A9gyptienne-ancienne-de-la-langue-bamil%C3%A9k%C3%A9-la-parent%C3%A9-linguistique-et-g%C3%A9/169401129790112

Obenga, Théophile (1973) : L'Afrique dans l'Antiquité – Égypte ancienne – Afrique noire, Paris : Présence Africaine, 1973.

Pierre, Sandahl et Béa Louise, Dictionnaire politique et diplomatique, Paris, Librairie technique.

Price, David (1973) : « Who are the Tikar now ?' Paidema 25, p.89-98

Rocher, Guy (1968) : Introduction à la sociologie générale, l'Organisation sociale, Paris, Editions HMH, 1968,

Saboh, Ivo Peter (2021) : The Ethnography of the Bawock Feu Gafa People

Shanda Tomne (2009) : La France a-t-elle commis un génocide au Cameroun ? Les Bamiléké accusent, Paris, L'Harmattan, 2009

Seiler Louis-Daniel (2005) : La méthode comparative en science politique, Paris, Edition Dalloz, 2005.

Sindjoun Luc (1998) : La politique d'affection en Afrique Noire : société de parenté, société d'État et libéralisation politique au Cameroun », Université de Yaoundé II, GRAPS, 1998.

Tchatchoua, Thomas (2009) : « Les Bangangté de l'Ouest Cameroun : Histoire et Ethnologie d'un royaume Africain » L'Harmattan, 2009, Paris

Tematio, Maurice (2014) : Les Bamilékés, NOFI.MEDIA https://www.nofi.media/2014/09/Bamilékés-2/1165

Toukam, Dieudonné (2016) : « Histoire et Anthropologie du Peuple Bamiléké», L'Harmattan, 2016, Paris

Van Slageren (1969) : l'Histoire de l'église en Afrique, Yaoundé, Editions Clé, 1969.

Warnier (J.P.) et Asombang (R.N.) (1982) : Archaeological research in the Bamenda Grassfields, Cameroon, *Nyame Akuma*, 21, pp.3-4.

Warnier, Jean-Pierre (2012) : « Cameroon Grassfields Civilization » Langaa Research and Publishing CIG, Makon, Bamenda

Warnier, Jean-Pierre (2008) : La mondialisation de la culture Paris, Collection : Repères, Editeur : La découverte (2008)

TABLE DES PHOTOS

Made in the USA
Middletown, DE
04 June 2022

66660913R00182